データから真実を読み解くスキル

松本健太郎 著

日経BP

はじめに

2020年代は間違いなく「データの世紀」の本番

２０１０年代になって、しきりに「Ｄａｔａ ｉｓ ｔｈｅ ｎｅｗ ｏｉｌ（データは次世代の石油である）」という言葉が語られるようになりました。ビッグデータを端緒にクラウドコンピューティング・サービス、ＡＩ（人工知能）、ＲＰＡ（ロボティック・プロセス・オートメーション）、ＤＸ（デジタルトランスフォーメーション）……どの程度必要なのかはともかく、ここ数年はデータの重要性が指摘され続けています。

あらゆる業界がデータの活用から逃れられません。企業や経営の分野はもちろん、もはやスポーツもデータとは切っても切り離せませんし、行政もＥＢＰＭ（エビデンスに基づく政策立案）が目下の課題です。

20年代は間違いなく「データの世紀」の本番です。なぜなら人間の記憶力よりはるかに優れたデータをうまく使いこなせれば、人間の洞察力を上回り、人間とは異なり疲れを見せず、人間と違ってそんたくのない判断を下せるのです。実証実験ばかりだった10年代は、データをうまく使える企業が勝者でした。20年代は間違いなく、データをうまく使えない企業は敗者となってしまうでしょう。

今後は業界ごとに、データを活用した新しい仕事がどんどん生まれていくと確信しています。データはエンジニアだけが扱っていればよい時代は終わりを迎えつつあります。20年代は、その転換期として後世に記憶されることになるかもしれません。

本書の目的

「データ分析のお作法を学ぶ」。それが、この本の目的です。

この本は、筆者が「日経ビジネス電子版」で、19年6月から続けている連載「データから〝事実〟を読み解くスキル」をまとめたものです。これまで1年半以上かけて、40本以上を書きためた中から「〝データ分析〟について学べる」記事を厳選し、20本を収録しました。

連載では、そのときどきにニュースを賑わせた事象を題材に、「データドリブンに真実へ迫ると、どのような実態が見えてくるか」について迫ってきました。

ただし私自身の本職は、ジャーナリストではありません。JX通信社でマーケターを務める傍ら、データ分析に勤しむデータサイエンティストです。マーケティングに関する書籍は3冊、データ分析に関する書籍はこれまで6冊書いてきました。データ分析に関する様々なプロジェクトを経験し、失敗を重ねてきました。だからこそデータ分析に関する高尚な教えよりも、「生傷で得た経験談と教訓」を人並みには語れると思っています。

高度なデータ分析の手法やビッグデータを闇雲に追求することよりも、何を解決できればよいかを定義する課題志向や、数字以外の定性的なデータから消費者の心理を探求する手法を考えてきました。このような体験を生かした本書は、データから真実に迫る、謎解きのようなプロセスの面白さを読者の皆さんに体感いただけるのではないかと思っています。

しかし、本書のもう一つの狙いは、データから〝真実〟を読み解くための「スキル」を伝えることです。今回、1冊の本にまとめるに当たっては、私が謎解きに使った「スキル」が明らかになるように、構成しました。次のような全5章構成です。

第1章「喧伝される〝事実〟は信用できるのか?」では、データに基づいて示された「事実」に、疑義を呈します。「日本のキャッシュレス決済比率は18・4%」といった、まことしやかな数字が、実際の所、どれほど当てになるものなのか。たまねぎの皮を1枚ずつ剥くようにして、喧伝される事実が実は「オピニオン」に過ぎない場合もあることを明らかにします。

第2章「データ再検証で見えたもう一つの事実」は、ニュースなどを賑わせた数字の「解釈」を変える試みです。「日本の相対的貧困率は、国際的に見て高い」ということ自体は、ご存じの方も多いでしょう(16年は15・7%)。しかし、根拠となるデータを子細に再検証すると、日本における貧困層の姿がより具体的なイメージをもって立ち現れてきます。

第3章「公的統計がはらむ問題と危機」では、官公庁などが発表するデータの精度に疑義を呈します。19年に「統計不正」が話題になった一連の事件を覚えていらっしゃるでしょうか。統計のためのデータを集める現場が疲弊していれば、そこから出てくる統計数字にも狂いが出てきます。時代の変化に伴い、必要性が低下している統計もあります。信頼性が高いと思われる公的統計ですら、完璧でないことを明らかにします。

第4章「この統計はこのままでいいのか」では、公的統計を中心に、「データの数え方」の問題を取り上げます。多くの人が所与の前提のように使うGDP（国内総生産）ですら、その数え方を子細に検証すれば、多くの課題を抱えているのです。

第5章「データジャーナリズムのススメ」は、筆者が自分自身の問題意識に基づいて、手足を動かしてデータを集めた、データジャーナリズムの実践例です。国会の資料を集めたり、休日に山手線の全駅を回ってトイレを調べたりして、データ分析の泥臭い部分を実演しました。

ビジネス書や経済書を多く読み込んでいる方からすると、既に報道されている内容を違った目線で理解できる感覚をもてると思っています。また、データ分析本を多く読み込んでいる方からすると、新たなデータの読み方や解釈の仕方を知ることができるでしょう。

各講の冒頭には、各講でおさえておくべきポイントについてそれぞれ簡潔にまとめておきました。分析に携わる人なら気をつけなければならない観点を記載しています。全体を読み終えれば、データ分析に欠かせない「技術」が身に付くと筆者は考えます。

データジャーナリズムとは？

最後の章で取り上げた「データジャーナリズム」について触れておきたいと思います。

データジャーナリズムとは、データと報道を組み合わせた新しい報道スタイルです。先に記したように、「業界×データ」の掛け合わせで新しい仕事がどんどん生まれる時代にあって、報道もその例外ではありません。海外では、米国の『ニューヨーク・デイリーニューズ（New York Daily News）』と『プロパブリカ（ProPublica）』のプロジェクトがその一例です。貧しい人々を街から追い払うために警察が迷惑防止法を乱用したことを、データを使いつつ、記事や映像、グラフィックスなどを駆使して明らかにし、17年にピュリッツァー賞を受賞しました。翌年にはロイターの記者らがフィリピンのドゥテルテ大統領による「麻薬戦争」の陰で、国家ぐるみの大規模な殺りくがあったと、データを使いつつ明らかにしました。こちらもピュリッツァー賞の受賞につながりました。

それらの基となるデータは、必ずしも秘匿されている情報だったわけではありません。一般に公開されているオープンデータから、見えなかった真実にたどり着くこともできるのです。本書も大半はオープンデータからの分析を基にしたもので、データジャーナリズムの実践の一例と位置づけてもいいでしょう。

もし私に潤沢なリソースと資金があれば、挑んでみたいのは、国会を騒がせてきた「桜を見る会」の出席者の可視化です。「桜を見る会」というコメントを付けている画像をツイッターやブログなどから収集し、CNN（画像認識で使われるディープラーニングの代表的手法の1つ）を使って顔画像を分類すれば、訪問者リストが完成します。YOLO（リアルタイムオブジェクト検出アルゴリズム）などの技術を使えば、動画の認識も比較的スムーズにできるでしょう。

他にも、総務省が公開している「政治資金収支報告書及び政党交付金使途等報告書」のデジタル化も、挑戦してみたいものの1つです。現状では、報告書はPDFでしか公開されていないので、文面の検索すらできません。しかし、グーグルが提供する機械学習による画像認識API「Cloud Vision API」などを使えば、一瞬で検索可能なデータ化が実現するでしょう。

領収書を発行しているケースなら、どんな人がどの政治家の勉強会に呼ばれたのかも分かります。「普段、政権を擁護（あるいは批判）しているあの人は、この政党・政治家の勉強会によく呼ばれているな～」ということもすぐに分かります。こうした人やお金の動きを情報公開するだけでなく、皆が検索エンジンなどを使って、活用できるようにすれば、有意義なものとなるはずです。

データ分析に携わる人に求められる「分析力」をつける

データ分析の本質を、私は「目の前で起きている事象の意味を考える」ことだと定義しています。

いくら数字が読めても、それが何を表しているかが分からなければ「分析」とは言えません。数字だけでなく、起きていることの全体を解釈し、時に俯瞰し、データの裏にある何かを探っていく。データに目を配り、また必要があれば提示されたデータを疑う。それが〝考える〟ことです。分析とは、小難しい手法で数字をガリガリと動かすだけのものではありません。

手元に届いたデータが100％正しくて精査の必要がないと信じている人はそうはいないはずです。データには計測漏れ、不整合、ゴミ……様々な不純物が混ざっているものです。何が計測できていなくて、何がゴミかに気付くのも、意味解釈の力がなければ難しいでしょう。

その意味において、データ分析は多様な知的スキルを組み合わせたアートでもあります。そうした分析力を養っていただくために、本書が少しでも貢献できればこれ以上の喜びはありません。

目次

はじめに ― 1

第1章 喧伝される〝事実〟は信用できるのか？ ― 11

第1講 日本のキャッシュレス決済比率「中国の3分の1」は本当か ― 14

第2講 日本、世界電子政府ランキング14位の虚と実 ― 22

第3講 いざなみ景気超えできなかったアベノミクスで起きていた本当のこと ― 32

第4講 〝有効求人倍率〟が高ければ景気は回復していると言えるのか？ ― 44

第5講 「食品ロス」の量、もっとちゃんと算出しませんか ― 50

第2章 データ再検証で見えたもう一つの事実 — 61
第6講 訪日韓国人減少の損失を計算したら693億円だったが…… — 64
第7講 G7で2番目に高い日本の相対的貧困率。そこで何が起きている? — 74
第8講 〝長寿大国日本〟延び続ける平均寿命の本当の意味 — 88
第9講 2年早まった出生数90万人割れはなぜ起きた? — 100
第10講 最低賃金を上げると、本当に貧困層を救えるのか — 110
第11講 なぜ給料が上がらないのか 「負のループ」に陥った日本 — 120
第3章 公的統計がはらむ問題と危機 — 133
第12講 今、統計の現場で起きている危険なこと — 136
第13講 中高年のひきこもり61万人の衝撃。誰がどう救う? — 144
第14講 不思議な動きをするエンゲル係数 今後も生活水準の指標たり得るか — 154

第4章 この統計はこのままでいいのか ― 169

第15講 綻びが見え始め、生活の質が分からない「GDP」の代替はある？ ― 172

第16講 世界で始まった新〝失業率〟統計。日本は貢献できるか ― 182

第17講 統計的視点で読み解く新型コロナデータの危うさ ― 190

第5章 データジャーナリズムのススメ ― 203

第18講 乱用される国会の「質問主意書」と不誠実な「答弁書」 ツケは国民に ― 206

第19講 「連続勤務１４７日」は安倍首相の体調不良を引き起こしたのか？ ― 220

第20講 山手線のトイレを数えて「ＳＤＧｓ」について考えた ― 230

おわりに ― 244

第1章

喧伝される〝事実〟は信用できるのか？

自分の目で確認したわけでもなく、直接数えたわけでもない「事実」は、誰かが少し疑義を呈しただけで、あっけないほどもろく崩れ落ちる場合があります。

提示された数字は事実なのか？　どういった算出根拠・ロジックでつくられたのか？　分析に用いるデータの質は担保されているのか？　提示された事実は全て本当なのか、裏付けは可能なのか？

この章では、「事実」を前にした疑義の呈し方について、５つのテーマを元に実演しました。

日本のキャッシュレス決済比率の数え方は、本当に正しいのか。

世界電子政府ランキングで14位となった日本は、先進的なのか、それとも時代に遅れているのか。

本当にアベノミクスで、いざなみ景気超えをしていたと言えるのか。

日本の有効求人倍率が高いから景気は回復していると言えるのか。

「食品ロス」の数字は、本当に正しいのか。

たまねぎの皮を１枚１枚剥くように、事実とされる論拠に対して疑問を抱けば、喧伝される「事実」は単なるオピニオンに過ぎない場合もある、と分かるのではないでしょうか。

ただし、こうした事実のもろさ、その結果として垣間見えた異なる事実は、「ポスト・トゥルース（虚偽であっても個人の感情に訴えるものの方が強い影響力を持つこと）」やトランプ政権が語っていた「オルタナティブ・ファクト（もう１つの事実）」とは意味が全く異なります。事実は１つしかありません。「あなたにとって都合の良い事実」なんてないのです。

明白な誤りがあるなら正さなければいけませんし、意図しない勘違いがあるなら指摘しなければいけません。誤りや勘違いが「事実」のような顔をして、堂々とのさばっていてはいけないのです。

「事実」を検証することで、喧伝される「事実」の信憑性を確認できるようになるでしょう。

第１講

日本のキャッシュレス決済比率「中国の3分の1」は本当か

この講のポイントは、提示された数値を疑うだけではなく、算出根拠・ロジックまで遡って疑う心構えです。数字は計算式次第でいかようにも作れます。大切なのは、どのように数字が作られたのかを把握し、その計算式が実態を表しているかどうか確認することです。でなければ、数字だけが一人歩きしてしまうからです。

２０１８年12月に始まったペイペイ（ＰａｙＰａｙ）の「１００億円あげちゃうキャンペーン」をきっかけに、ＱＲコードやバーコードによる決済がいろんな意味で注目を集めました。

ペイペイに盛り上がる消費者を見て各社が遅れまいと、19年になってからは「〇〇Ｐａｙ」が乱立しました。なるべく早く市場シェアを確保しようと、各社が「還元キャンペーン」を実施したおかげで「お金が戻って来る！」と消費者も熱が入りました。

しかしながら、19年7月に発生したセブンペイ（７Ｐａｙ）の不正アクセス事件で、多くの消費者が冷や水を浴びせられ、多少はブームも沈静化したのではないでしょうか。

ＱＲコードやバーコードによる決済が先行しているのは、キャッシュレス大国・中国です。果たして日本でも、キャッシュレス決済は進むのでしょうか？

▼各国のキャッシュレス決済比率の状況（2015年）

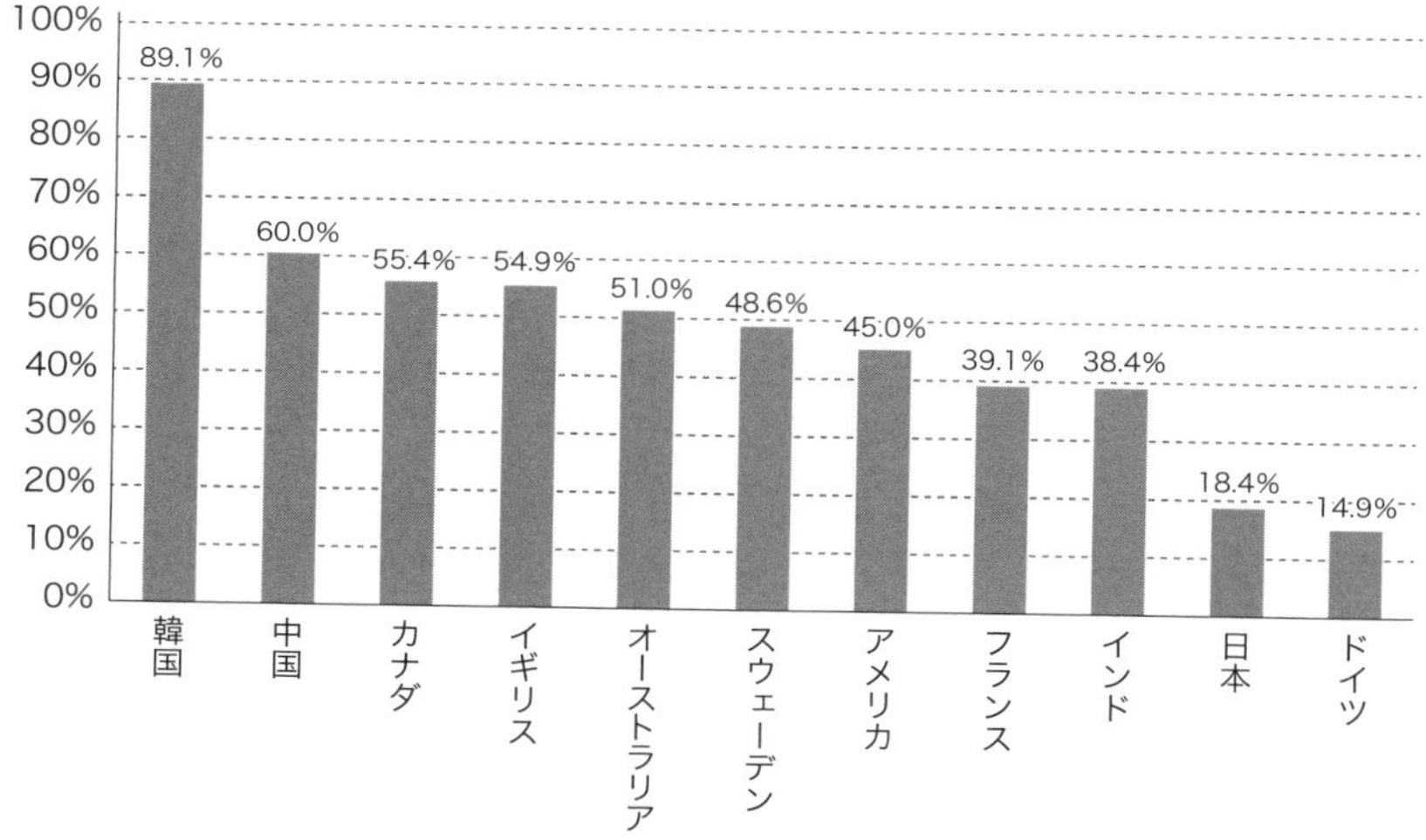

出典：経済産業省「キャッシュレス・ビジョン」

経済産業省が18年に発表した「キャッシュレス・ビジョン」によると、B2Cにおけるキャッシュレス決済比率は2015年時点で日本は「18・4%」、一方の中国は「60・0%」で、日本はまだ中国の3分の1という衝撃的な結果でした。……しかし、本当にそうでしょうか？

どういう理屈で「18・4%」となったのか？

「キャッシュレス決済比率」の算出方法は「キャッシュレス支払手段による年間支払金額／国の家計最終消費支出」で求めるとキャッシュレス・ビジョンに記載されています。どういうふうに算出されているのか、少し解説しましょう。

分母である「国の家計最終消費支出」とは、実はGDP（国内総生産）の内訳の一つで、個人企業を除いた消費主体としての家計の新規の財貨・サービスに対する支出を意味しています。家の財布から支払われたお金の総計と理解すればよいでしょう。

分子である「キャッシュレス支払手段による年間支払金額」とは、国際決済銀行の発表しているデータを参照して、電子マネー決済額とカード決済額（電子マネーを除く）の合計を意味しています。非現金決済の総計と理解すればよいでしょう。

それで算出されたのが「18・4％」ですが、いくつかの理由で非常に違和感を覚えます。

1つ目。家計最終消費支出には「持ち家を借家とみなした場合に支払われるであろう家賃」を意味する「持ち家の帰属家賃」が含まれます。「みなした」とある通り、実際には支払い行為がありません。日本では、2015年度の年次GDP（名目）のうち家計最終消費支出は約293兆円、うち持ち家の帰属家賃は約50兆円あります。これを除くだけでキャッシュレス決済比率は「18・4％」から「22・2％」程度、約4ポイント上昇します。

2つ目。国際決済銀行が発表している数字には、法人向けクレジットカード分も含めた、あらゆるカード支払いが含まれています。経営者の中には、個人カードで事業会社分の支払いをしている人もいるでしょうが、これらも含まれています。「家計に限る」という絞り込みができないのでやむを得ませんが、もし家計だけの支出に絞り込めたなら、各国の決済比率はもっと低くなると考えられます。

なお、韓国は統計が整備されていて、コーポレートカード分を取り除けます。その数字で計算すると、韓国のキャッシュレス決済比率は89・1％から67・8％と21・3ポイント減少します。

3つ目。「キャッシュレス支払手段」とは言いますが、銀行口座間送金が含まれていません。銀行振り込みもキャッシュレス支払いといっていいのではないでしょうか。18年11月に行われた金融庁金融審議会では

▼個人の給与受取口座等からの出金状況

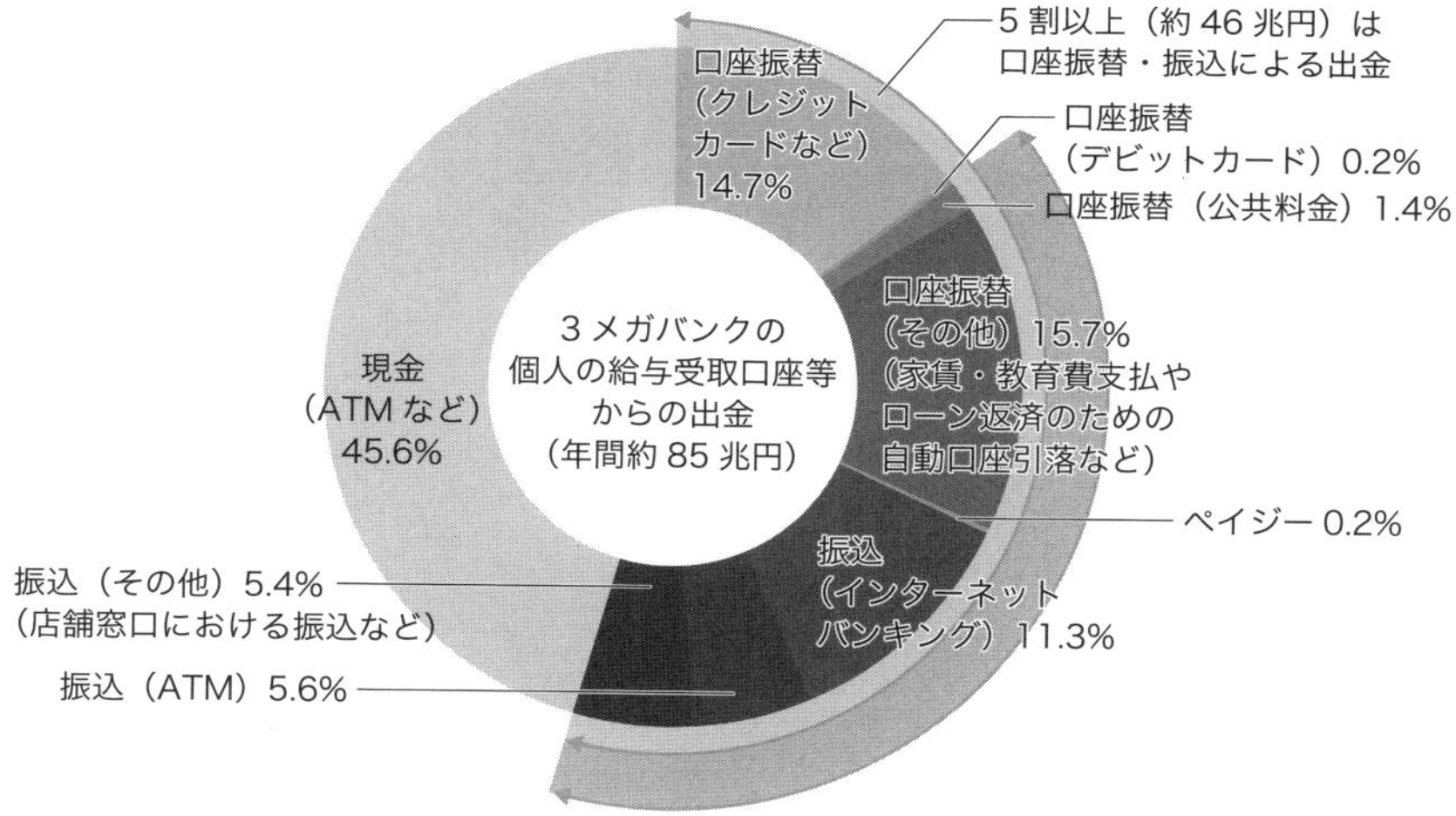

出典：金融庁「キャッシュレス決済に関する指標」

「キャッシュレス決済に関する指標」が資料として配布され、3大メガバンクの個人給与受取口座等からの出金が年間約85兆円で、そのうち現金は45・6％、すなわちキャッシュレス決済が「54・4％」だと公表しています。こちらの数字もあくまで3大メガバンクだけのものですが、かなりの金額が「キャッシュレス」で決済されているはずです。

この3点から鑑みて、日本の「18・4％」や中国の「60・0％」という数字が、そもそもB2Cにおけるキャッシュレス決済比率と言えるのかどうかの議論が必要です。余分な数字が含まれているということになるからです。

計算に含まれる問題点の整理

私の意見としては、そもそも銀行振り込みの数字がカウントされない「キャッシュレス」は、その範囲が狭すぎると考えます。これでは事実上の「クレジットカード決済比率」です。

従って、持ち家帰属家賃や法人向けクレジットカード決済額、銀行口座決済の多寡によって、各国の「キャッシュレス決済比率」は増減するはずです。今の各国比較を頭から信じるとミスリードを招く可能性もあります。

ちなみに、韓国のキャッシュレス決済比率が「67・8％」と高いのは、クレジットカード利用率が高いためです。1997年のアジア通貨危機をきっかけに、脱税防止や消費活性化を目的として、カードの利用控えの伝票に宝くじ番号を付けたり、利用金額に応じた所得控除がなされたりするなどのクレジットカード利用推進策が実施されているからです。ドイツが低いのは、クレジットカードが使える店が少ないことが影響しています（ドイツに旅行する際、クレジットカードが使える店が日本より少ないことが注意喚起されますよね）。

ただ、キャッシュレスは最近になって注目されてきた概念であり、様々な統計データが未整備の中で今あるデータから引き出さざるを得なかった苦労は察します。

だからこそキャッシュレスに関する統計整備に予算が必要だと思うのですが、19年7月11日に、政策シンクタンクの「構想日本」が公開した「政府の事業が検索できるサイトＪＵＤＧＩＴ！（ジャジット！）」では、そういったデータは見つかりませんでした。

キャッシュレスの普及度を決済額で比べるべきか

「キャッシュレス」が国の戦略として登場したのは『日本再興戦略』改訂２０１４」でした。その当時

▼日本のキャッシュレス決済比率の算出方法と問題点

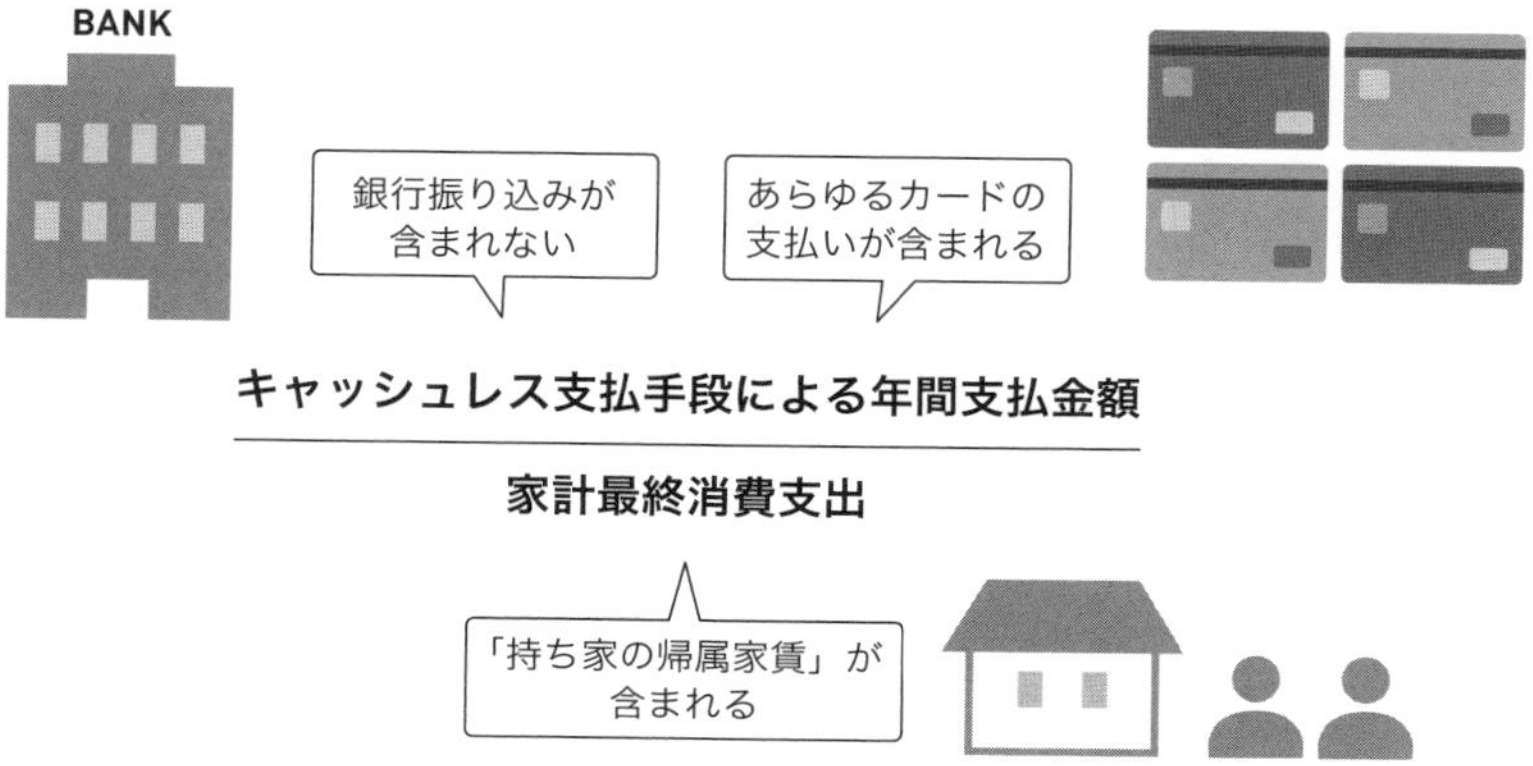

は、オリンピックやパラリンピックで日本に来た外国人のためにも決済の利便性・効率性を向上しよう、程度しか掲げていませんでした。

それが、いつの間にか多くの人の期待を乗せて「未来投資戦略２０１７」では「今後10年間（２０２７年6月まで）に、キャッシュレス決済比率を倍増し、４割程度とすることを目指す」というＫＰＩ（重要業績評価指標）を掲げるに至りました。随分曖昧な指標がＫＰＩになったものだなぁ、と少し驚いています。野党の皆さんは何とも思わないのでしょうか。

そもそもの話となりますが、キャッシュレスの浸透具合を調査するのに「決済（額の）比率」を持ち出すこと自体に疑問を感じます。「日常における買い物の回数にキャッシュレス決済が占める回数」を算出するのが一番良いのではないでしょうか。決済（額の）比率だと、一部の富裕層の影響を強く受けてしまいます。少額でも現金を使わない世界を目指すなら、金額より回数をカウントした方がよいように思えるのですが……。

ちなみに、皆さんは普段の生活ではキャッシュレスでしょうか？　私の場合、普段はクレジットカードと交通系ＩＣカード「Ｉ

ＣＯＣＡ」で買い物を済ませ、現金はほとんど使いません。カードに対応する店舗がもっと増えてほしいと思っています。

しかし、普段の支払いが現金の人々にとって、キャッシュレスの恩恵は感じづらいのが実情ではないでしょうか。

私の場合、交通系ＩＣカードにチャージをし忘れて現金を出さざるを得ないとき、小銭をジャラジャラ数えること自体が面倒でいら立たしいと感じますが、普段からそういう生活をしている人は「それが当たり前」なので、「キャッシュレスは便利だよ」と説いても「今のままで十分」だと感じてしまうようです。キャッシュレスへのスイッチングコストが極めて高いと言えます。

それなのに今のところは消費者のメリットよりも、店舗がキャッシュレスに対応しない理由ばかりが注目されているのが現状です。

「キャッシュレスだから買おう！」なんて、年に何回あるでしょうか。インフラばかり整備されても、使用する消費者が増えなければ効力は発揮されません。「インフラさえ整えば使われる」と考えるのは、相変わらずの箱物思想です。

ちなみに私自身も、どうすればスイッチングコストを下げられるかは分かりません。ディープな消費者インサイト（購買行動の奥底にある、ときには本人も意識していない本音）の理解が必要になるでしょう。

（初出　２０１９年８月28日　原稿の時制や数値、肩書は原稿執筆時のものです）

第1講を振り返る

必要な統計が存在しない場合、今ある統計を流用する事例は少なくありません。本講で取り上げたキャッシュレスについても同様です。「これがキャッシュレスです」とする定義作りも難しい中で、キャッシュレス決済比率を算出された方にまずは敬意を表します。

大切なのはここからです。「今後10年間（２０２７年６月まで）に、キャッシュレス決済比率を倍増し、４割程度とすることを目指す」と掲げた以上、比率を算出するための統計整備が必要です。今回の計算式にはツッコミどころが多かった以上、今のままで進めるわけにはいかないでしょう。そして、一度計算式をきめてしまうと、過去との比較のために簡単には変更できません。さて、このキャッシュレス決済比率の算出方法は今後どうなっていくのでしょうか。

第2講

日本、世界電子政府ランキング14位の虚と実

この講のポイントは、事実の深掘りです。ある現象を調べていて、事前の想定とは異なる数字が出てくる体験は誰もがあるでしょう。そうした場合、私は事前の想定を疑うだけでなく、出てきた数字自体を「本当なのか？」と疑います。数字が出てきた背景を深掘りすると、数字が間違っているか、事前の想定が間違っているかが明らかとなってくるのです。

２０２０年9月16日、菅義偉内閣が発足しました。菅首相はその日の記者会見で、ダム放流やふるさと納税、外国人観光客誘引のためのビザ緩和を例に、縦割り行政・既得権益・前例主義を打破して、規制改革を進めていく考えを示しました。「携帯料金引き下げ」「地銀再編」などの改革案が出されています。恐らく関係者は戦々恐々としているでしょう。

中でも、目玉となるのは総裁選でも言及された「デジタル庁」ではないでしょうか。菅首相が掲げた看板政策とあって、21年中にもスタートが求められている重要な政策です。

ひるがえって日本では、新型コロナウイルス禍で行政手続きの遅さや連携不足が露呈し、デジタル後進国ぶりがあらわになりました。菅首相がデジタル庁の設置を強く進めるのも、縦割り行政が原因でデジタル施策が前に進まないからでしょう。9月23日にはさっそくデジタル改革関係閣僚会議が開かれました。会議で

▼「デジタル化の現状・課題」より抜粋

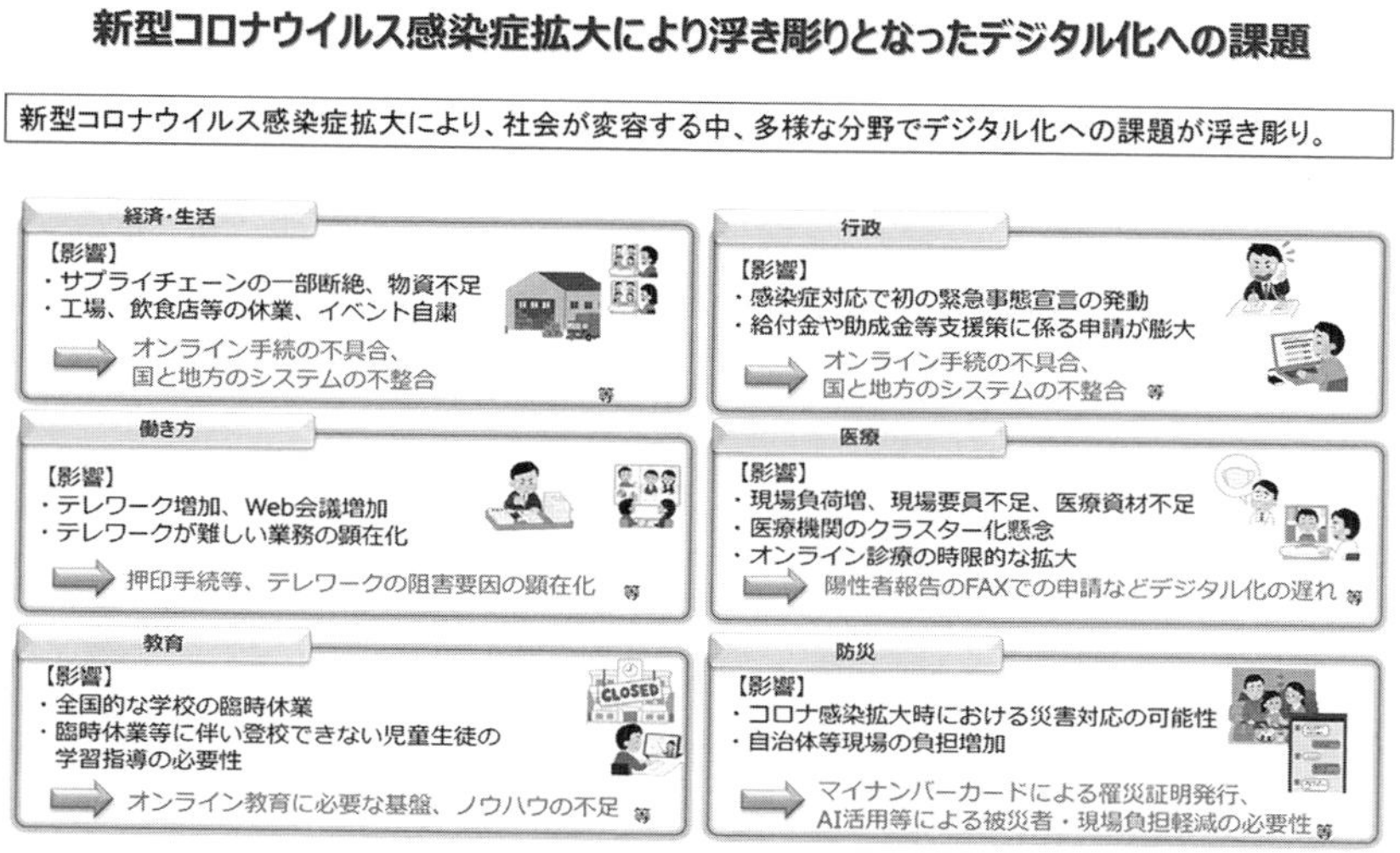
新型コロナウイルス感染症拡大により浮き彫りとなったデジタル化への課題
新型コロナウイルス感染症拡大により、社会が変容する中、多様な分野でデジタル化への課題が浮き彫り。
経済・生活
【影響】
・サプライチェーンの一部断絶、物資不足
・工場、飲食店等の休業、イベント自粛
オンライン手続の不具合、
国と地方のシステムの不整合
等
行政
【影響】
・感染症対応で初の緊急事態宣言の発動
・給付金や助成金等支援策に係る申請が膨大
オンライン手続の不具合、
国と地方のシステムの不整合 等
働き方
【影響】
・テレワーク増加、Web会議増加
・テレワークが難しい業務の顕在化
押印手続等、テレワークの阻害要因の顕在化 等
医療
【影響】
・現場負荷増、現場要員不足、医療資材不足
・医療機関のクラスター化懸念
・オンライン診療の時限的な拡大
陽性者報告のFAXでの申請などデジタル化の遅れ 等
教育
【影響】
・全国的な学校の臨時休業
・臨時休業等に伴い登校できない児童生徒の
学習指導の必要性
CLOSED
オンライン教育に必要な基盤、ノウハウの不足 等
防災
【影響】
・コロナ感染拡大時における災害対応の可能性
・自治体等現場の負担増加
マイナンバーカードによる罹災証明発行、
AI活用等による被災者・現場負担軽減の必要性 等

配布された資料（上図）では、様々な課題が明記されています。

さて、20年7月10日、ＵＮＤＥＳＡ（国連経済社会局）が国連加盟193カ国を対象とした電子政府ランキング「E-Government Survey 2020」を発表しています。日本の順位は14位でした。前回（18年）の10位から順位が下がったことや、隣国の韓国が2位に上昇したことに触れた報道もありました。そうした視点から見れば、残念な順位とも思えますが、決して低い順位ではありません。ちなみにＧ７で日本より上位にランクインしているのは米国、英国のみです。つまり、このランキングを見る限り、日本は電子政府としては「成功した部類」に含まれるのです。

はたして、日本はデジタル後進国なのでしょうか。それとも電子化に成功した政府（国）なのでしょうか。電子政府ランキングについて少し踏み込んで分析してみることにしました。

▼電子政府ランキングを構成する指標

指標	意味合い
OSI	公共サービス提供のための政府によるICT利用を範囲と質の観点から評価するために用意された質問に対して、公式サイトや教育、労働、社会サービス、保健、財務、環境など各省のウェブサイトが対応しているかを調査。サイトが"usable"であるかどうかが重要。
HCI	15歳以上の識字率、小学校～大学の高等教育含む総就学率、平均就学年数、期待就学年数のZ値をそれぞれ求め指数化。
TII	住民100人当たりのインターネット利用者数、住民100人当たりの携帯電話加入者数、住民100人当たりのモバイルブロードバンド契約者数、住民100人当たりの固定ブロードバンド契約数のZ値をそれぞれ求め指数化。

出典：「E-Government Survey 2020」

電子政府ランキングの見方

電子政府ランキングとは、オンラインサービス指標（OSI：Online Service Indexs）、人的資本指標（HCI：Human Capital Index）、通信インフラ指標（TII：Telecommunications Infrastructure Index）の３つの指標を元に平均して電子政府発展度指標（EGDI：E-Government Development Index）を出して順位を決めています。

ちなみにHCIはUNESCO（国連教育科学文化機関）、TIIはITU（国際電気通信連合）のデータをそれぞれ参照しています。なぜ電子政府のランキングにHCIが必要なのかピンと来ません。ただ、TIIと組み合わせて考えると、デジタル化による情報やサービスを受け取る環境と、利用者のリテラシー育成を重要視したと読み解け、腹に落ちます。

ランキングは03年から始まり、08年以降は隔年で発表されています。その推移を左の表で見てみましょう。ちなみに日本のマスはグレーに塗りました。

実は、日本は14年に6位（EGDIは0・8874）を記録していま

▼電子政府ランキング（2008 年～ 2020 年）

順位	2008年		2010年		2012年		2014年	
1	スウェーデン	0.9157	韓国	0.8785	韓国	0.9283	韓国	0.9462
2	デンマーク	0.9134	米国	0.8510	オランダ	0.9125	オーストラリア	0.9103
3	ノルウェイ	0.8921	カナダ	0.8448	英国	0.8960	シンガポール	0.9076
4	米国	0.8644	英国	0.8147	デンマーク	0.8889	フランス	0.8938
5	オランダ	0.8631	オランダ	0.8097	米国	0.8687	オランダ	0.8897
6	韓国	0.8317	ノルウェイ	0.8020	フランス	0.8635	日本	0.8874
7	カナダ	0.8172	デンマーク	0.7872	スウェーデン	0.8599	米国	0.8748
8	オーストラリア	0.8108	オーストラリア	0.7863	ノルウェイ	0.8593	英国	0.8695
9	フランス	0.8038	スペイン	0.7516	フィンランド	0.8505	ニュージーランド	0.8644
10	英国	0.7072	フランス	0.7510	シンガポール	0.8474	フィンランド	0.8449
11	日本	0.7703	シンガポール	0.7476	カナダ	0.8430	カナダ	0.8418
12	スイス	0.7626	スウェーデン	0.7474	オーストラリア	0.8390	スペイン	0.8410
13	エストニア	0.7600	バーレーン	0.7363	ニュージーランド	0.8381	ノルウェイ	0.8357
14	ルクセンブルク	0.7512	ニュージーランド	0.7311	リヒテンシュタイン	0.8264	スウェーデン	0.8225
15	フィンランド	0.7488	ドイツ	0.7309	スイス	0.8134	エストニア	0.8180
16	オーストリア	0.7428	ベルギー	0.7225	イスラエル	0.8100	デンマーク	0.8162
17	イスラエル	0.7393	日本	0.7152	ドイツ	0.8079	イスラエル	0.8162
18	ニュージーランド	0.7392	スイス	0.7136	日本	0.8019	バーレーン	0.8089
19	アイルランド	0.7296	フィンランド	0.6967	ルクセンブルク	0.8014	アイスランド	0.7970
20	スペイン	0.7228	エストニア	0.6965	エストニア	0.7987	オーストリア	0.7912

順位	2016年		2018年		2020年	
1	英国	0.9193	デンマーク	0.9150	デンマーク	0.9758
2	オーストラリア	0.9143	オーストラリア	0.9053	韓国	0.9560
3	韓国	0.8915	韓国	0.9010	エストニア	0.9473
4	シンガポール	0.8828	英国	0.8999	フィンランド	0.9452
5	フィンランド	0.8817	スウェーデン	0.8882	オーストラリア	0.9432
6	スウェーデン	0.8704	フィンランド	0.8815	スウェーデン	0.9365
7	オランダ	0.8659	シンガポール	0.8812	英国	0.9358
8	ニュージーランド	0.8653	ニュージーランド	0.8806	ニュージーランド	0.9339
9	デンマーク	0.8510	フランス	0.8790	米国	0.9297
10	フランス	0.8456	日本	0.8783	オランダ	0.9228
11	日本	0.8440	米国	0.8769	シンガポール	0.9150
12	米国	0.8420	ドイツ	0.8756	アイスランド	0.9101
13	エストニア	0.8334	オランダ	0.8757	ノルウェイ	0.9064
14	カナダ	0.8285	ノルウェイ	0.8557	日本	0.8989
15	ドイツ	0.8210	スイス	0.8520	オーストリア	0.8914
16	オーストリア	0.8208	エストニア	0.8486	スイス	0.8907
17	スペイン	0.8135	スペイン	0.8415	スペイン	0.8801
18	ノルウェイ	0.8117	ルクセンブルク	0.8334	キプロス	0.8731
19	ベルギー	0.7874	アイスランド	0.8316	フランス	0.8718
20	イスラエル	0.7806	オーストリア	0.8301	リトアニア	0.8665

出典：「E-Government Survey 2020」ほか

▼日本の EGDI、OSI、TII、HCI

EGDI	OSI	TII	HCI
0.8989	0.9059	0.9223	0.8684
14位	12位	10位	34位

出典：「E-Government Survey 2020」

した。20年もＥＧＤＩは０・８９８９と過去最高を記録し、18年であれば５位相当の数値でした。しかしその間、他の国もＥＧＤＩを大きく上げており、相対的に順位が下がってしまったようです。

ちなみに、上位はデンマーク、韓国、エストニア、フィンランドと続きます。韓国やエストニアはＩＴ立国として比較的有名なので「確かに」とうなずけるランキングです。

では、日本のＥＧＤＩはなぜ０・８９８９なのか、「E-Government Survey 2020」で詳細を確認します。その内訳となるＯＳＩ、ＴＩＩ、ＨＣＩの数値と順位は上の表の通りです。

インフラ環境を意味するＴＩＩについては10位と健闘していますが、ＨＣＩがランキング34位と低い結果となっています。その理由としてＨＣＩを構成する項目の一つ、「Gross Enrollment Ratio（総就学率）」が89・８４％と、他諸国と比べて低いことが理由に挙げられます。

電子政府ランキングを下げた「ＨＣＩ」はなぜ低いのか

そもそも総就学率とは、「年齢を考慮しない総就学者数」を「教育制度計画上の相当年齢人口」で割ったものです。いわゆる「就学世代」以外の人たちがより

▼中国のEGDI、OSI、TII、HCI

EGDI	OSI	TII	HCI
0.7948	0.9059	0.7388	0.7396
45位	12位	55位	96位

出典：「E-Government Survey 2020」

多く学んでいればいるほど、総就学率は高くなります。義務教育や基礎教育を終えてからも、教育機関に戻って知識やスキルを高めることを「リカレント教育」といいますが、これに力を入れている国の総就学率は高くなります。実際、オーストラリア、ベルギー、デンマーク、スウェーデンなどリカレント教育に熱心な国は総就学率が１００％に達し、ＨＣＩの上位を占めます。

日本の「学校」は同年齢志向が極めて強く、大学＝若い人が行く場所と思われている傾向にあります。そのため、総就学率は諸外国に比べて低くなる特徴があります。ただ、日本では企業が研修などの位置づけでリカレント教育を行うことも多いので、一概にリカレント教育が弱いとも言い切れません。総就学率の低さは国民性や社会性の違いということでしょう。

確かに総就学率だけで見れば日本は実際に低いです。ただ、それがＨＣＩにダイレクトに反映されてしまっているので「そうだけど、そうじゃないんだよな」と反論したくなります。

いずれにせよ、ＵＮＤＥＳＡが作成した電子政府ランキング自体が、「政府」のデジタル化状態そのものを指していないことはご理解いただけたと思います。デジタル先進国だと言われる中国が上位にランクインしていないのも、ＨＣＩが低いからです（上の表を参照）。その巨大な人口ゆえに、平均を求めると実態と大きくかい離するのです。

▼都市別電子自治体ランキング（2020年）

OSI順位	国名	都市名	LOSI
1位	スペイン	マドリード	0.9625
2位	米国	ニューヨーク	0.9125
3位	エストニア	タリン	0.8625
4位	フランス	パリ	0.8500
4位	スウェーデン	ストックホルム	0.8500
6位	ロシア	モスクワ	0.8125
7位	コロンビア	ボゴタ	0.8000
7位	アルゼンチン	ブエノスアイレス	0.8000
9位	ドイツ	ベルリン	0.7750
9位	韓国	ソウル	0.7750
9位	中国	上海	0.7750
12位	トルコ	イスタンブール	0.7625
12位	英国	ロンドン	0.7625
12位	イタリア	ローマ	0.7625

出典：「E-Government Survey 2020」

まだパイロット版ですが、E-Government Survey 2020には「電子自治体ランキング」が載っています。このランキングは指標としてＯＳＩしか使っていないせいか、中国からは上海が９位でランクインしています。日本では東京が24位に入っています。

ＯＳＩ国別ランキングから見る「デジタル化」

各指標のうち、中でもＯＳＩが重要そうだと分かりましたので、ＯＳＩ単体でランキングを作成しました（30ページの表）。

ＯＳＩでは計１０９のチェック項目を「information about～」「existence of～」「ability to～」の３パターンにまとめています。具体的には「政府の情報にアクセスできる市民の権利に関する情報」「健康にまつわる政策や予算に関する情報」など情報へのアクセス度（information about）、「検索機能の有無」「SNSの有無」「ガイダンスの有無」など機能の存在確認（existence of)、「死亡診断書をオンラインで申請する機能」「運転免許証をオンラインで申請する機能」など申請できる範囲の確認（ability to）です。

23ページで紹介したデジタル改革関係閣僚会議の資料の中の「新型コロナウイルス感染症拡大により浮き彫りになったデジタル化への課題」では、オンライン手続きの不具合に言及がありましたが、ＯＳＩのチェック項目には「Ability to apply online for social protection（社会保障のオンライン申請が可能）」「Ability to register online for a new business（新規事業のオンライン登録が可能）」などが含まれているので、菅内閣がデジタル化を進めればＯＳＩは上昇を続けるでしょう。ただし、繰り返しになりますが、日本は総就学率が低いがゆえにＨＣＩが低く、電子政府ランキングの上位に食い込みにくい状態にあります。

とはいえ、今のところデジタル化の成功度、進捗度を比較するのに適した手段は、ＵＮＤＥＳＡの電子政府ランキング以外はないので、当面、ランキングをうのみにせず、その内容を検証していくことが大事でしょう。

デジタル敗戦したのは国か、企業か

最後に1つだけ。「日本はデジタル敗戦した」「日本はデジタル後進国」と言いますが、そうなったのは政治の責任、行政の責任だけではありません。民間の責任でもあります。

新型コロナの感染が始まる前のことですが、「東京オリンピックで都内が混雑する」という理由で、テレワークを推進する動きがありました。しかし、多くの企業がテレワークを一定期間のみ実施することを前提

▼ OSIによるランキング

0SI順位	EGDI順位	国名	OSI
1	2	韓国	1.0000
2	3	エストニア	0.9941
3	1	デンマーク	0.9706
3	4	フィンランド	0.9706
5	11	シンガポール	0.9647
6	7	英国	0.9588
7	9	米国	0.9471
7	5	オーストラリア	0.9471
7	15	オーストリア	0.9471
10	8	ニュージーランド	0.9294
11	29	カザフスタン	0.9235
12	10	オランダ	0.9059
12	14	日本	0.9059
12	45	中国	0.9059
15	6	スウェーデン	0.9000
15	21	アラブ首長国連邦	0.9000
17	17	スペイン	0.8882
18	19	フランス	0.8824
19	13	ノルウェー	0.8765
20	18	キプロス	0.8706

出典：「E-Government Survey 2020」

にしていたのを忘れてはいけません。ようやくテレワークが浸透してきましたが、いまだに「部長がつかまらないからリモート会議ができない」とか、「ハンコがオフィスにあるから少し待ってほしい」という理由で業務が進まないといった経験をしています。

確かに菅首相が言うように、行政の縦割りでデジタル化が進まないという面はあるとは思います。しかし、国の公式サイトや教育、労働、社会サービス、保健、財務、環境など各省のウェブサイトを海外と比較すると、日本の政府は比較的健闘している方ではないでしょうか。

加えて、全ての処理をデジタル化するとなると、各家庭や個人で必要なインターネット回線やネットワークに接続するためのハードを用意できるのか、何より使い方を誰がレクチャーできるのかというハードとソフトの問題があります。

60歳、70歳を超えてポケモンGOをやっておられるシニアもいれば、テレビ番組の録画の仕方も分からないシニアだっておられます。恐らくあと20年はデジタル、非デジタル併用が続くでしょう。

そうした併用期間を長引かせないためにも、デジタルを学ぶリカレント教育が欠かせません。だからこそUNDESAはHCIを、指標を構成する要素の1つにしたのかもしれません。実はデジタル庁を定着させるには、文部科学政策が重要である……というと、一番驚くのは萩生田光一文部科学大臣かもしれませんね。

（初出　2020年9月30日　原稿の時制や数値、肩書は原稿執筆時のものです）

第2講を振り返る

UNDESAの電子政府ランキングが、日本が目指しているデジタル化を表すものではない気もしたのですが（日本が14位であることに納得できない人は多いでしょう）、事実を深掘りすることで「HCI」の存在が浮上し、「そういうことだったのか」と理解できたことと思います。

デジタル先進国になるために、なぜUNDESAはデジタル化に関係のなさそうなHCIのような指標を入れたのか。これがなければ、数字の上では胸を張ってデジタル先進国と言えたのにとも思いました。しかし、一見関係がなさそうでも、よくよく考えてみるとリカレント教育なしにデジタル社会を構築できるとは考えにくいのです。本当によくできた指標です。

第3講

いざなみ景気超えできなかったアベノミクスで起きていた本当のこと

この講のポイントは、データに基づく意思決定の難しさです。データさえあれば、自動的に意思決定できるでしょうか？　そうはいきません。数字では全ての事象を表現しきれませんし、統計結果が相反する2つの数字を示すこともあるのです。結局は人間が思考した上での判断が求められます。ただし、その判断が恣意的でないかを検証するのにデータは必要なのです。

東京都を中心に新型コロナウイルスの感染が再拡大していた2020年7月30日。この日、景気の山と谷を議論する有識者による「景気動向指数研究会」は、「景気基準日付」として「18年10月を景気の暫定的な山に認定することが妥当」と発表しました。

景気は18年秋に後退していた

この研究会は景気の転換点である山（ピーク）と谷（ボトム）となる景気基準日付を決めることが最大の仕事であり（最終的には、内閣府の経済社会総合研究所長が決定しますが）、この発表は極めて重い意味を持ちます。

▼過去の景気の「山」と「谷」

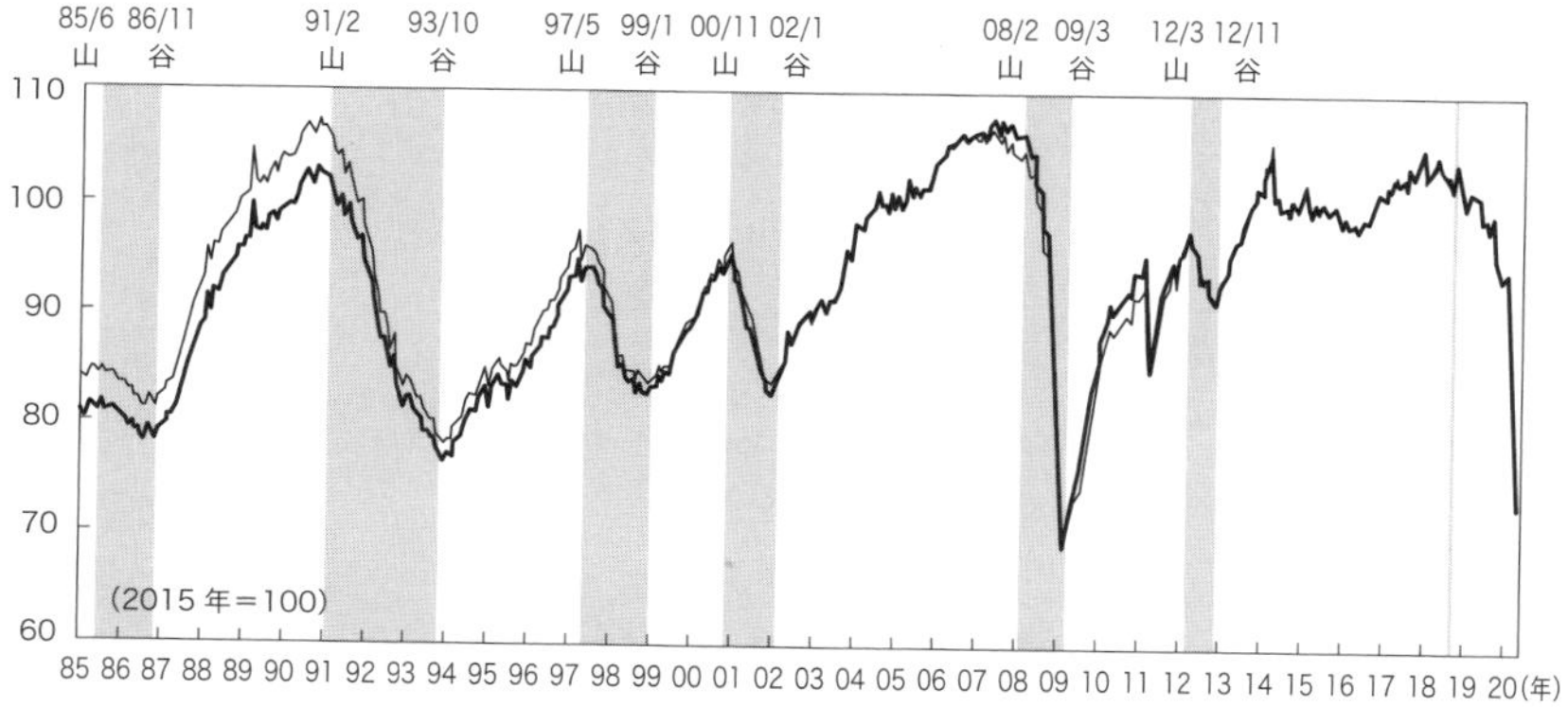

出典：第19回景気動向指数研究会資料1「景気の山の暫定設定について」中の「CI 一致指数の動き」

すなわち、12年11月を「谷」として始まった景気の第16循環は、暫定ではあるものの18年10月で拡大期間を終え、それ以降は後退期間にあるとなったのです。言い換えれば、18年10月にアベノミクス景気は事実上終了していたと判断されたのです。

景気の拡張期間は71カ月となり、戦後最長記録である「いざなみ景気」（02年1月～08年2月）の73カ月に2カ月届きませんでした。

もっとも「18年10月」はあくまで暫定的な山であり、正式な月は、今から2～3年後に決まります。これまで暫定的に決まった月から「景気の山」が前後することは、ままありました。例えば第14循環の山については09年1月29日に「07年10月」と暫定値が発表されましたが、11年10月19日に「08年2月」と正式に発表されました。4カ月のズレです。従って、正式判定の内容によっては、第16循環が戦後最長記録となる可能性はまだ残されているとも言えます。発表を受けて、西村康稔経済財政・再生相は記者会見で次のように述べました。

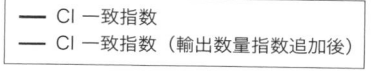

今回、設定された「アベノミクス景気」の山と、政府の景気判断については違いが生じています。（略）景気動向指数と政府の景気判断に違いが生じていますので、今後こうした違いが生じないように、経済社会総合研究所では景気動向指数及び景気基準日付の判定手法の見直しについて検討を行っていくことを予定しています。

政府はこれまでアベノミクスで景気拡大は続き、19年1月には景気拡大が戦後最長になったと考えていました。安倍晋三首相は19年1月30日の衆院本会議で「安倍政権の発足以来続く今の景気回復期は、今月で74カ月となり、戦後最長となった可能性が高くなっています」と語っていました。

意地の悪い見方をすれば、親分の成果を台無しにするような研究会に西村大臣もご立腹なのです。今のところ、①政府の景気判断が間違っている、②研究会の景気判断が間違っている、③両方間違っている、この3つの可能性があるのに、一方的に②であると決めつけるのは冷静さに欠けるとしか言いようがありません。

そこで「景気は18年秋に後退」について、もう少し深掘りしていきましょう。

幻の「景気の山」判定

そもそも、景気がよいのか悪いのかを判断するポイントは大きく3つあります。先に紹介した景気動向指数研究会による景気基準日付以外には、「月例経済報告」と「景気動向指数」による基調判断です。

前者は様々な指標に基づき人間が判断し、後者はあらかじめ決められた指標から機械的に自動で判断され

▼景気後退を判定するための３つのルール

①波及度（経済活動の収縮が経済の大半の部門に波及）	目安として、ヒストリカルDIが0%近傍まで下降
②量的な変化（収縮の程度が過去同等に顕著）	目安として、CI一致指数が過去の参照すべき後退局面のうち下降が小さかった例と同等以上に下降
③拡張・後退期間	目安として、景気の山（谷）が、直前の景気の谷（山）から５カ月以上経過、かつ前の景気循環の山（谷）から15カ月以上経過

出典：第17回景気動向指数研究会資料１「第15循環の景気の谷以降の状況について」

ます。ちなみに、32ページで紹介した景気動向指数研究会のもう１つの役割に、これらの基調判断に用いる基準の選定があります。

景気基準日付が最終的に決定するまで２〜４年を要します。どこが景気の山（ピーク）で、どこが景気の谷（ボトム）かが完全に見えた上で決定するので、それぐらいの時間がかかってしまうのです。次善の策として月例経済報告と景気動向指数で「上り調子か？」「下り調子か？」を判断している、と考えればよいでしょう。もっとも、最近では、両者が示す景気判断が食い違うことが度々起きており、話題になっています。

では、景気動向指数研究会による景気基準日付は、遅い分だけ間違いなく精緻かと問われれば私は首をかしげます。17年６月15日に開催された第17回研究会において「疑惑の判定」が下されたからです。

そもそも、景気の山（ピーク）とは、その名の通りで、翌月から景気後退が始まることを意味しています。「ヒストリカルＤＩ」と呼ばれる数値が50％を下回る直前の月を「山の候補」とした上で、上の表に上げた３つの緩やかなルールに照らして判定します。

17年６月に開催された第17回研究会では、14年３月が第16循環における「景気の山だったのではないか？」が議論されました。

景気後退を示す上記３つのルールに従ってこのときのことを考えてみます。

まず、第17回景気動向指数研究会が景気後退のルールに合致するとした②量的な変化、③拡張・後退期間から見てみましょう。

②の量的な変化（収縮の程度が過去同等に顕著）では「CＩ一致指数の下降率」を見ます。左ページのグラフにあるように、14年3月からの数値はマイナス6・0％（月平均下降率はマイナス0・27％）となっています。一見、下降の傾きが緩やかに見えますが、これは1980年以降、低下幅が最も小さかった第10循環の下降率（マイナス3・4％）よりも大きくなっています。よって、②はクリアしています。

次に③の拡張・後退期間を見てみましょう。第16循環における「景気の山」とされた2014年3月（グラフ右側にある2つの点線の左側）は、第15循環の景気の谷（12年11月）から数えて16カ月たっています。第15循環の景気の山（12年3月）からは24カ月です。ですから、③の条件である「直前の景気の谷（山）から5カ月以上経過、かつ前の景気循環の山（谷）から15カ月以上経過」しているため、③もクリアしていることになります。

では、①波及度（経済活動の収縮が経済の大半の部門に波及）がどうだったかを見るための「ヒストリカルＤＩ」の動きはどうだったのでしょう。ちなみに「ヒストリカルＤＩ」は、35ページの表で示した①〜③の判定をする対象となる、「景気後退が始まったとする候補」を選ぶ際にも使われることは先ほど述べた通りです。その際の基準は前述したように「ヒストリカルＤＩの値が50％を下回る」というものです。

▼過去の景気循環とCI一致指数の下降率

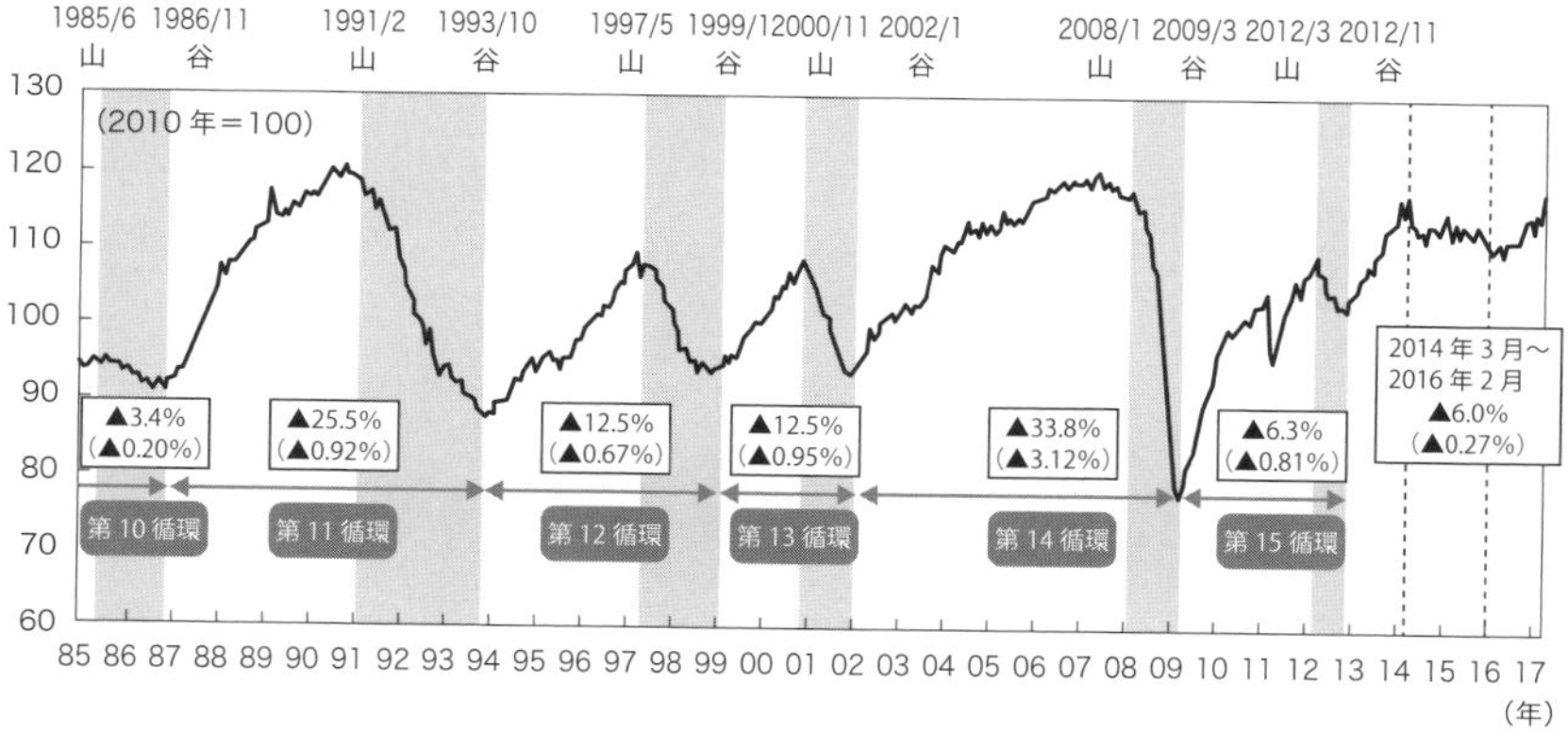

（数値は各期間の山から谷までの下降率、カッコ内は月平均下降率）

出典：第17回景気動向指数研究会資料2「CI一致指数の推移」

アベノミクス景気は14年3月に終わっていた？

あらためて、今問題としている期間でヒストリカルＤＩの値がどうだったかを見てみましょう。14年4月から16年2月までの間、ヒストリカルＤＩは50％を下回っていました。そこでルールに従って14年3月が「山」の「候補」であると機械的に判定されたのです。

その上で、①の「波及度」はどうだったかを見てみましょう。これは「経済活動の収縮が経済の大半の部門に波及」しているかを判断するためのものです。目安として、山とみなした月以降のヒストリカルＤＩが0％近傍まで下降したかを見ます。この①の波及度の条件を満たせば、②量的な変化、③拡張・後退期間は条件を満たしているのですから、14年3月が景気の山だった、つまりこの後、景気の後退が始まったと言えます。

対象となった期間のヒストリカルＤＩの最低値は39ページのグラフのように15年2、3月の22・2％でした。この数値に対して研究会では「この間において経済活動の収縮が大半の部門に持続的に波及したとはいえない」と判定しました。ヒストリカルＤＩが目安である０％近傍まで下降していない、というのが理由です。

しかし、当時の議事要旨には「『波及度』がゼロになっていない点が山を認定できないほとんど唯一のポイントになっており、ぎりぎりの判断」。「『波及度』についてヒストリカルＤＩをみると、14年以降は22・2％までしか落ちていないが、第15循環の後退局面の最低値も20・0％とほぼ同程度」と書いてあり、本当に首の皮一枚でつながった判断だったと分かります。もしかしたらアベノミクス景気は14年3月に終わっていた可能性すらあるのです。

本件について、最も意地の悪い意見を言うならば、次のようになるでしょうか。「このとき研究会は一度政権にそんたくしたのだから、今回の第16循環の正式判断の際に、戦後最長だとするような二度目のそんたくはしないよね」。

参考までに、ヒストリカルＤＩの算出に関係する当時の各指標のトレンドが、プラス（上昇）とマイナス（下降）のどちらに振れていたかが分かる表を40ページに掲載しておきます。ヒストリカルＤＩはこの10指標におけるプラスの比率を出したものです。これを見ると、14年2月にいくつかの部門で「マイナス」が付き始めました。ヒストリカルＤＩ（一致指数）は66・7％となります。そして、4月以降は半数以上の指標がマイナスとなり、ヒストリカルＤＩが33・3％と50％を割りこみます。このため14年3月が「景気の山だったのではないか？」と議論されたのです。

ちなみに、18年10月を景気の山とした今回の認定の場合、ヒストリカルＤＩは18年11月に50％を下回る30％となりました。このことから18年10月が景気の山の候補となったのです。

▼ヒストリカル DI の推移

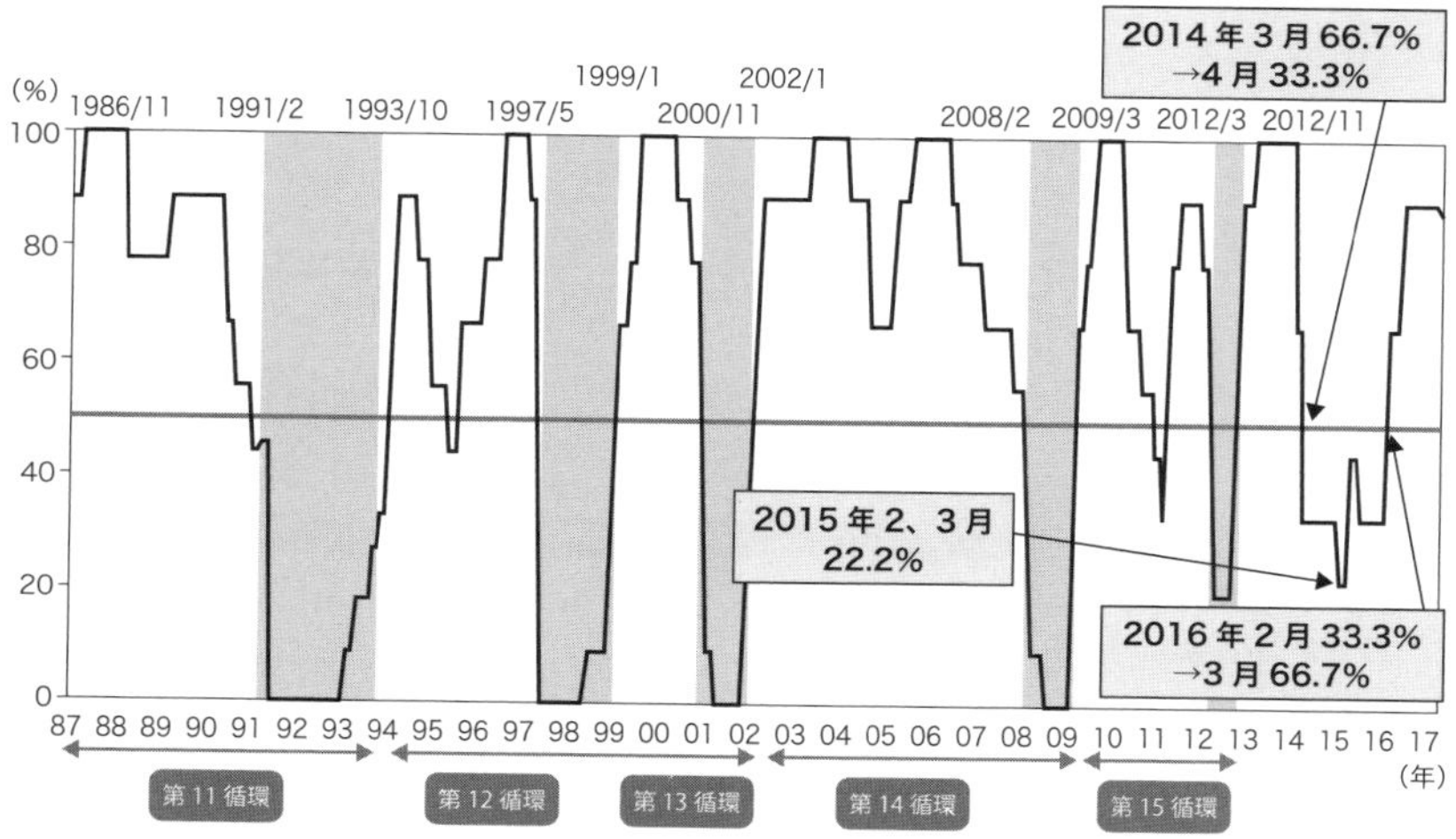

出典：第 17 回景気動向指数研究会資料 2「ヒストリカル DI（一致指数）の推移」

このヒストリカルＤＩは、その後19年５月まで30％が続き、６月にはついに０％となりました。第19回景気動向指数研究会の資料によれば最新の20年５月まで０％が続いています。新型コロナウイルスの感染拡大前から、ヒストリカルＤＩは「０％近傍」どころか０％だったのです。そうした状況の中、19年１月に安倍首相は、今の景気回復期が戦後最長となった可能性が高い、と語っていたわけです。

どのように景気の「山」「谷」判定は行われる？

景気とは何なのか。何があれば景気がよいと言えるのか。これは難しい問題です。景気そのものを表現する単体の指標がありませんし、複数の指標で複眼的に見て「こうであろう」と判断せざるをえません。今回の景気基準日付の決定は、当時の月例経済報告による基調判断とかい離したことでも注目されました。景気動向指数研究会が「景気の暫定的な山に認定することが妥当である」

▼第15循環の景気のヒストリカルＤＩ（一致指数）

	2012年	平成25年（2013年）											
景気基準日付	12月	1月	2月	3月	4月	5月	6月	7月	8月	9月	10月	11月	12月
C1 生産指数（鉱工業）	+	+	+	+	+	+	+	+	+	+	+	+	+
C2 鉱工業用生産財出荷指数	+	+	+	+	+	+	+	+	+	+	+	+	+
C3 耐久消費財出荷指数	+	+	+	+	+	+	+	+	+	+	+	+	+
C4 所定外労働時間指数（調査産業計）	+	+	+	+	+	+	+	+	+	+	+	+	+
C5 投資財出荷指数（除輸送機械）	+	+	+	+	+	+	+	+	+	+	+	+	+
C6 商業販売額（小売業）（前年同月比）	−	−	−	+	+	+	+	+	+	+	+	+	+
C7 商業販売額（卸売業）（前年同月比）	+	+	+	+	+	+	+	+	+	+	+	+	+
C8 営業利益（全産業）	+	+	+	+	+	+	+	+	+	+	+	+	+
C9 有効求人倍率（除学卒）	+	+	+	+	+	+	+	+	+	+	+	+	+
拡張系列数	8	8	8	9	9	9	9	9	9	9	9	9	9
採用系列数	9	9	9	9	9	9	9	9	9	9	9	9	9
一致指数	88.9%	88.9%	88.9%	100.0%	100.0%	100.0%	100.0%	100.0%	100.0%	100.0%	100.0%	100.0%	100.0%

	平成26年（2014年）											
景気基準日付	1月	2月	3月	4月	5月	6月	7月	8月	9月	10月	11月	12月
C1 生産指数（鉱工業）	+	−	−	−	−	−	−	−	−	−	−	−
C2 鉱工業用生産財出荷指数	+	+	+	+	+	+	+	+	+	+	+	+
C3 耐久消費財出荷指数	+	−	−	−	−	−	−	−	−	−	−	−
C4 所定外労働時間指数（調査産業計）	+	+	+	−	−	−	−	−	−	−	−	−
C5 投資財出荷指数（除輸送機械）	+	−	−	−	−	−	−	−	−	−	−	−
C6 商業販売額（小売業）（前年同月比）	+	+	+	−	−	−	−	−	−	−	−	−
C7 商業販売額（卸売業）（前年同月比）	+	+	+	−	−	−	−	−	−	−	−	−
C8 営業利益（全産業）	+	+	+	+	+	+	+	+	+	+	+	+
C9 有効求人倍率（除学卒）	+	+	+	+	+	+	+	+	+	+	+	+
拡張系列数	9	6	6	3	3	3	3	3	3	3	3	3
採用系列数	9	9	9	9	9	9	9	9	9	9	9	9
一致指数	100.0%	66.7%	66.7%	33.3%	33.3%	33.3%	33.3%	33.3%	33.3%	33.3%	33.3%	33.3%

	平成27年（2015年）											
景気基準日付	1月	2月	3月	4月	5月	6月	7月	8月	9月	10月	11月	12月
C1 生産指数（鉱工業）	−	−	−	−	−	−	−	−	−	−	−	−
C2 鉱工業用生産財出荷指数	+	−	−	−	−	−	−	−	−	−	−	−
C3 耐久消費財出荷指数	−	−	−	−	−	−	−	−	−	−	−	−
C4 所定外労働時間指数（調査産業計）	−	−	−	−	−	−	−	−	−	−	−	−
C5 投資財出荷指数（除輸送機械）	−	−	−	−	−	−	−	−	−	−	−	−
C6 商業販売額（小売業）（前年同月比）	−	−	−	+	+	+	+	+	+	+	+	+
C7 商業販売額（卸売業）（前年同月比）	−	−	−	+	+	+	+	+	+	+	+	+
C8 営業利益（全産業）	+	+	+	+	+	+	−	−	−	−	−	−
C9 有効求人倍率（除学卒）	+	+	+	+	+	+	+	+	+	+	+	+
拡張系列数	3	2	2	4	4	4	3	3	3	3	3	3
採用系列数	9	9	9	9	9	9	9	9	9	9	9	9
一致指数	33.3%	22.2%	22.2%	44.4%	44.4%	44.4%	33.3%	33.3%	33.3%	33.3%	33.3%	33.3%

	平成28年（2016年）											
景気基準日付	1月	2月	3月	4月	5月	6月	7月	8月	9月	10月	11月	12月
C1 生産指数（鉱工業）	−	−	+	+	+	+	+	+	+	+	+	+
C2 鉱工業用生産財出荷指数	−	−	−	−	−	+	+	+	+	+	+	+
C3 耐久消費財出荷指数	−	−	+	+	+	+	+	+	+	+	+	+
C4 所定外労働時間指数（調査産業計）	−	−	−	−	−	−	−	−	−	−	−	−
C5 投資財出荷指数（除輸送機械）	−	−	+	+	+	+	+	+	+	+	+	+
C6 商業販売額（小売業）（前年同月比）	+	+	+	+	+	+	+	+	+	+	+	+
C7 商業販売額（卸売業）（前年同月比）	+	+	+	+	+	+	+	+	+	+	+	+
C8 営業利益（全産業）	−	−	−	−	−	−	+	+	+	+	+	+
C9 有効求人倍率（除学卒）	+	+	+	+	+	+	+	+	+	+	+	+
拡張系列数	3	3	6	6	6	7	8	8	8	8	8	8
採用系列数	9	9	9	9	9	9	9	9	9	9	9	9
一致指数	33.3%	33.3%	66.7%	66.7%	66.7%	77.8%	88.9%	88.9%	88.9%	88.9%	88.9%	88.9%

出典：第17回景気動向指数研究会資料2「ヒストリカルDI（一致指数）の推移」

とした18年10月以降、19年2月までの月例経済報告は「景気は、緩やかに回復している」としていたのです。

ただ、先ほど紹介した記者会見において、西村大臣はよい点を指摘されていました。

第3次産業活動指数は景気動向指数の10項目に入っていません。他にも、サービス産業関連について、外食や旅行の取り扱いは入っておりませんし、住宅着工件数なども入っておりません。公共工事も入っておりません。それから、雇用についても、アベノミクスが非常に重視してきた総雇用者数や雇用者所得といったものも入っていません。そして何より、総合的な全体の経済を見るＧＤＰも入っていない。

研究会は景気基準日付を「経済の大半の部門を表現する指標」と言うけれど、そんなことはないだろうというのが西村大臣の反論です。一理あります。

まだ第19回の議事録が公開されていませんので、どのような議論が交わされたのかは不明ですが、名古屋商科大学教授の刈屋武昭委員が「景気概念と、それを表現する指数並びに景気判定法がかい離をし始めている」とする問題意識を訴える「景気動向指数の見直しについて」という資料を配布しています。今後、研究会の中でも議論されることを期待します。

これらのことを踏まえた上で、景気判断についての私の意見は明確です。なるべく機械的に判断すべきです。すなわち人間が恣意的な判断を下そうとすると、後から筆者のような人間にネチネチと指摘されるような状況が望ましい。なぜなら、景気のような公共性の極めて高い判断が、ロジックも開示されず特定の人間によってのみ意思決定され、かつ後から誰もが検証できないのはおかしいからです。

例えば、様々な数字をこねくり回した月例経済報告で「景気がまだ上向いている」と言われても、再現性をもって判断できる論拠（つまり景気が上向いているとするロジック）が全て開示されているわけではないので、どうしても信用できません。一方で、筆者が17年6月15日に開催された第17回研究会の景気基準日付についての判断を「疑惑の判定」と表現できたのは、それが可能なほど十分な情報もロジックも公開されていたからにほかなりません。

ただし、機械的な判断が「完璧」だとは思いません。機械的だからこそ「晴れときどき豪雨」のような一見矛盾する答えを出す可能性もあります。人間は答えに「論理」を求めますから、そうした矛盾を解消しようとして、結果的に多少恣意的にならざるを得ない場面もあるでしょう。第17回研究会の議事要旨を読む限り、委員の方が「ぎりぎり」と表現したのも、そうした心情にあったのではないかと推察します。

本件は、新型コロナウイルス感染対策の「東京アラート」と似た問題をはらんでいると考えています。東京アラートは複数の指標をモニタリングして、基準を上回ったらアラートを掲げるというものでした。しかし、一度アラートを取り下げた後に、指標が再び基準を上回っても、様々な理由がつけられ、再び都庁とレインボーブリッジが赤く染まることはありませんでした。

すなわち、機械的な判断をする装置から、意思決定権者の意思にそぐわない答えが出てきたら、私たちはどのように対応すべきなのか。従うのか、無視するのか。そのどちらにせよ、この選択の理由が、10年後、20年後の歴史的な検証に耐えうるように記録しておかないといけないのです。「なぜ？」の批評に耐えられない意思決定ほど、脆弱で、説得力に欠けるものはありません。

（初出　2020年8月19日　原稿の時制や数値、肩書は原稿執筆時のものです）

第3講を振り返る

結局、アベノミクス景気はどの時点で終わりを迎えたのか。２０１４年3月なのか、18年10月なのか、20年5月なのか、何を元に判断するかで結論は大きく変わりそうです。そもそも「景気」自体を測るモノサシはなく、他の指標で代替せざるを得ません。人によって答えが変わるのも当然です。中には、自分にとって都合の良い指標を使いたい人もいるでしょう。

しかし、景気動向指数研究会と内閣（閣僚）で意見が不一致なのは、さすがに異常です。どちらの言い分を正しいとするかは、最終的に国民が選挙を通じて表明するしかないのかもしれません。

第4講

〝有効求人倍率〟が高ければ景気は回復していると言えるのか？

この講のポイントは、分析に用いるデータの「質」です。入力ミスや計測漏れなどで誤ったデータが使われていたり、分析の内容に照らして不要なデータが取り除かれていなかったりすると、データの質は低くなります。例えば、小学生の平均身長を求めるのに、彼らの父親の身長が紛れ込んでいたらどうでしょう。父親のデータを含めて分析すると統計結果の信頼度は低くなります。

「人手不足」が言われて久しくなりました。正社員の有効求人倍率は、集計を始めた２００４年度以降で最も高い１・１３倍を記録。パートタイマーなどを含めた全体の有効求人倍率は、高度経済成長末期の１９７３年度以来45年ぶりの高水準となる１・６２倍を記録しました（数字はいずれも２０１８年度）。こうした状況は何を意味しているのでしょうか？　安倍晋三首相は、２０１９年３月13日の参議院本会議において、次のように述べています。

「景気回復により仕事が増加したことにより、正社員の有効求人倍率は調査開始以来最高の水準となり、正規雇用者数も１３１万人増加、賃上げも、連合の調査によれば、５年連続で今世紀に入って最高水準の賃上げが実現し、中小企業の賃上げは過去20年で最高となるなど、確実に経済の好循

▼有効求人倍率（含パート）は2009年のリーマンショック以降上昇を続けている

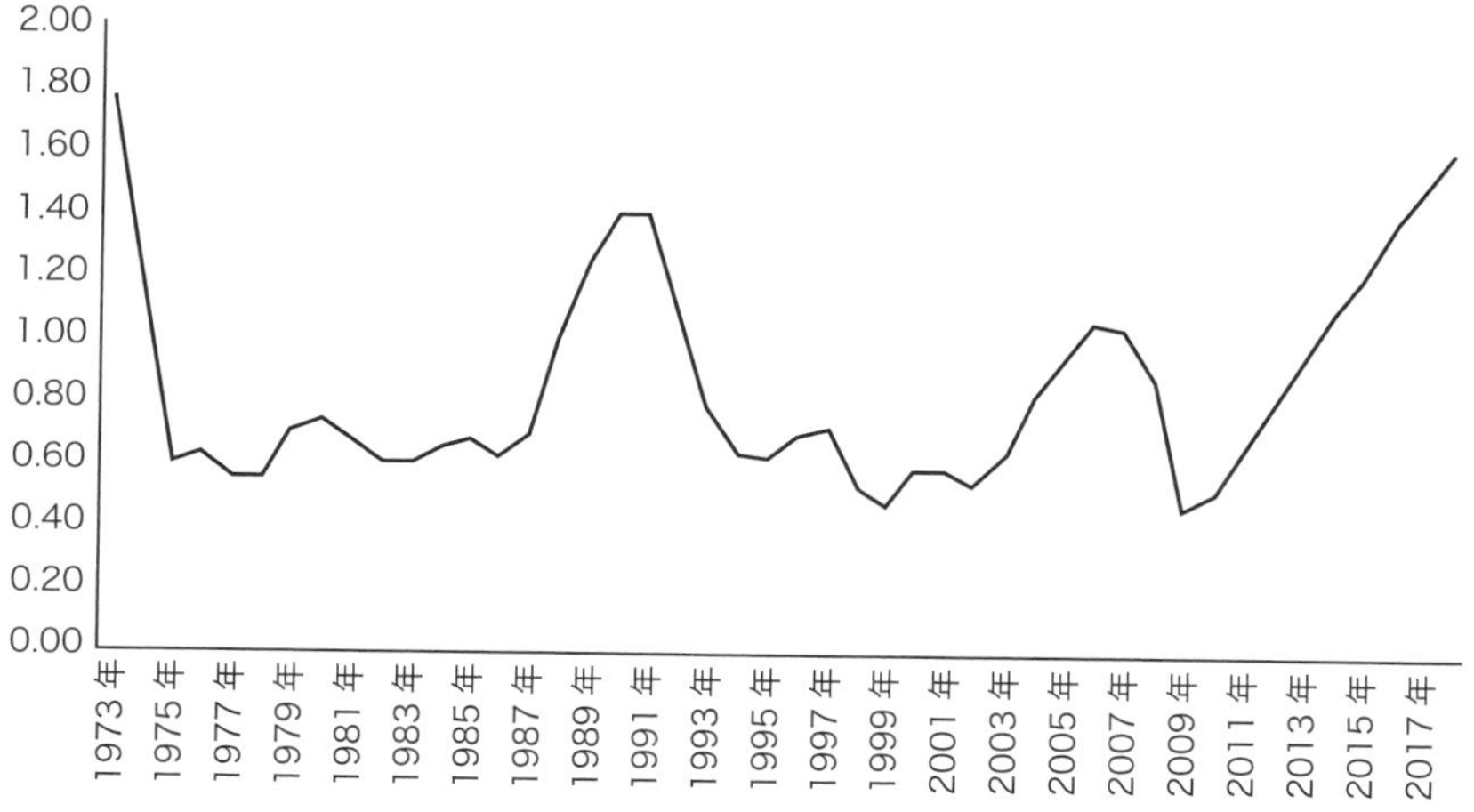

出典：厚生労働省「一般職業紹介状況」

一環が生まれています」

有効求人倍率が高いのは「景気が回復している証拠の１つ」だと捉えられているようです。……しかし、本当にそうでしょうか？

そもそも有効求人倍率をどう「見れば」いいか？

分析を行う前に、有効求人倍率の見方を振り返っておきます。有効求人倍率とは、全国のハローワークで求職者（仕事を探している人）１人に何件の求人数があるかを示します。１・１３倍であれば、求職者１人につき１件以上の求人があるので、仕事を選ばなければ、働きたい人にとって職に就きやすい状況だと言えます。

ちなみに、有効求人倍率は全ての職業で算出していますが、仕事別に見ると傾向は分かれます。「建設躯体工事の職業」は10・67ですが、「一般事務の職業」は０・３８と約28倍の開きがあります。

▼有効求人数、有効求職者数、就職件数の推移（年平均）

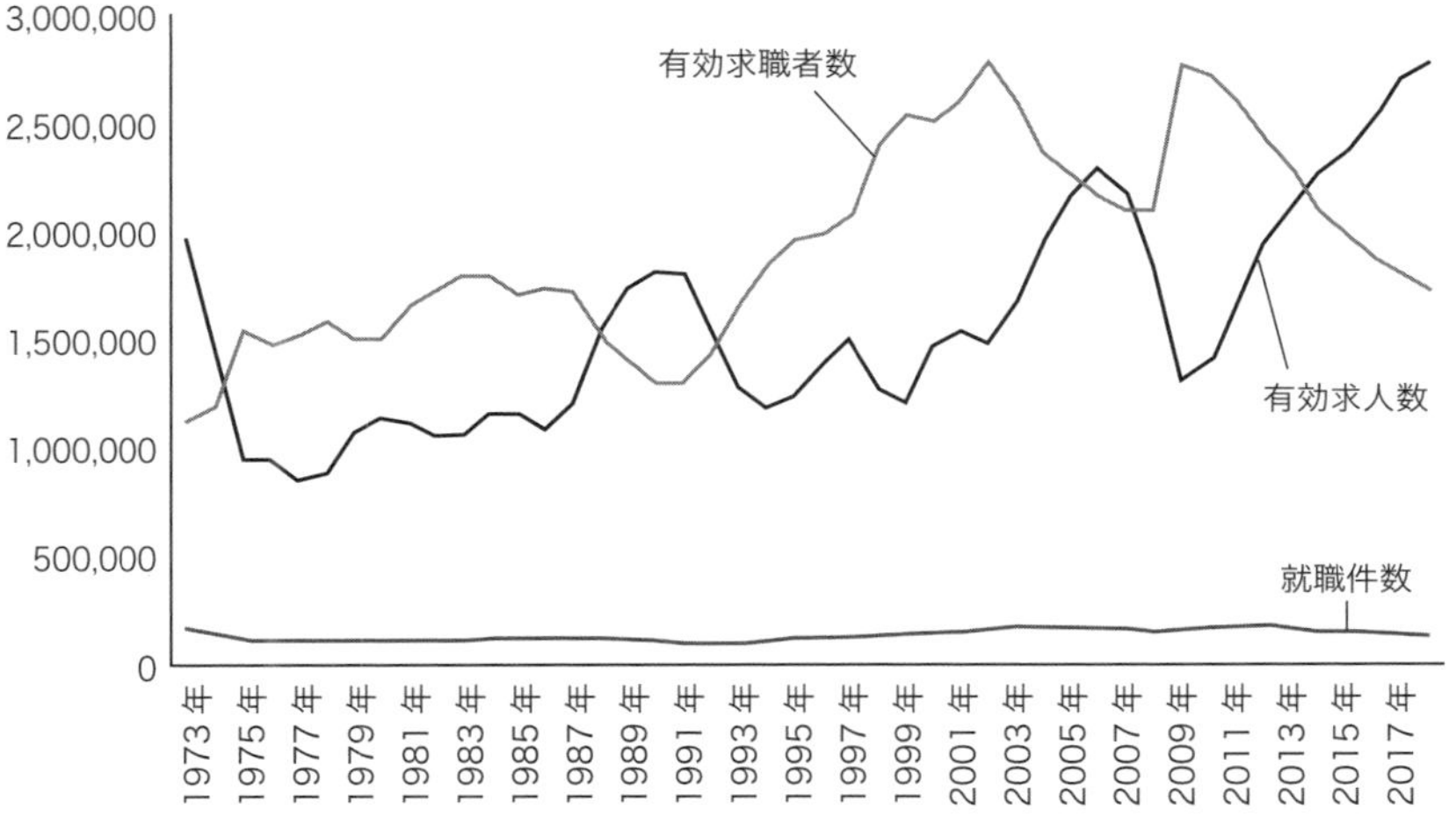

出典：厚生労働省「職業安定業務統計」

1973年以降の有効求人倍率（含パート）の推移は45ページのグラフの通りです。好景気を除けば0・6プラス・マイナス0・1程度で推移しています。2009年にリーマン・ショックによる落ち込み後、上昇を続けていますから、過去40年にない新たな傾向と言えるかもしれません。

有効求人倍率（含パート）の内訳である求職者数、求人数の推移も見ておきましょう（上図）。ハローワークを通じて就職できた件数（就職件数）もグラフに加えています。10年以降、求職者数は減り、求人数は増えています。なるほど、このグラフを見れば「景気回復により仕事が増加」しているように見えます。

求人数の増加に抱く「モヤモヤ感」

しかし冷静にグラフを眺めていると、様々な疑問点が浮かびます。18年の有効求人数は約278万件と、バブル景気やいざなみ景気を超えて過去最高を記録しています。景気回復で仕事が増えるとはいえ、ＩＴ・デジタルの時代に、こんなにも「求人＝仕事」が増えるものでしょうか。

ちなみに、「事業所・企業統計調査」及び「経済センサス」によると、我が国における事業所数は１９８９年の６６２万をピークに、16年には約20％減少して５３４万となりました。「職場」は減っているのに、「求人」が増えている理由が、私にはよく分かりません。これまでにない新たな仕事が生まれている、離職者が増えて人手不足になっているという説も考えられます。なるほど、一理あります。

そこで、別の角度から考えてみます。そもそも、求人媒体としてハローワークは魅力的でしょうか。折れ線グラフの就職件数に目を向けると、求人数に対して地をはうような推移を見せています。求人1件に対する就職件数は、１９７３年以降の平均値を計算すると０・１０（標準偏差は０・０２）とめちゃくちゃ低い。２０１７年からは2年連続０・０５を記録しています。

そんな媒体に企業が求人を出し、求職者が足を運ぶ理由は何でしょうか。

「本当の数字」は誰にも分からないのではないか

そもそも、求人の総数からは「温度感」が分かりません。「人手不足だから」という求人も、「ハローワークって無料だし、とりあえず出しとこ」という求人も、同じ1件です。ちなみに、インターネットで「ハローワーク　カラ求人」と検索するといろんなコメントがヒットします（カラ求人とは「企業が採用する気がないのに出している求人広告」という意味）。ハローワーク側もカラ求人対策を打てていないようで、せっかくハローワークや求人をした企業に面接に行ったのに何だ……という怨嗟《えんさ》の声に出会えます。

もっと言えば、全ての求人が企業から自発的に出ているとは限りません。総務省行政評価局が2012年1月に公表した「公共職業安定所の職業紹介等に関する行政評価・監視　結果報告書」によると、ハローワークには11年度時点で少なくとも1600人の求人開拓推進員がいて、彼らが求人を「開拓」しています。11年3月には、職業安定局首席職業指導官通知として求人開拓推進員1人当たりの年間求人開拓数の目標が480人以上から735人以上に上方修正されています。こうした状況から考えて、「とりあえず出しとこ」求人が一定数あっても不思議ではありません。

こうした状況を踏まえると、急上昇する求人件数の全てを人手不足と見るのは早計に思えます。

それは求職者数も同様です。雇用保険の失業給付を受け取るには、ハローワークでの求職申し込みが必要です。求職者の中には本気で仕事を探している人もいるでしょうが、中には失業給付目当てで求職を申し込んで、給付期限を迎えると既に決まっている次の会社に就職する人もいるかもしれません。

結局のところ、求人・求職いずれも「本当に人手が不足している企業」と「本当に働きたい人」の実態がつかめないのです。実態を知るにはゴミデータが多すぎる印象です。データ分析の原則は「garbage in, garbage out」すなわち「無意味なデータを入れると無意味な結果が返される」のです。

雇用統計の対象がハローワークだけでは狭すぎる

このように、有効求人倍率の内訳をのぞいてみると、変なところが少なからずありました。これらを放置したまま「景気を評価する指標の1つ」と見なすことには疑問を抱きます。私は有効求人倍率を否定したいのではなく、改良・改善して、より景気判断に使える雇用統計にできないかと考えています。

そのためにも、ハローワークによるカラ求人対策は急務ですし、抜本的な見直しとしては、民間の求人事業が数多くある中で、ハローワークの数字だけで有効求人倍率を計測する是非が議論されるべきでしょう。もはや民間経由で職を決める人が多くなっています。雇用統計として計測している範囲がハローワークだけというのは、狭すぎるのではないでしょうか。

この原稿をキッカケに、様々な改善が行われ、より使える指標になるのを願っています。

（初出　２０１９年６月19日　原稿の時制や数値、肩書は原稿執筆時のものです）

第4講を振り返る

新型コロナウイルスにより、雇用情勢は危機を迎えています。それでも、20年9月時点で全国の有効求人倍率（季節調整値・含パート）は1倍を上回っています。本当かよ、と思います。

文中で「garbage in, garbage out」という表現を紹介しました。ハローワークで計測している求職者数や求人数は実際には「garbage」で、雇用の実態を明らかにできていないのではないか、とする危機感がずっとあります。本来、こうした数字と実態のギャップを指摘し、修正を指示するのは政治家の役割だと思うのですが、あまりに地味なテーマなのか見向きもされません。

第5講

「食品ロス」の量、もっとちゃんと算出しませんか

この講のポイントは、数字に疑問を持つ心構えです。どういった内容であれ、数で表現されると「そういうものか」と思ってしまい、疑問を感じない人が多いようです。数字が事実を表していると は限りません。推測に推測を重ねる「フェルミ推定」で出された数字だってあるのです。「確からしく見える数字」こそ「本当かしら?」と裏側をのぞいて検証しなければなりません。

2019年5月24日に成立した「食品ロスの削減の推進に関する法律」(食品ロス削減推進法)が同年10月1日から施行されました。食品ロスとは「食品廃棄物のうち、まだ食べられるのに捨てられてしまった食品」という意味です。国は本年度中に基本方針をまとめ、自治体は削減に向けた推進計画を作ることになっています。

ちなみに、皆さんはおよそ1年間でどれくらいの食品ロスが発生しているかご存じでしょうか?

環境省が発表した「我が国の食品廃棄物等及び食品ロスの発生量の推計値」の試算によると、16年度は家庭系食品ロスが約291万トン、事業系食品ロスが約352万トン、合わせて約643万トンだと分かりました。

国民1人当たり約50キログラム分の食料が、まだ食べられるのに捨てられている計算です。ちなみにこの

量は、国民1人当たりのコメ消費量とほぼ同じ。今日食べたコメの分だけ、ゴミとして食品を捨てていると思うとゾッとしますね。

しかし、果たしてどうやって６４３万トンが「本来は食べられる」と分かったのでしょうか？　誰が、どのようにして、それを調べているのでしょうか？

家庭系食品ロス約291万トンの算出方法

２０１９年3月、環境省が「平成30年度食品廃棄物等の発生抑制及び再生利用の促進の取組に係る実態調査」として発表した資料に、家庭系食品ロスの計測方法が記載されています。

実態調査では、家庭から発生した食品廃棄物や食品ロスの量及び廃棄状況、発生抑制や再生利用に関する取り組みの実施状況などを把握するため、１７４1ある市区町村全てにアンケート調査を実施しています。

その結果をもとにした家庭系食品ロス量の求め方は、けっこう複雑です。

まず家庭から排出される食品廃棄物（主に調理くずや食べ残し、賞味期限切れ等）の発生量を把握している約２００市区町村の回答結果をもとに、把握していない市区町村の「食品廃棄物」の発生量を推計します。その結果、７８８万９０００トンだという推計が出ます。

次に、「食品廃棄物」に占める食品ロス（本来食べられるのに捨てられてしまう食品）の量の割合を把握している市区町村の回答結果をもとに、把握していない市区町村の「食品廃棄物」に占める「食品ロス量」を推計します。

▼家庭から排出される食品廃棄物の発生量の推計方法

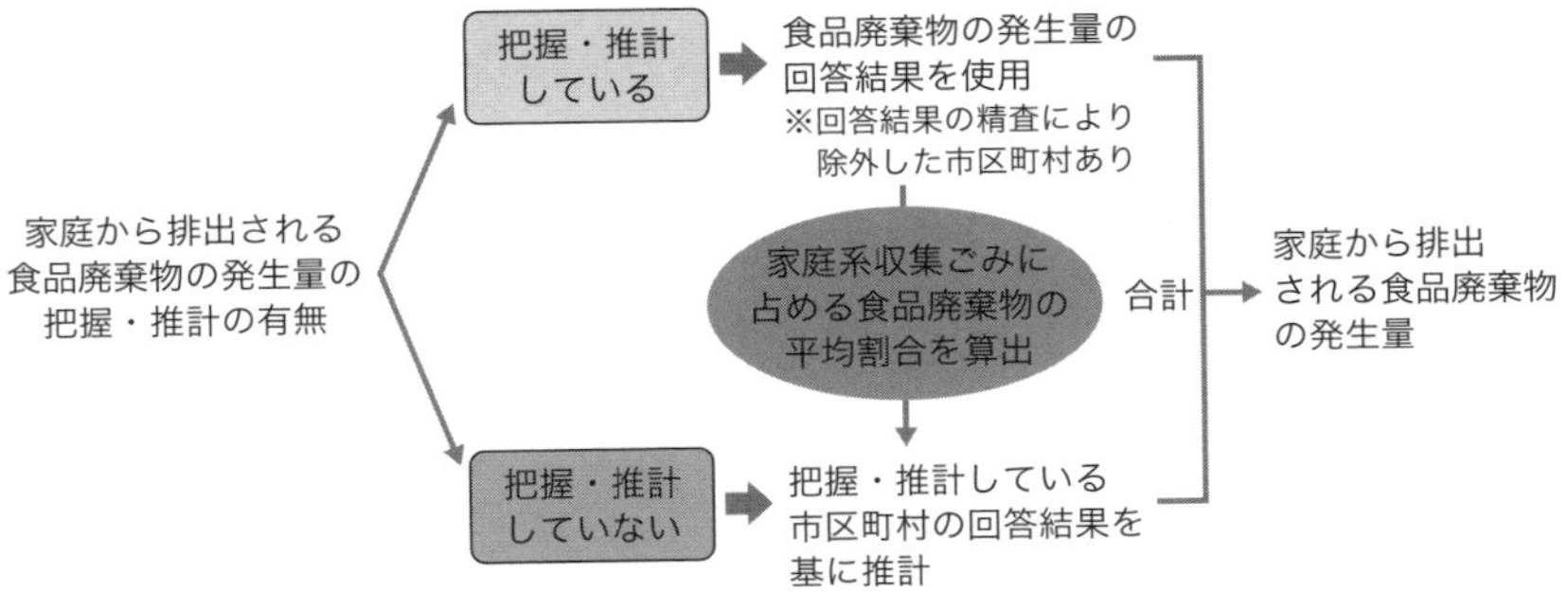

食品廃棄物の発生量はその数値を把握している自治体の数字をもとに、把握していない自治体の量を推計している

▼家庭から排出される食品廃棄物に対する食品ロス量の割合

	市区町村数	食品廃棄物に対する食品ロス量の割合（単純平均）
直接廃棄	90	10.8%
過剰除去	3	11.4%
食べ残し	20	13.4%
合計		35.6%

食品廃棄物に対する食品ロスの量の割合は、それを把握している自治体の数字をもとに出される。それらの数字を把握している自治体は全国1741自治体のうちごくわずか（過剰除去では3自治体）にすぎない

出典：ともに「平成30年度食品廃棄物等の発生抑制及び再生利用の促進の取組に係る実態調査」の取組に係る実態調査

ちなみに、家庭系食品ロスの内訳は直接廃棄（冷蔵庫などに保存されたままで調理されず廃棄された食品）、過剰除去（皮を厚くむき過ぎるなど取り除き過ぎたもの）、食べ残し（作り過ぎで食べ残された料理）の3種類に分けられています。この内訳ごとに「食品廃棄物」に対する「食品ロス量の割合」を求めます。結果は上図の通りです。

この結果をもとに、食品ロス量を把握していない市区町村の「食品ロス」の発生量を類推します。その結

▼食品ロス量の推計結果

	①各市区町村の推計結果を使用		②拡大推計				食品ロス量合計（千t/年）
	市区町村数	食品ロス量（千t/年）	市区町村数	食品廃棄物の発生量（千t/年）	食品ロス量の割合（%）	食品ロス量（千t/年）	
直接廃棄	58	229	1,683	6,073	10.8%	658	887
過剰除去	1	2	1,740	7,873	11.4%	895	897
食べ残し	13	179	1,728	7,007	13.4%	942	1,121
合計	—	411	—	—	—	2,495	2,906

推計された食品廃棄物の発生量に食品ロス量の割合（食品ロス量を計測している自治体の数字をもとにした推計値）を掛け合わせて「②拡大推計」を出す。これに、実際に食品ロス量を推計している自治体の①食品ロス量を足す。これが全体の食品ロス量としている

出典：「平成30年度食品廃棄物等の発生抑制及び再生利用の促進の取組に係る実態調査」

果、直接廃棄・過剰除去・食べ残しを合わせて約２９１万トンだと推計されたのです。

以上から分かる通り、「家庭系食品ロス約２９１万トン」という数字は、類推に類推を重ねて算出されています。これは実態というよりも概念であり、本当の量はそれ以上かもしれないし、それ以下かもしれないという曖昧なものです。誰かが目撃したわけでもなければ、実際に調べたわけでもないのです。

実際に調べていないからには類推して求めざるを得ません。ただ、食品廃棄物の「過剰除去」を調べているのは、たった３市区町村のみ。あまりに数が少な過ぎます。この３市区町村から割り出した食品ロス量の割合「11・4%」は、残りの市区町村の食品廃棄物総計に掛けてよい比率なのでしょうか？

食品ロス量の割合を出す際には、「平均値から標準偏差の２倍以上の小さな値を外れ値として除外した」そうです。しかし、「過剰除去」について３市区町村全てが「実際は外れ値」の可能性だってあるのです。もしこれらの自治体が、絶対に食べられない「食べ残し」や「過剰除去」を食品ロスと断定していたら、それだけで全国の食品ロス量は大きく変化します。

▼事業者から排出される食品廃棄物に対する食品ロス量と割合

	食品廃棄物	食品ロス	食品ロスの割合
食品製造業	1,617万トン	137万トン	8%
食品卸売業	27万トン	16万トン	59%
食品小売業	127万トン	66万トン	52%
外食産業	199万トン	133万トン	67%
合計	1,970万トン	352万トン	18%

食品ロスでは、その量と割合に注目すると外食産業がともに高いことが分かる

出典：農林水産省「食品ロス及びリサイクルをめぐる情勢」

「ないよりマシ」という声もあるでしょう。しかし脆弱な根拠によるデータはゴミです。データサイエンスでは、「garbage in, garbage out」(「無意味なデータ」を入力すると「無意味な結果」が返される)は鉄則だと私は考えます。

事業系食品ロス約352万トンの算出方法

事業系食品のロスはどうでしょう。19年4月、農林水産省が「食品ロス及びリサイクルをめぐる情勢」として発表した資料に、事業系食品ロスの大まかな発生元が記載されています。

製造や卸売においては必ずしも消費者に向けて販売していないので、資料では食品ロスの定義を「仕入れた食材・食品、食材を加工・調理等してできた食品及び副次的に発生したもので食用にできるもののうち、最終的に人に食されることなく食品廃棄物等（食品の製造や調理過程で生じる加工残さ、食品の流通過程や消費段階で生じる売れ残りや食べ残し等）となってしまったもの（資料では「可食部」と表現される）」としています。

事業系食品廃棄物のうち大半を食品製造業が占めていますが、食品ロスに限ると食品製造業と外食産業が大半を占めています。ただし食品廃棄物

▼食品ロス量の推計結果

項目		食品製造業	食品卸売業	食品小売業	外食産業
①仕入れ時のロス	規格外品	1.4%	4.3%	0.5%	0.4%
	仕入れ時の傷み・腐れ	1.0%	3.3%	0.5%	0.4%
	誤・過剰発注	0.1%	0.0%	0.0%	1.5%
②保管・販売時のロス	保管中に発生した傷み・腐れ	0.9%	4.3%	6.7%	0.0%
	賞味・消費・保管期限切れ、作りすぎ	20.5%	33.7%	69.2%	37.5%
	出荷端数	0.7%	0.0%	0.0%	0.0%
③加工・調理時のロス	加工・調理くず、端材	10.8%	1.1%	3.8%	5.9%
	抽出残渣	4.0%	0.0%	0.0%	0.0%
	設備ロス	13.1%	0.0%	0.0%	0.0%
	加工トラブル・調理ミス・不良品	24.0%	13.0%	11.1%	4.4%
④検査・保管サンプルのロス		10.6%	8.7%	1.4%	5.1%
⑤試作・見本品のロス		5.2%	1.1%	1.4%	2.9%
⑥返品によるロス		10.3%	34.8%	3.4%	0.0%
⑦食べ残しによるロス	食べ残し・キャンセル品	1.1%	0.0%	2.9%	70.6%
	注文ミス	0.0%	0.0%	0.0%	2.9%
⑧品名のみ		16.8%	25.0%	11.5%	5.9%
⑨不明・無回答		27.1%	20.7%	14.4%	13.6%
回答数		1,125	92.0%	208.0%	272.0%

出典：農林水産省「平成29年度食品産業リサイクル状況等調査委託事業報告書」

に占める食品ロスの割合で考えれば、より深刻なのは外食産業のようです。

では、どうやってこの食品ロスの量を算出したのでしょうか？ 残念ながら、この資料にはその方法は掲載されていません。

ヒントになると考えたのは、農林水産省委託業務の「平成29年度食品産業リサイクル状況等調査委託事業報告書」です。この報告書では、食品リサイクル法に基づく定期報告を提出した4780の事業者に対して、食品廃棄物に占める可食部等に関するアンケート調査を実施しています（有効回答数は2200事業者で回答率は約46％）。

▼食品廃棄物等の把握方法内訳

把握方法	回答数				回答割合			
	食品製造業	食品卸売業	食品小売業	外食産業	食品製造業	食品卸売業	食品小売業	外食産業
a 計量器	540	30	26	42	36.4%	28.8%	13.5%	18.0%
b 拡大推計	48	3	25	44	3.2%	2.9%	13.0%	18.9%
c 歩留まり	155	1	6	10	10.4%	1.0%	3.1%	4.3%
d 実績伝票	99	11	7	4	6.7%	10.6%	3.6%	1.7%
e 外部報告	398	26	53	27	26.8%	25.0%	27.5%	11.6%
f 割合設定	190	17	79	119	12.8%	16.3%	40.9%	51.1%
g その他	97	13	9	7	6.5%	12.5%	4.7%	3.0%
h 無回答	120	9	5	8	8.1%	8.7%	2.6%	3.4%
回答数	1,484	104	193	233				

出典：農林水産省「平成29年度食品産業リサイクル状況等調査委託事業報告書」

その結果をもとにした事業系食品ロス量の求め方は、家庭系食品ロス量の求め方と同じです。事業者の回答結果から食品廃棄物に占める食品ロス量の割合を求め、その数値をもとに食品関連事業者全体の食品ロス発生量を計算し、拡大推計しています。

事業系食品ロスにおいては、その発生要因も集計されています。しかし、不思議なのですが、どうやって「食べ残した量」を調べたのでしょうか？　私は学生のころ、飲食店でアルバイトをしていたのですが、「食べ残し」(食品ロス）を量る時間なんてとてもありませんでした。あれから時代は変わったのでしょうか？

その方法についても明らかにされています。食品廃棄物の量をどのような方法で把握（推定）しているか、上の表のように7種類の方法があげられています。外食産業であれば「割合設定（経験上、可食部の割合を推計し、食品廃棄物等の発生量にその割合を掛けるなど)」が119件と多いことが分かります。要は目視と勘ですね。

可食、不可食の判断は事業者に任されてしまう

では、事業系食品ロス量の推計はある程度、精緻と考えるべきでしょうか。

いや、違うと私は思います。「仕入れた食材・食品、食材を加工・調理等してできた食品及び副次的に発生したもので食用にできるもののうち、最終的に人に食されることなく食品廃棄物等となってしまったもの」という定義が曖昧過ぎるのです。資料ではアンケート回答事業者の戸惑いの声が多く掲載されています。

例えば、定義に従えば「試作品」「サンプル品」は可食部扱いになります。しかし、消費者に提供するものではありません。仮に「食べられた味ではない」としても可食部扱いすべきなのでしょうか。他にも菌が発生して廃棄せざるを得ない規格外品も全て可食部扱い、お弁当の製造工程で余った少量の総菜も可食部扱いとなります。要は可食部＝おいしいとか関係なく口に入れられるもの、という定義のようです。食品ロスってそういうことなんでしょうか？

ところが「しょうゆかす」「米ぬか」は調理くずとして不可食部扱いになります。「食べられたらいいんじゃないの？」という区分がここで成り立たなくなります。その一方で、「おから」は可食部扱いです。全ての食品についてこのようなかたちで可食、不可食を区分けしてくれればよいのですが、実際はそうもいきません。せめて区分けの根拠（定義）がはっきりしていればよいのですが、それがないまま調査されているのです。実際、アンケートに回答した事業者からは「定義が曖昧」という声が多数上がっていました。

定義が曖昧だと、区分けの最終判断は事業者に任されます。つまり、事業系食品ロスにおいては、家庭系

食品ロスのようにちゃんと量れているかが問題ではなく、何が食べられるもので、何が食べられないものかの判断を事業者任せにしていることが問題だと言えます。事業者が異なると、同じ「食品廃棄物」であったとしても、「これは食べられる」「いや食べられない」と見解が分かれる可能性があります。それでは食品ロスの「数字」をいかようにもつくれてしまいます。

食品ロスは〝ちゃんと〟算出した方がよい

冒頭、私は「今日食べたコメの分だけ、ゴミとして食品を捨てている」と説明しました。しかし家庭系・事業系の数字の詳細を掘り下げてみると、かなり根拠が脆弱であると分かりました。

大前提として申し上げたいのは、ＳＤＧｓ（持続可能な開発目標）に「２０３０年までに世界の食料廃棄を半減させる」という目標が掲げられている通り、食品ロスはもっと減らさなければなりません。だからこそ、今回分かったような統計の「穴」を塞がなければならないと思っています。

家庭系食品ロスについては、各市区町村に対して予算を付けて「食品廃棄物」に対する「食品ロス量」の割合がいくらかを分かるようにしてもらわなければいけません。現状はあまりに標本数が少な過ぎます。

事業系食品ロスについては、可食部と不可食部の区分けを、もっと細かく提示しなければいけません。さらにその計測を事業者負担にするのであれば、何らかの法令なりメリットなりを示さないといけないでしょう。アンケートの回答者数が半数を切っている点から分かる通り、こんな面倒な作業を事業者の善意に基づいて実施するのは間違っている、と思うのは私だけでしょうか。

コンビニやスーパーなどの小売業では、売れ残りの食品廃棄に対して様々な取り組みが検討されはじめ、数値目標や成果について明示するようになってきました。しかし、計測が難しい分野を今のままにしておくと、いつまでも実態が把握できず、削減してもその効果が見えてきません。

これらは金の話であり法律の話であり、いずれにしても「政治」が動かなければ、大きく事態が変わりそうにありません。

食品ロスを所管する官庁の1つは環境省です。そういえば以前、小泉環境大臣は「気候変動のような大きな問題は楽しく、クールで、セクシーに取り組むべきだ」と発言し話題となりました。気候変動に比べれば、食品ロスは相対的に小さな問題かもしれません。とはいえ、大事なことは今すぐにでも、真面目に、実直に、誠実に取り組んでほしいと思います。

（初出　2019年10月9日　原稿の時制や数値、肩書は原稿執筆時のものです）

第5講を振り返る

「食品ロス」の記事は、日経ビジネス電子版での連載の中で最もPVが少ない記事でした。「食品ロスをなくす」ような〝よいこと〟に意見するのは無粋と思われたのかもしれません。だからといって、曖昧な数字を掲げ続けてよいわけではありません。

これから環境省も経済産業省も大変です。食品ロスの削減を訴えているのですから、どれくらい減ったのか定量的に見なければいけません。しかし、数字を精緻に求めようとすると、これまで出してきた統計との整合性がとれなくなってしまうのですから。

第2章

データ再検証で見えたもう一つの事実

新聞、テレビ、ウェブなどの媒体を通じてニュースに触れていると、様々な事件・事故・災害が日本全国各地で起きていると実感します。いや、むしろ起き過ぎて、昨日注目された話題が、今日になると話題に上らず、別の話題に注目が移ることもあります。

しかし、そうした〝盛り上がりを終えた〟ニュースを後になって再検証すると、最初とは異なる別の側面を見せることがあります。「真実ではなかった」というより深掘りが足りなかった、検証が不足していた、見落としていたなど、真実に迫れていなかったという表現が適しているかもしれません。

何が足りなかったのか。様々な理由は考えられますが、多くの場合、「データドリブンに事実を解釈していない」という共通点があるように思えます。「数字を鵜呑みにし過ぎている」とも言えます。

訪日韓国人の激減で日本はどの程度影響を受けるのか。

日本における相対的貧困率の高さは何によるものなのか。

平均寿命はなぜ伸び続けるのか。

出生数減少をもたらす要因は何か。

貧困層を救うのに適した手段は最低賃金の上昇なのか。

なぜ給料は上がらないのか。

データを使って再検証すると言っても、データサイエンティストのように、プログラムを書けて統計学の技術を持ち合わせたプロである必要はありません。見るべき指標を元に仮説を立てたり、因果関係を考えたり、もう一度最初から事実を確認するだけです。「もう一度見直す」ことは、最も頭脳を使う知的作業の1つです。なぜなら、あらゆる物事を確認し、過ちがないか、違う可能性があるかどうかを精査するからです。言い換えると、見直す習慣が身に付けば、これほど強い能力はありません。

第6講

訪日韓国人減少の損失を計算したら693億円だったが……

この講のポイントは、統計的手法を用いて「起きていたかもしれない事実」と「実際の事実」との差分を導き出す思考訓練です。実際には起きていないので正確な数字自体が存在しないのですが、過去の傾向から「こうだったのではないか」と類推するのは比較的容易です。〝もう1つの事実〟は、こうした思考訓練から生み出されます。

何度も衝突を繰り返してきた日韓関係ですが、これればかりは深刻さが異なりました。2019年8月、安全保障上の理由による日本の輸出管理の厳格化を発端に、日韓GSOMIA（軍事情報に関する包括的保全協定）の破棄を通告するなど、単なる経済戦争にとどまらない勢いで関係が悪化しました。

多くの専門家が経済面、軍事面に与える影響を分析してきました。しかし、見渡してみると「観光」に与えた経済的影響は数字できちんと分析されていないようです。

報道によると、韓国人観光客が多く訪れていた大阪や長崎県対馬などの観光地では、飲食店やホテルに大きな影響が出たそうです。果たして、どれくらいの被害なのでしょうか？

▼中国、韓国、台湾からの訪日客数

	2019年7月	2019年8月	2019年9月
中国	105万0500人（1位）	100万0600人（1位）	81万9100人（1位）
韓国	56万1700人（2位）	30万8700人（3位）	20万1200人（3位）
台湾	45万9200人（3位）	42万0300人（2位）	37万6200人（2位）

日韓摩擦の結果、訪日外国人客数で２位だった韓国は８月には３位に（数値はいずれも推計値）

出典：日本政府観光局（JNTO）「訪日外国人数」

訪日韓国人数の減少による影響をどうやって調べるか

日本政府観光局（ＪＮＴＯ）の訪日外国人数（19年8月推計値）によると、19年８月の訪日韓国人客数は30万８７００人と、前年比48％減（約28万５０００人減）の落ち込みを示しました。また10月中旬に明らかになった９月のデータでは、20万１２００人、前年比58％減（約27万８０００人減）とさらに厳しい数字となっています。

７月の時点では日本に訪れる外国人客数のＴＯＰ３は１位が中国、２位が韓国、３位が台湾でした。しかし韓国の大幅な減少により、８月には２位に台湾がランキングされるほどの大きな異変となりました。９月にはその差がさらに広がっています。

では、前年比で58％減少した約27万８０００人分が「日韓関係悪化」による影響と見ればよいのでしょうか。ここは、もう少し詳細に見たいと思います。

次ページの図を見てください。ある場所を訪れる観光客数が毎月伸び続けているとします。しかし、７月に大きな変化が起きて、観光客数が大きく減少してしまいました。その結果を灰色の線で表しています。もし８月時点での影響を知るなら、点Ａと点Ｂの差分で「大きな変化の影響」を見るのが正しいでしょうか？

▼変化の差分は点 B と点 C の間で見るべき

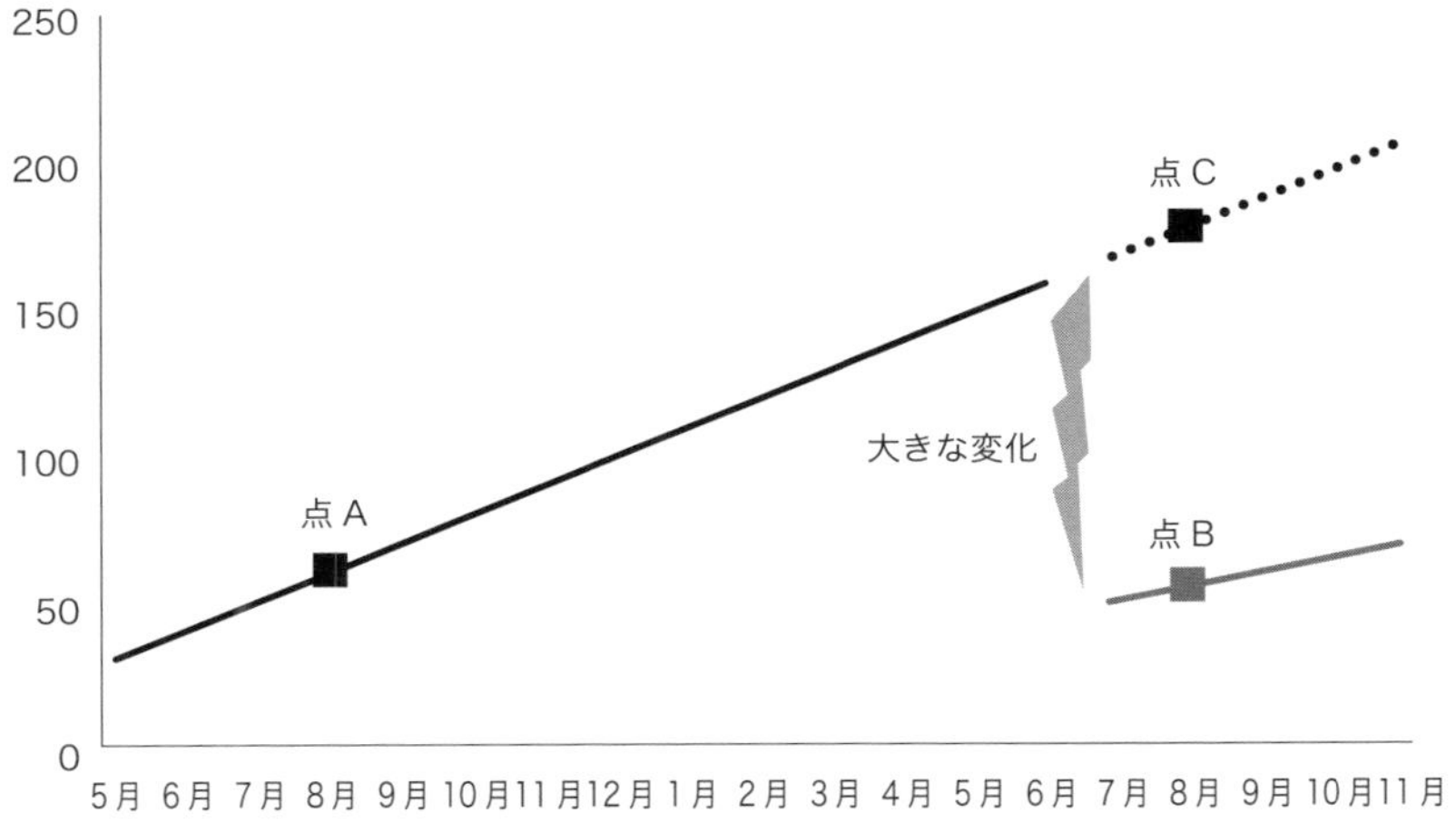

▼訪日外国人客数の推移

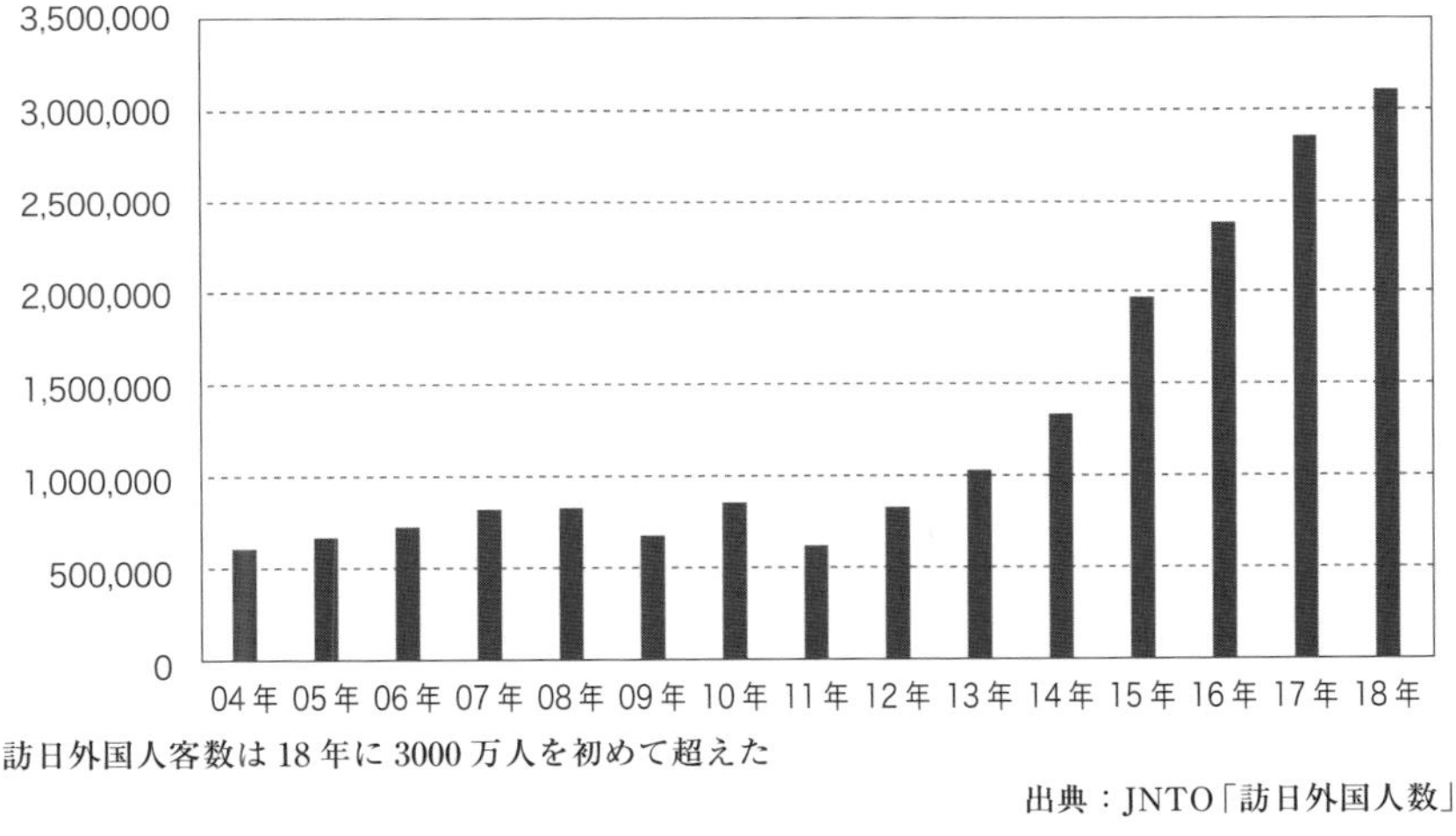

訪日外国人客数は 18 年に 3000 万人を初めて超えた

出典：JNTO「訪日外国人数」

７月以降、黒い点線が引かれている部分に注目してください。これは「大きな変化」が起きなかった場合の、過去の実績から見た想定訪日客数です。本来であれば点C程度の観光客数があってもおかしくないのに、点B止まりだった。つまり「大きな変化の影響」を見るなら、本来は点Cと点Bの差分で見るべきではないでしょうか。

ご存じの通り、ここ数年の訪日外国人客数は増える一方でした。外国人観光客を大勢呼ぼうとする安倍政権の成功例の1つと言えるでしょう。したがって、1年前と比較してしまうと、上昇トレンドによる増加分を考慮していないことになります。

訪日韓国人数は17年後半から横ばいに転じていた

ＪＮＴＯの「国籍／月別　訪日外国人客数」の統計を用いて、まずは09年1月から客数が減少し始める直前の19年6月までの月別訪日韓国人客数の折れ線グラフを作成してみました。結果は次ページの通りです。11年3月に発生した東日本大震災で一気に落ち込みますが、それ以降は右肩上がりに上昇を続け、18年1月には過去最高の約80万人を記録します。

しかし以降は、同年9月に約48万人まで落ち込んだと思えば、19年1月には再び上昇し過去2位の約78万人を記録します。これでは、訪日韓国人客数が増えているのか減っているのかよく分かりません。

このような凸凹を「季節変動」と呼びます。日本国内でも、お盆やお正月、バーゲンシーズン、夏休みなど、慣習的要因により一定の周期で繁忙期と閑散期が訪れます。グラフに目を向けると、例えば毎年1月は

▼月別訪日韓国人客数の推移

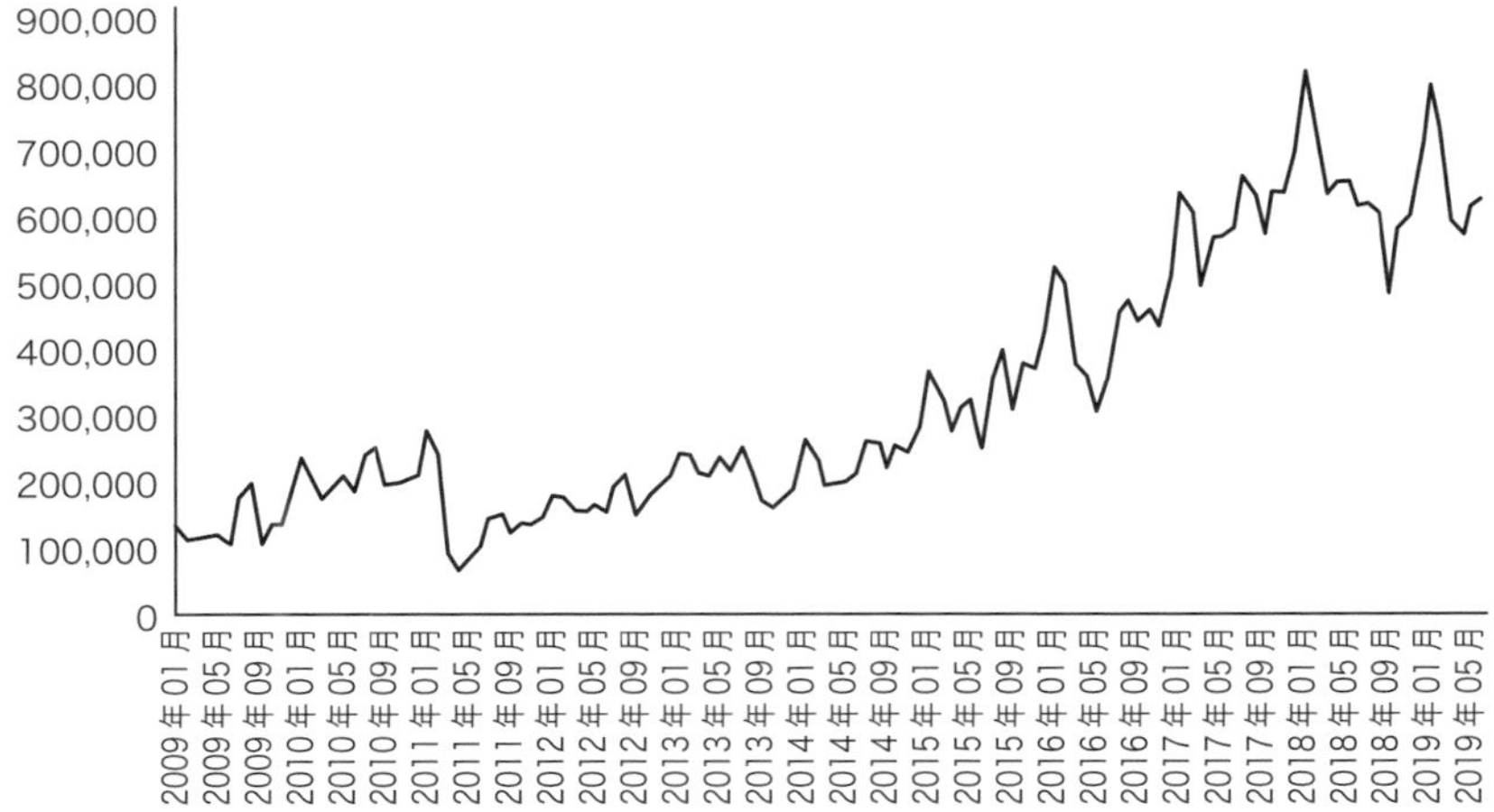

韓国人訪日客数は、11年3月の東日本大震災で落ち込むものの、それ以降上昇を続けてきたかのように見える

出典：JNTO「訪日外国人数」

前月と比べて大きく伸びていると分かります。これは旧正月の影響だと思われます。

こうした季節変動の影響を取り除き、中長期の経過を示した結果が次ページのグラフの黒線です。念のため、元の推移も薄いグレーの線で併せて表示します（季節変動を取り除く方法については本書の趣旨ではありませんので省きます。気になる人はネットで「季節要因　取り除く方法」で検索してみてください）。

季節変動を取り除くと、18年1月まで右肩上がりに上昇を続けたように見えた数字が、実際にはそれより手前の17年後半には横ばいの傾向を示していたと分かりました。

18年8～10月が大きく落ち込んでいますが、訪日韓国人客が多く訪れる大阪で、6月の大阪府北部地震、8月に発生した平成30年台風21号と立て続けに災害が起きた影響だと思われます。

つまり、17年6～8月から、訪日韓国人客数は65万人前後で足踏みしていた……という衝撃的な事実が分

▼月別訪日韓国人客数の推移（季節変動除去後）

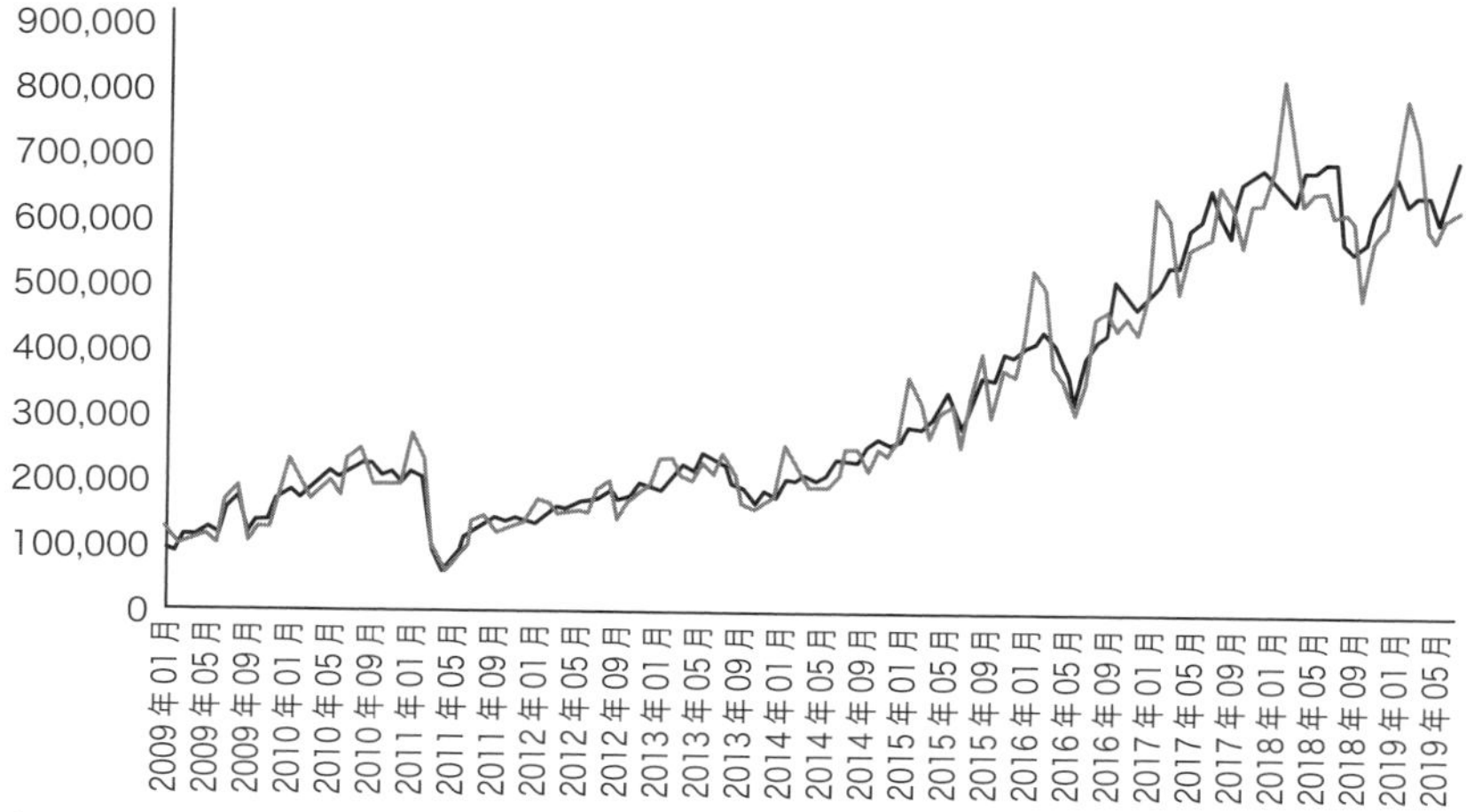

季節要因を取り除くと、右肩上がりに見えた韓国人訪日客数は17年後半以降横ばいになっていることが分かる
出典：JNTO「訪日外国人数」、季節変動除去後の数値は筆者が算出

かりました。

ちなみに、19年9月20日、韓国の国家統計委員会は景気拡大の頂点と言える「山」がいつだったのか検討を行い、「17年9月」だったと認定しました。景気の影響も少なからずあると言えるでしょう。

訪日韓国人客数が減った経済的影響は3カ月で693億円

66ページでお見せした図は、訪日韓国人客数は右肩上がりという前提に立って影響を把握する方法でしたが、実際のところは横ばいだったので、上昇トレンドはあまり気にせずともよさそうです。

もっとも、この考え方自体はビジネスにも横展開できますので、提示した方法を採用して最後まで計算していきましょう。

季節変動を取り除いた訪日韓国人客数の推移が横ばいになったと考えられる17年7月から日韓関係の悪化が激しくなる直前の19年6月までの2年分の

▼ 17年後半以降の訪日韓国人客数と予測数字

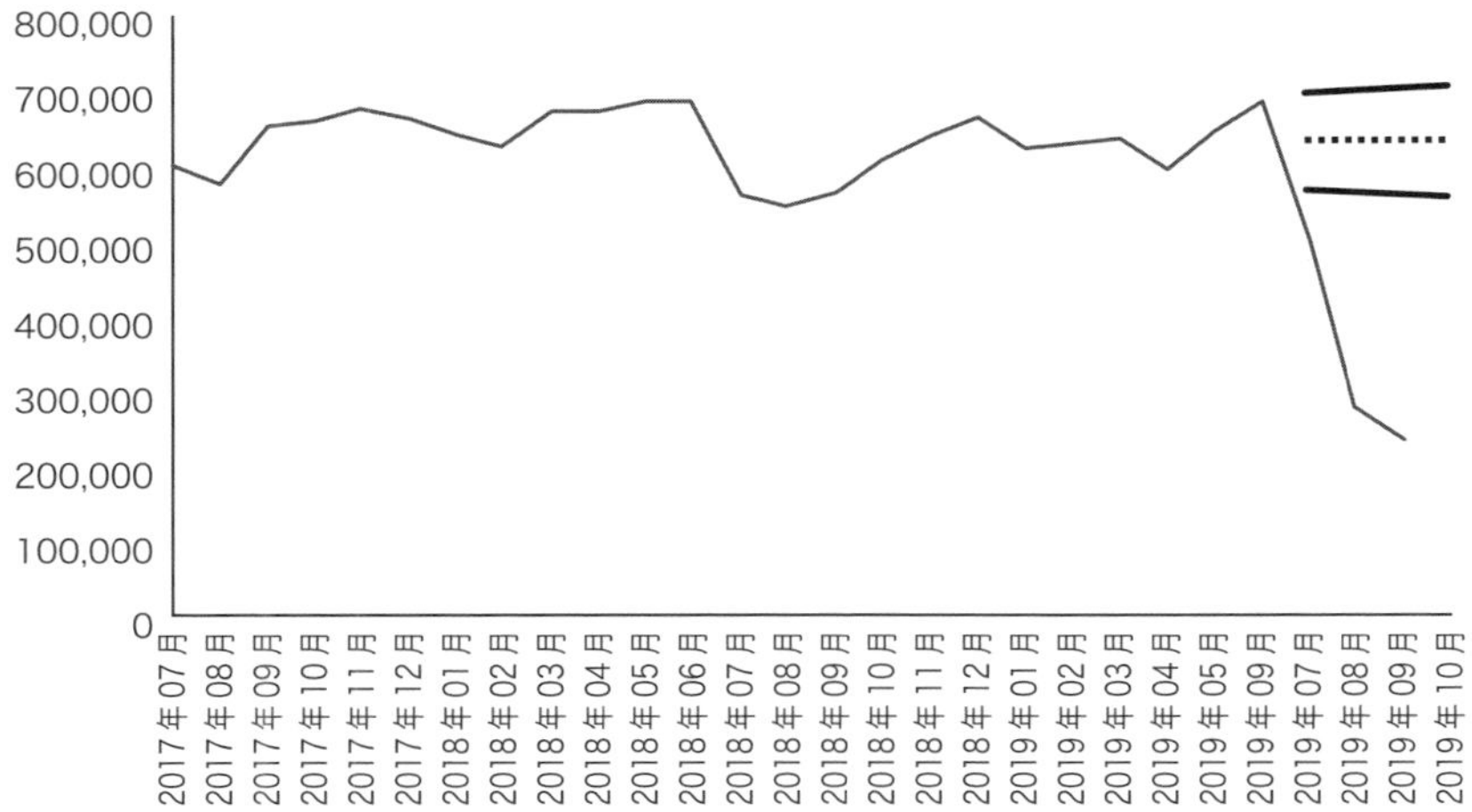

日韓関係が悪化しなかった場合の韓国人訪日客数の予測（太線部分、筆者がJNTO「訪日外国人数」を元に算出）

データから、19年7月以降の客数予測を算出して図にしました（上図）。日韓関係が悪化しなければ、点線を中心に、上下の線（太線）の範囲に本来は収まるはずでした。

しかし、日韓問題の影響で、既に7月から予測を外れています。

この差分から7月は11・1万人（4・6万〜17・7万人）、8月は34・7万人（27・9万〜41・5万人）、9月は39・6万人（32・4万〜46・6万人）もの韓国人が訪日を諦めた計算になります。

ただ、この数字は季節変動を除いていますので、季節変動を除いていない数字にすると、実際には7月は10・3万人減（4・2万〜16・4万人減）、8月は32・0万人減（25・7万〜38・3万人減）、9月は46・4万人減（38・1万〜54・7万人減）という計算になりそうです。

合わせて88・7万人減ったインパクトはどれほどでしょうか？

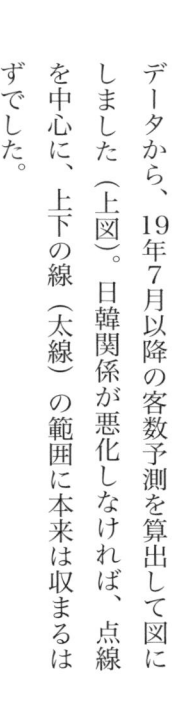

観光庁から「訪日外国人の消費動向」と題したリポートが報告されています。20カ国の外国人客のうち、1人当たりの旅行支出や平均泊数などが分かります。それによると、訪日韓国人の平均泊数は４・４泊、１人当たり旅行支出は７万８０８４円（うち宿泊費２万４９７４円、飲食費１万９９６１円、交通費７６３６円、娯楽などサービス費３９１７円、買い物代２万１５４９円、その他47円）だそうです。

平均値なのでバラツキが考えられますが、他に数字がないので、最後にこの金額を掛け合わせましょう。その結果、６９２・６億円（５３１・０億〜８５４・２億円）が「本来発生するはずだったのに発生しなかった旅行支出」だと計算できます。

たった３カ月でこの金額ですから、19年末までこの状況が続けば、その金額は１０００億円を超えるでしょう。18年の訪日外国人旅行消費額総額は総額で約４・５兆円、うち韓国は５８７６億円を占めます。少なくない影響が確かにありそうです。

少しだけ話がそれますが、重要な話をします。訪日韓国人の1人当たりの旅行支出７万８０８４円という金額は、国別の統計で見ると20カ国中最下位で、1位のオーストラリアの３分の1ほどです。

しかし、それは平均宿泊数が少ないからであり、1泊当たりの旅行支出で見れば20カ国中6位で、悪くない数字です。散布図で表現すると分かるのですが、フィリピン、ベトナムなど特定の国を除いて、平均宿泊数と1人当たり旅行支出は何らかの相関関係がありそうです。だったら「もっと泊まってよ！」と言いたくなるのですが、韓国の平均宿泊数が低いのは、当たり前の理由ですが「ご近所」だからです。

これは世界的に見ても似たような傾向にあり、30年以上国際観光客数世界一を誇る有数の観光立国フランスも、観光収入では米国、スペイン、タイ、中国に負けています。その理由は、フランスを訪れる観光客の

▼訪日客の１人当たり旅行支出と宿泊数

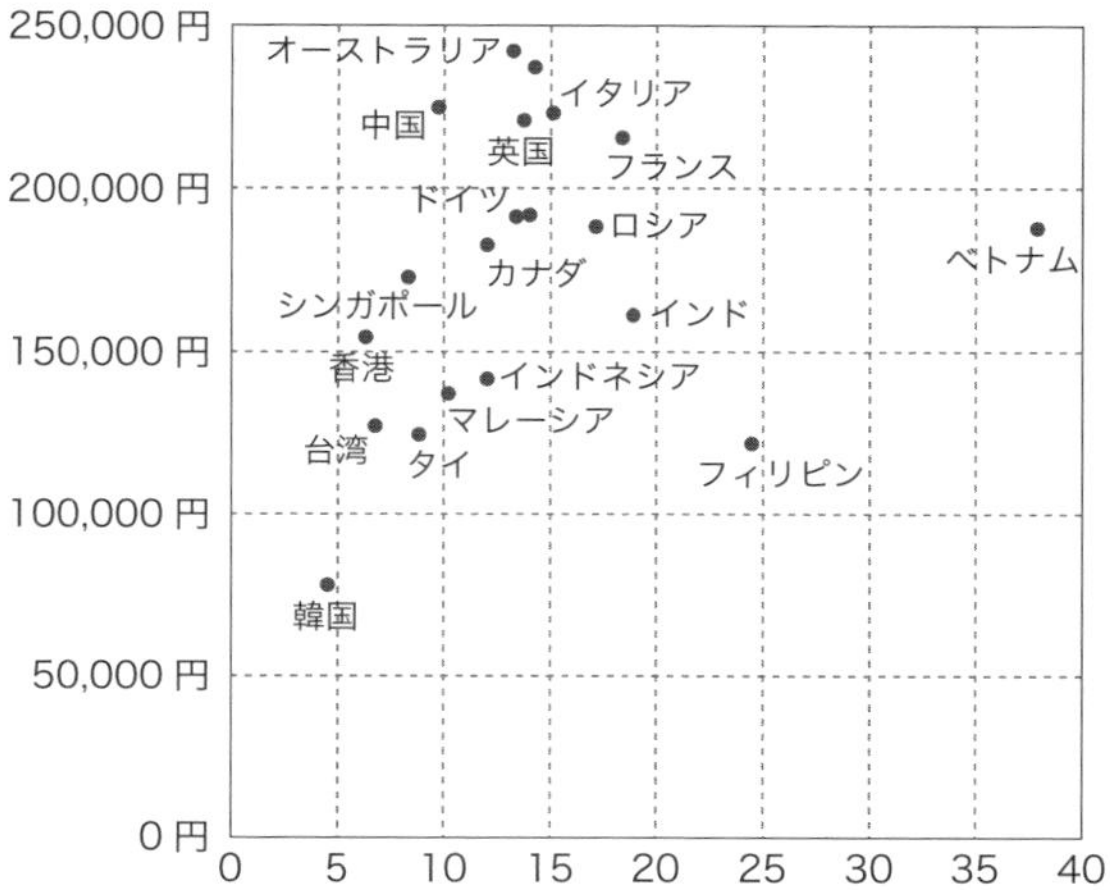

一部の国を除いて、宿泊数と旅行支出との間には何らかの相関関係がありそう。横軸：平均宿泊数、縦軸：1人当たり旅行支出。　出典：観光庁「訪日外国人の消費動向」

大半が日帰り、1泊のみだからです。EUにおけるフランスは、関東で言うところの熱海、関西でいうところの南紀白浜のような存在なのでしょう。

日本と韓国の間に様々なLCC（格安航空会社）が登場し、アクセスがしやすくなり身近な存在になったからこそ、平均宿泊数が減ったと考えるべきでしょう。そうであるなら、日韓関係の悪化で訪問客数が大幅に減少したことは、本当に残念でなりません。

悲しくて、いつもよりたこ焼きを多めに買った

仮説でしかありませんが、今回明らかになった3カ月で692・6億円（531・0億〜854・2億円）をもって「すぐ韓国と仲直りせよ！」とは言いません。外交は外交です。時には毅然とした態度が必要です。

一方で、訪日韓国人が減ったことで、観光産業が大きなダメージを受けているのもまた事実です。私の故郷は大阪なのですが、お盆で帰省した際に御堂筋から千日前

へ歩いたら、普段より人が少なく感じて驚きました。

私がよく行くたこ焼きの「わなか」なんて、いつもは地元民がびっくりするぐらいの行列なのに、その日に限ってはちょっと並べばすぐに買えるほどでした。なんだか少し悲しくなって、いつもなら8個入りを買うのに、やせ我慢で12個入りを買ってしまいました。

こういうときこそ、ネトウヨも左翼も関係なく、財布のひもを緩めて、観光産業を支援してみませんか。

（初出　２０１９年10月23日　原稿の時制や数値、肩書は原稿執筆時のものです）

第6講を振り返る

新型コロナウイルスの影響で、外国人観光客だけでなく日本人観光客の客足も途絶えたことで、観光は様々な業種に波及する産業だったとあらためて理解した人は多いのではないでしょうか。政府が「Ｇｏ Ｔｏトラベル」の適用地域の縮小や停止に相当慎重な姿勢を見せたのもうなずけます。

一方で、新型コロナウイルスの感染拡大が始まるわずか数カ月前に起きていた韓国人観光客の大幅減少による経済的影響について詳細な検証をしておけば、比較的早い段階で「観光業の壊滅」＝「その他の産業も壊滅」がどのように起きるかを推測できたはずです。過去の出来事の検証は、現在と未来を占う判断材料にもつながるのだと痛感します。

第7講

G7で2番目に高い日本の相対的貧困率。そこで何が起きている?

この講のポイントは、事実による想像力の裏付けの仕方です。日本における相対的貧困に関する議論の難しさは、〝貧困〟に対して、どんなことが起きているかの想像にばらつきがある点です。本来、想像力は事実による裏付けをもってこそ成立します。それがなければ単なる妄想です。その結果、「それは貧困ではない」「もっと貧しい人たちがいる」といったオピニオンに、救いを求める声が妄想として消されてしまうのです。

日本は、貧困国でしょうか。

「貧困」と聞いて大勢の人がイメージするのは、アフリカの貧困国のように、極端に背が低くガリガリに痩せ細った子どもたちの姿かもしれません。しかし、GDPが米国、中国に次ぐ第3位の日本において、そのような光景を目の当たりにすればそれは「事件」です。

そうした貧困は「絶対的貧困」と呼ばれ、世界銀行では2015年10月に、「1日1・90米ドル(約200円)未満で生活する人々」と定義されています。2015年には全世界で約7・36億人いると試算されています。

▼日本の相対的貧困率はG7の中で米国に次いで高い

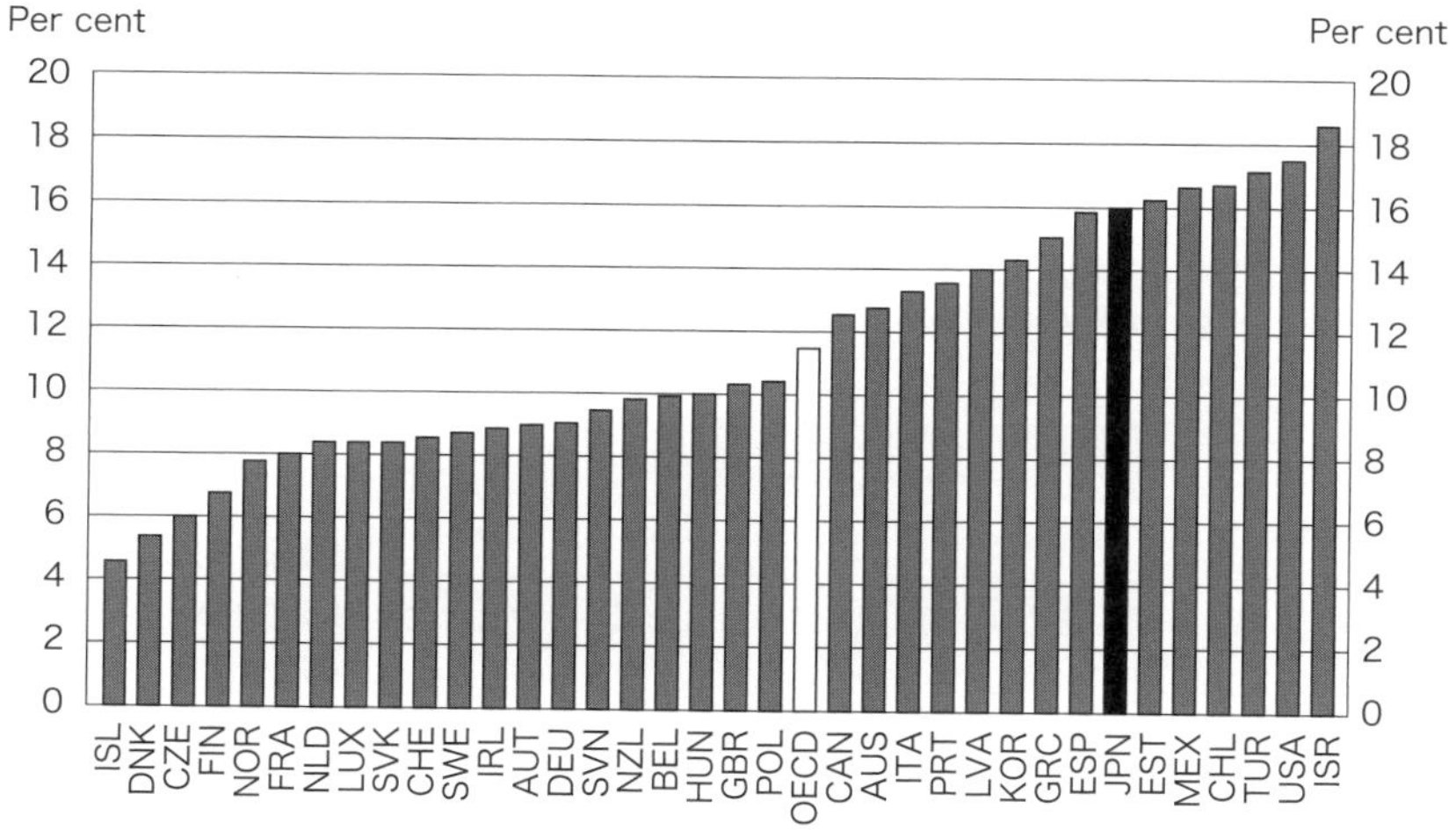

出典：OECD (2017g)、OECD Income Distribution（データベース）

米国に次いで高い日本の「相対的貧困率」

貧困にはもう1種類、「相対的貧困」と呼ばれる指標があります。その国の文化・生活水準と比較して困窮した状態を指し、具体的には「世帯の所得がその国の等価可処分所得の中央値の半分に満たない人々」と定義されています。

日本の相対的貧困率は、12年は16・1％、16年は15・7％もありました。約6人に1人は「相対的貧困」なのです。「ＯＥＣＤ経済審査報告書（２０１７年）」には、国別の相対的貧困率が掲載されています。日米欧主要7カ国（G7）のうち、日本は米国に次いで2番目に高い比率になっています。

「昔はもっと貧しかった」と主張される方もいます。では、ご自身の学生時代を江戸時代と比較して「あなたは昔に比べて裕福だ」と言われたら、どのような気分になるでしょうか。それと一緒で、成長を続ける現代にお

▼食料の困窮経験が「あった」世帯の比率（2017年）

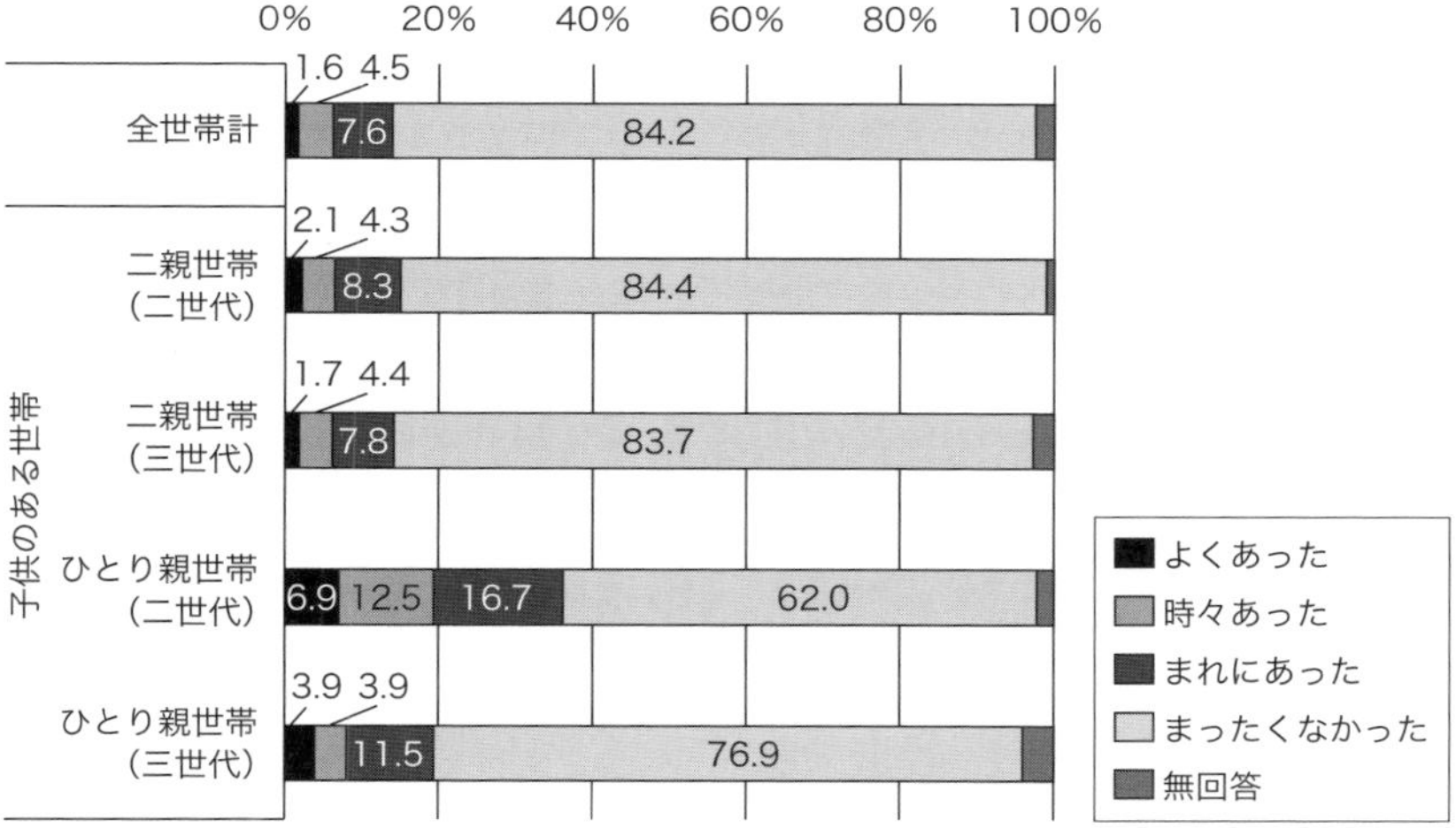

出典：内閣府「子供の貧困に関する現状」

いて、昔との比較は意味がありません。

相対的貧困とは、あくまで相対的なものであり、概念であり、目には見えにくい。だからこそ、あまり注目を集めず、今も苦しんでいる人たちがいます。ちなみに国立社会保障・人口問題研究所が17年7月に実施した「生活と支え合いに関する調査」によれば、「ひとり親世帯（二世代）」の約36％が食料の困窮経験について「あった」と回答しています。

持続可能な社会を目指すなら、相対的貧困は低い方が良いといわれています。実際、ＳＤＧｓ（持続可能な開発目標）では、「目標1」として「あらゆる場所のあらゆる形態の貧困を終わらせる」と掲げるだけでなく、「目標10」に「各国内及び各国間の不平等を是正する」と掲げ、相対的貧困層の減少を訴えています。

それは、なぜでしょうか？

▼相対的貧困率（2015年）

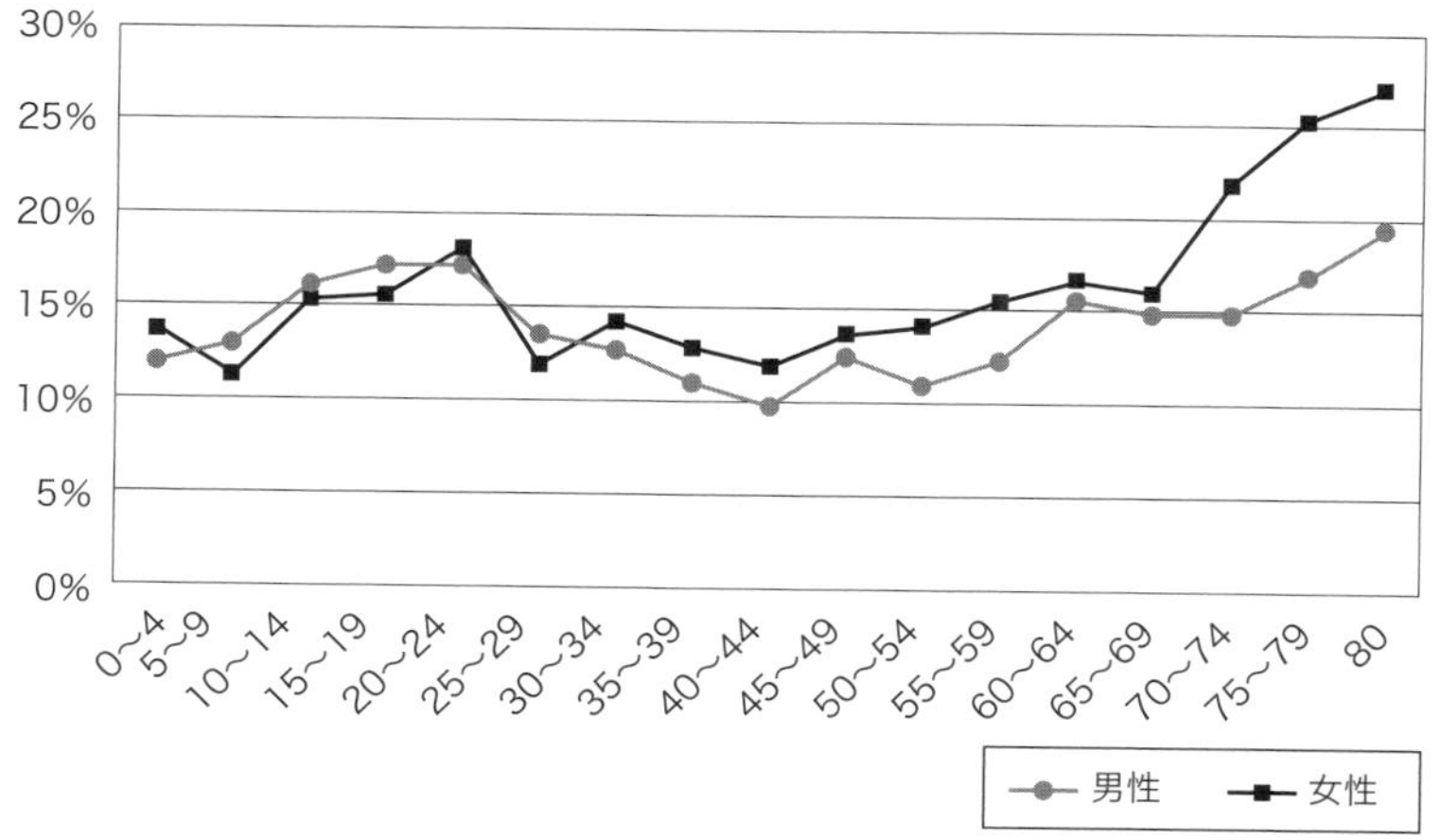

出典：阿部彩（2018）「日本の相対的貧困率の動態：2012年から2015年」科学研究費助成事業（科学研究費補助金）（基盤研究（B））「『貧困学』のフロンティアを構築する研究」報告書

「相対的貧困層」は若者、老人、ひとり親の家庭に多い

まず、相対的貧困層とはどのような人たちが多いかを調べてみます。

貧困に関する研究の第一人者である阿部彩先生の「貧困統計ホームページ」に、詳細な分析結果が掲載されています。

これによると、主に10代後半～20代前半の若者と70代以上の高齢者の相対的貧困率が高いと分かります。70代後半の女性の4人に1人が相対的貧困というのは、なかなか衝撃的な結果です（上図）。

少し違った角度で見てみましょう。20～64歳における世帯構造別・男女別の相対的貧困率は次ページのグラフの通りです。

母子・父子家庭を意味する「ひとり親と未婚子のみ」の相対的貧困率が他世帯構造と比べて高いと分かります。もちろん、その家庭で暮らす子どもも「相対的貧

▼**世帯構造別の貧困率**

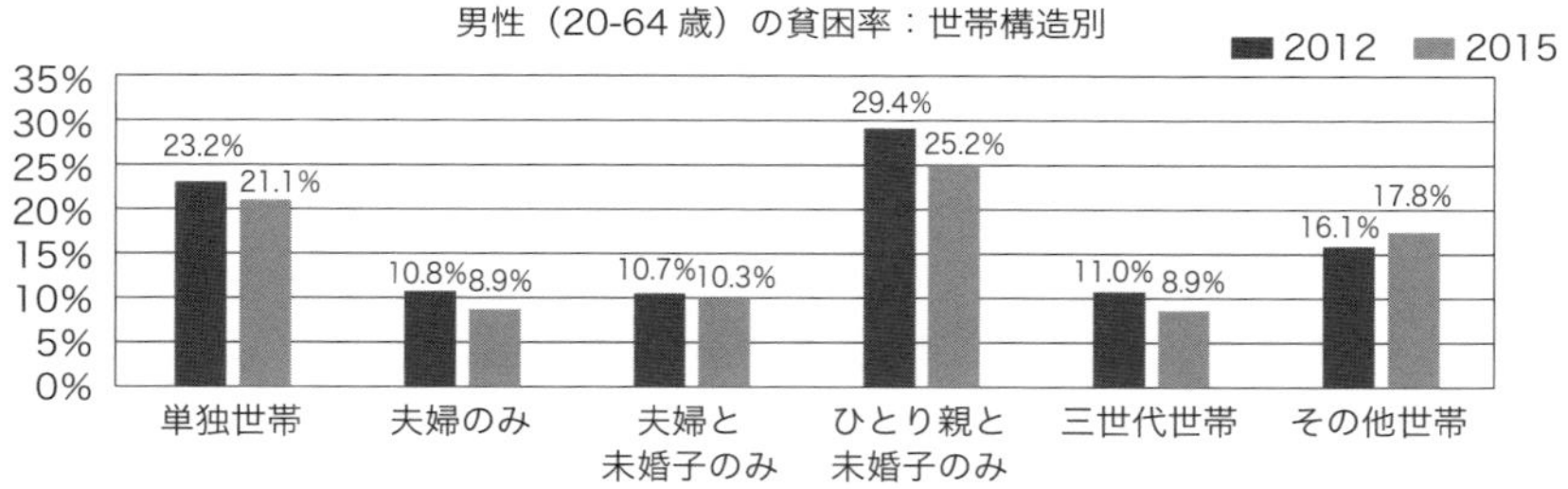

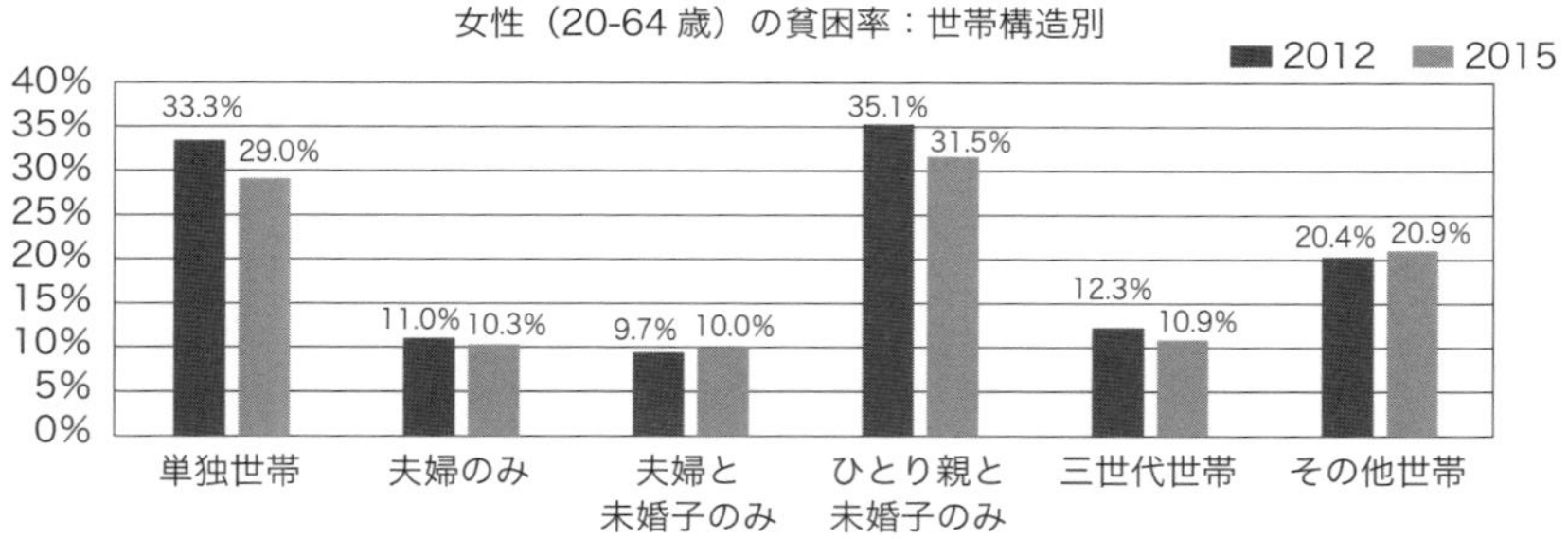

出典：阿部彩（2018）「日本の相対的貧困率の動態：2012から2015年」科学研究費助成事業（科学研究費補助金）（基盤研究（B））「『貧困学』のフロンティアを構築する研究」報告書

困」に含まれます。

子どもの貧困率（子ども全体に占める貧困線に満たない子どもの割合）は「平成28年国民生活基礎調査の概況」によると13・9％、実に7人に1人の子どもが貧困だと分かりました。ひとり親の場合、貧困率は50％を超えます。

10代後半〜20代前半の若者、70代以上の高齢者、そして母子・父子家庭（子ども含む）。この3つの層に、相対的貧困である方が多くいると言えるでしょう。

「相対的貧困」家庭の子どもは相対的貧困に陥りやすくなる

20歳未満の若者・子どもが、相対的貧困の場合、それは何に影響を及ぼすでしょうか？

文部科学省の「全国的な学力調査（全国学力・学習状況調査等）」の「平成29年度追加

▼家庭の社会的経済的背景が児童に与える影響

児童の家庭の社会経済的背景（SES）のグループ別記述統計（小6）

家庭の社会経済的背景（SES）	家庭収入		父親学歴(年数)		母親学歴（年数）	
	平均	標準偏差	平均	標準偏差	平均	標準偏差
Lowest SES	3,806,385	1,519,141	11.46	1.45	11.66	1.26
Lower middle	5,335,503	1,918,139	12.77	1.40	13.17	1.10
Upper middle	6,752,208	2,273,901	14.36	1.69	13.84	1.20
Highest	9,722,792	2,851,907	16.07	1.16	15.11	1.24
全国平均	6,396,901	3,090,306	13.80	2.24	13.46	1.73

生徒の家庭の社会経済的背景（SES）のグループ別記述統計（中3）

家庭の社会経済的背景（SES）	家庭収入		父親学歴（年数）		母親学歴（年数）	
	平均	標準偏差	平均	標準偏差	平均	標準偏差
Lowest SES	3,544,766	1,479,358	11.27	1.47	11.58	1.18
Lower middle	5,324,631	2,024,864	12.46	1.16	12.85	1.05
Upper middle	6,827,895	2,289,505	14.01	1.72	13.55	1.12
Highest	9,395,954	2,860,041	15.88	1.20	14.82	1.23
全国平均	6,314,228	3,058,243	13.58	2.19	13.23	1.62

出典：文部科学省「全国的な学力調査（全国学力・学習状況調査等）の平成29年度追加分析報告書」

分析報告書」に、家庭の「社会経済的背景（ＳＥＳ）」と小学6年生、中学3年生の学力の関係を分析した結果が掲載されています。

※社会経済的背景（Socio-Economic-Status：ＳＥＳ）：子どもたちの育つ家庭環境の諸要素（特に保護者の学歴・年収・職業など）のこと。ただし固定的な定義があるわけでなく、調査によって定義や分類に使われるデータは異なる

この調査では、家庭の社会経済的背景（ＳＥＳ）を「Lowest」「Lower middle」「Upper middle」「Highest」の4階層に分け、それぞれの家庭収入、父親の学歴、母親の学歴についてまとめています（上図）。

この中では、Lowestが相対的貧困層に比較的近いのではないかと考えます。

家庭の社会経済的背景（ＳＥＳ）別の小学6年生の平均正答率は、次ページのようになって

▼小学6年生におけるSES別の平均正答率と変動係数

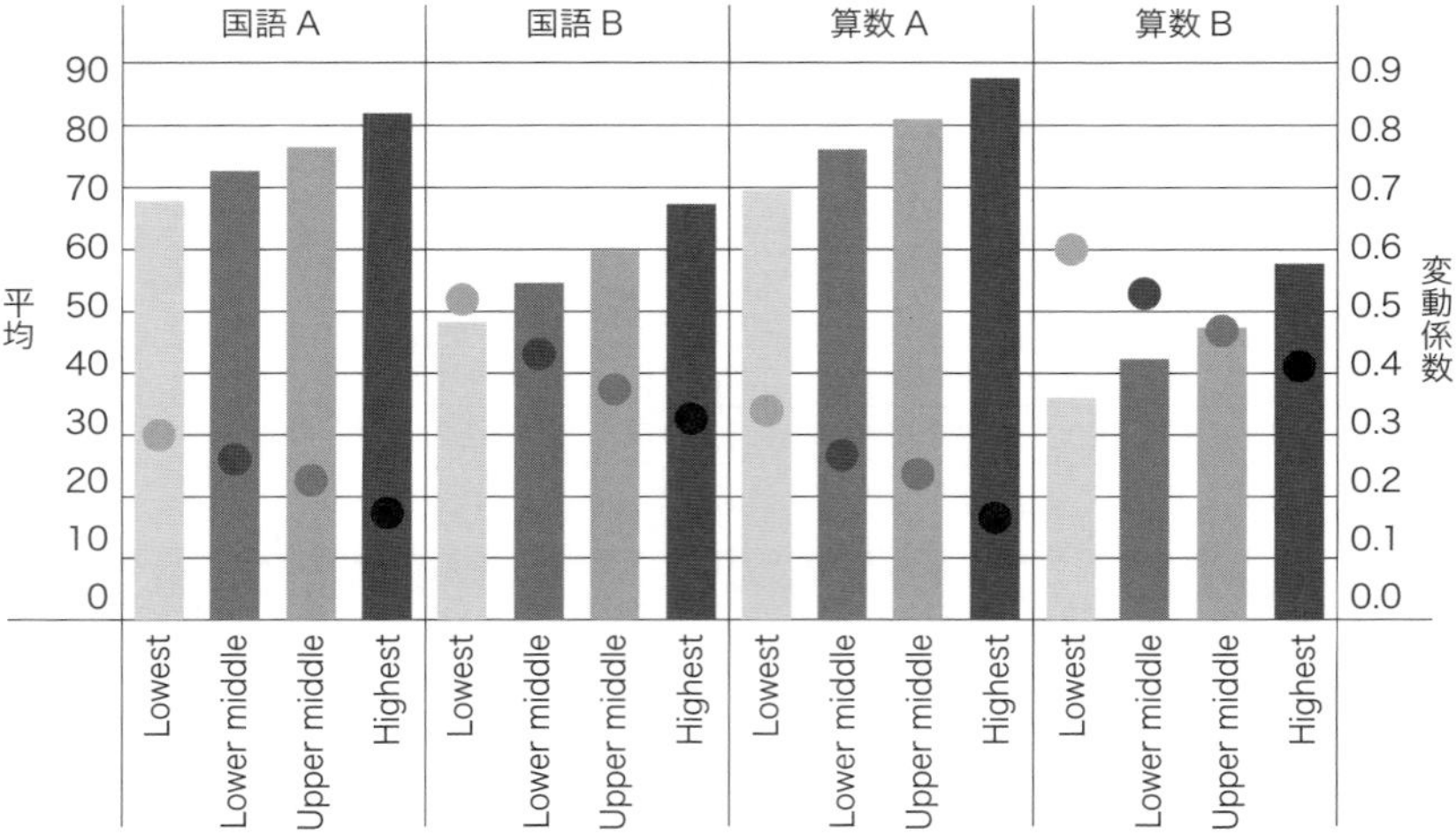

出典：文部科学省「全国的な学力調査（全国学力・学習状況調査等）の平成29年度追加分析報告書」

います。棒グラフは平均正答率、丸い円が変動係数（標準偏差を平均値で割った値で高いほど正答率にばらつきがある）を意味しています。

どの科目も、家庭の社会経済的背景（SES）が高いほど平均正答率が高まり、変動係数は低くなるという結果でした。では、中学3年生の平均正答率も見てみましょう。

左ページのグラフのように、同じような結果を示しました。家庭の社会経済的背景（SES）が平均正答率と何らかの関係があるとうかがわせます。

もっとも、この結果だけでは「両親の学歴が低い・年収が低いから、子どものテストの点数も悪くなる」とは言えません。なぜならLowestの変動係数が相対的に見て高いということは、高い学力水準を持つ児童や生徒もいるとは言えるからです。あくまで「平均正答率の平均値が低い」だけしか分かりません。

ただ、平均正答率の平均値が低ければ、大学に入学せず就職したり、職場でも単純労働に従事したりするな

▼中学３年生におけるSES別の平均正答率と変動係数

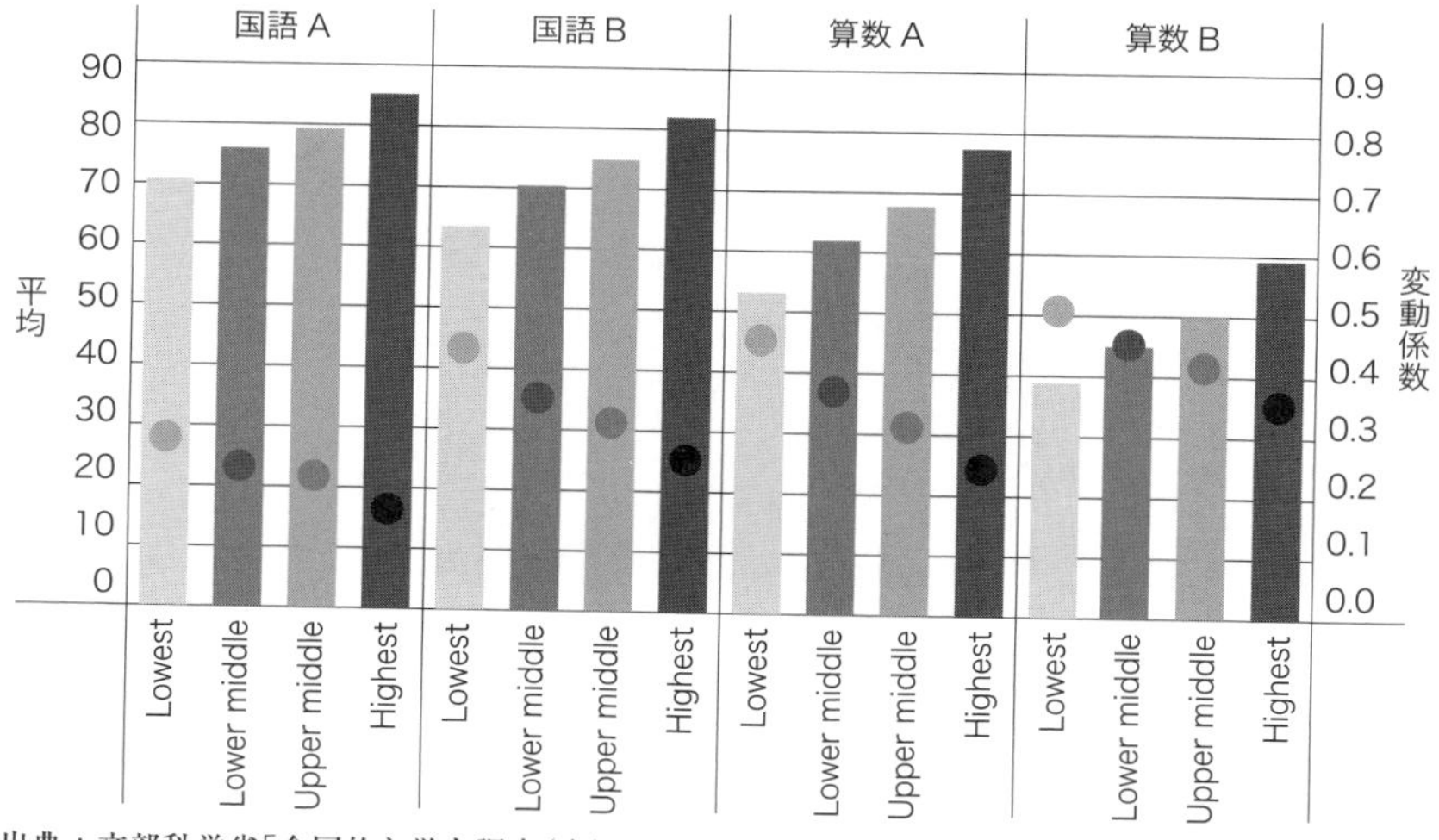

出典：文部科学省「全国的な学力調査(全国学力・学習状況調査等)の平成29年度追加分析報告書」

ど、その後の生涯収入に影響を及ぼす可能性があります。

09年公表と、少し古いデータになりますが、東京大学の大学経営・政策研究センター「高校生の進路と親の年収の関連について」によると、両親の年収別の高校卒業後の進路は次ページのグラフのようになりました。年収が高まるほど大学に進学するか浪人する比率が高まり、かつ就職する率が低くなります。

また、19年に発表された内閣府の、子供の貧困対策に関する有識者会議の資料である「子供の貧困に関する現状」によると、子どもの大学（専修学校等含む）進学率の推移は、ひとり親家庭、生活保護世帯など金銭的な問題が考えられる世帯は、全世帯に比べて相対的に低い結果となりました。

本人が自らの意志で「大学に行かない」ことを選んだならともかく、「大学に行かない」と言わざるを得なかった。あるいは「学ぶ環境」がなく、適切に学業を修められなかった。これこそが貧困が子どもに与える影響でしょう。その結果、その家庭に生まれた子どもも相対

▼両親年収別の高校卒業後の進路

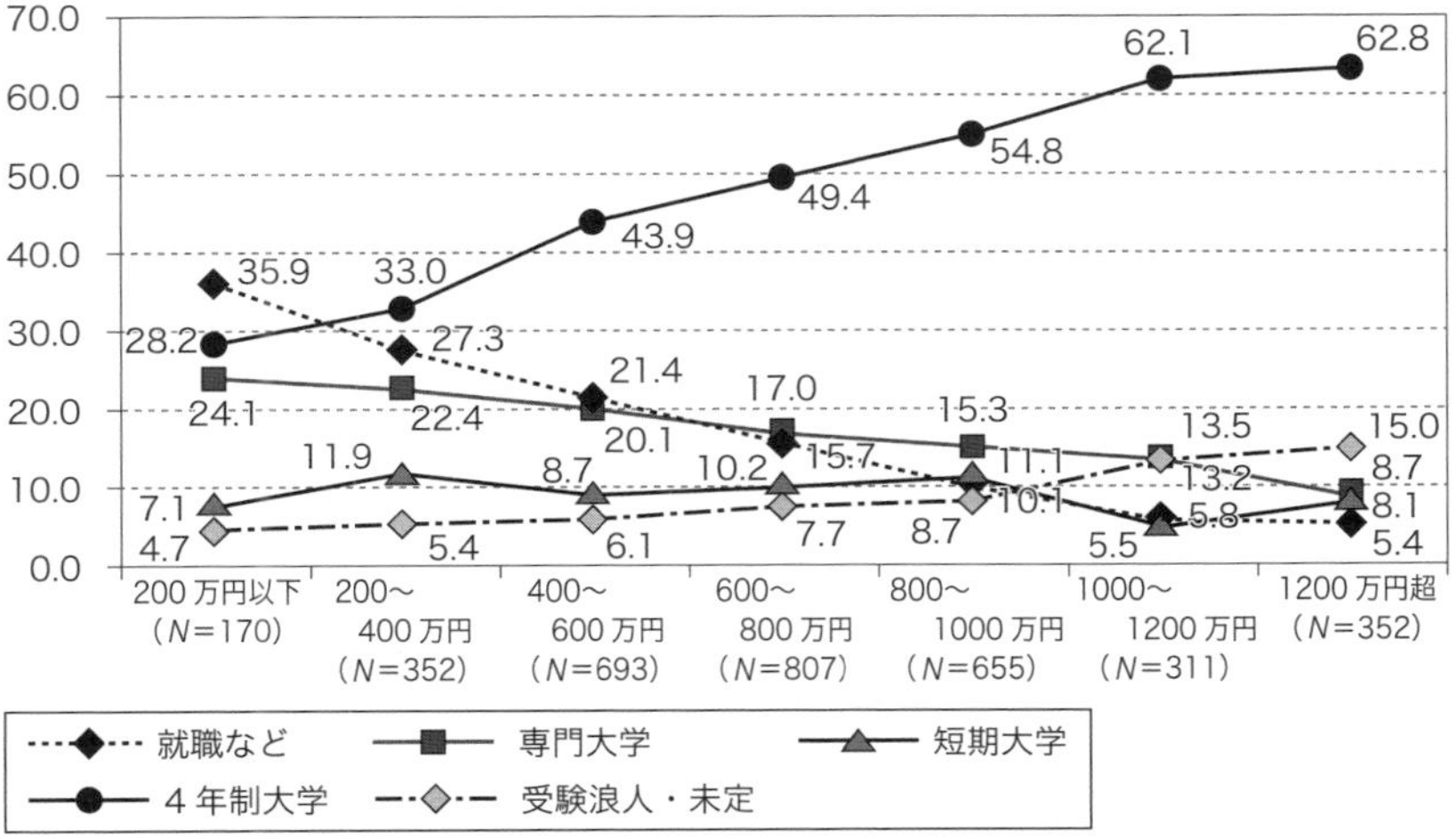

出典：東京大学 大学経営・政策研究センター「高校生の進路と親の年収の関連について」

▼子どもの大学（専修学校等含む）進学率の推移

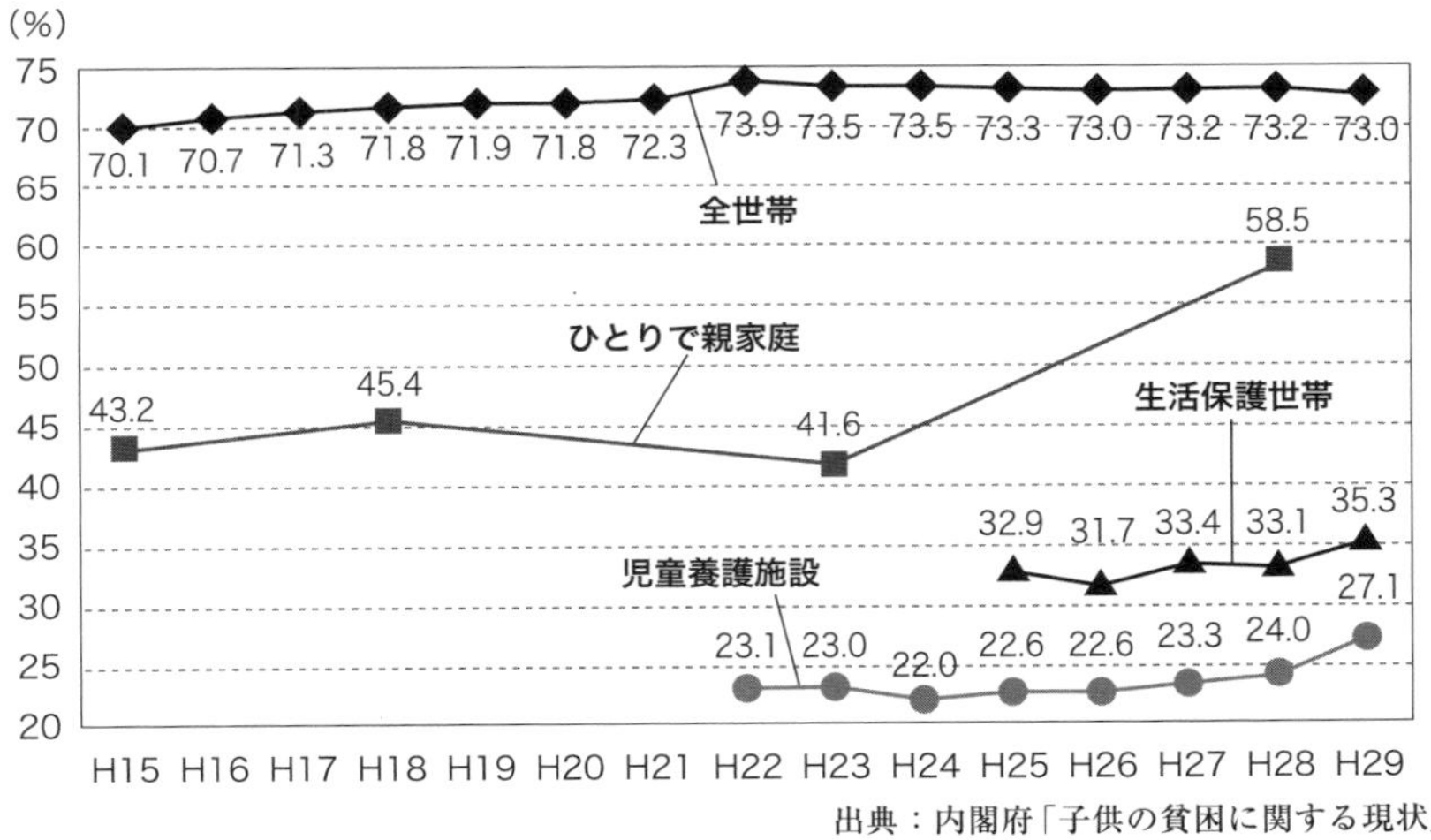

出典：内閣府「子供の貧困に関する現状」

的貧困に陥りやすくなる。結果、貧困は連鎖し、再生産されてしまう。

これこそが「持続可能性がない社会」なのでしょう。こうした状況を「学ばないおまえが悪い」と斬って捨てるほどの自己責任論者にはなれません。このような状況を放っておいてよいはずがありません。

捕捉率の把握を目的とした継続的な統計データはない

貧困から抜け出すための手段の1つは生活保護です。しかし、日本は海外に比べて捕捉率（生活保護を利用する資格がある人のうち実際に利用している人の割合）が低いといわれています。

日本弁護士連合会（日弁連）が作成したリーフレット「Q&A　今、ニッポンの生活保護制度はどうなっているの？」では、日本の捕捉率は15・3～18%としています。一方でドイツは64・6%、フランスは91・6%と高水準とされています。しかし少なくとも日本の数値は推測であり、真の実態は不明です。実は、捕捉率の把握を目的とした継続的な統計データはないのです。

旧民主党政権下の10年4月に、厚生労働省による「第8回ナショナルミニマム研究会」が開催され、初めて生活保護の捕捉率の推計が公表されました。ただし「国民生活基礎調査」（07年）を用いた類推です。ちなみに、政権交代の影響か、以降の捕捉率は公表されていません。

生活保護を受給するには、「収入要件」や「貯蓄要件」（貯蓄残高が生活保護基準の1カ月分未満）のほかに、「就労要件」（働けるか否か）、家族による扶養義務者の有無（家族の中で扶養してくれる人がいるか否か）など、様々な要件をクリアする必要があります。これらのうち後者2つは「国民生活基礎調査」からは分かりません。

第8回のナショナルミニマム研究会の資料によると、所得が生活保護の「収入要件」より低い低所得世帯は、全4802万世帯中597万世帯（12・4％）でした。

一方、「貯蓄が保護基準の1カ月未満で住宅ローン無し」という生活保護の「貯蓄要件」に当てはまる世代は229万世帯（4・8％）となりました。

当時の生活保護世帯は108万世帯ですから、所得（収入）要件のみで判定すると、捕捉率は15・3％（108万人／108万人＋597万人）となります。資産（貯蓄）要件のみで判定した捕捉率は32・1％（108万人／108万人＋229万人）となります。これでは、いろいろな要件を加味した実際の捕捉率は分かりません。

貧困率が下がると捕捉率も下がる不思議

そのような中で、学術研究の一環として就業構造基本調査の「オーダーメード集計」を用いて、16年に「都道府県別の貧困率、ワーキングプア率、子どもの貧困率、生活保護の捕捉率の検討」という論文を発表されたのが山形大学の戸室健作准教授（当時）です（現在は千葉商科大学）。

※「オーダーメード集計」：既存の統計調査で得られた調査票データを活用して、調査実施機関等が申し出者からの委託を受けて、そのオーダーに基づいた新たな統計を集計・作成し、提供するもの

▼都道府県別の貧困率と捕捉率の散布図

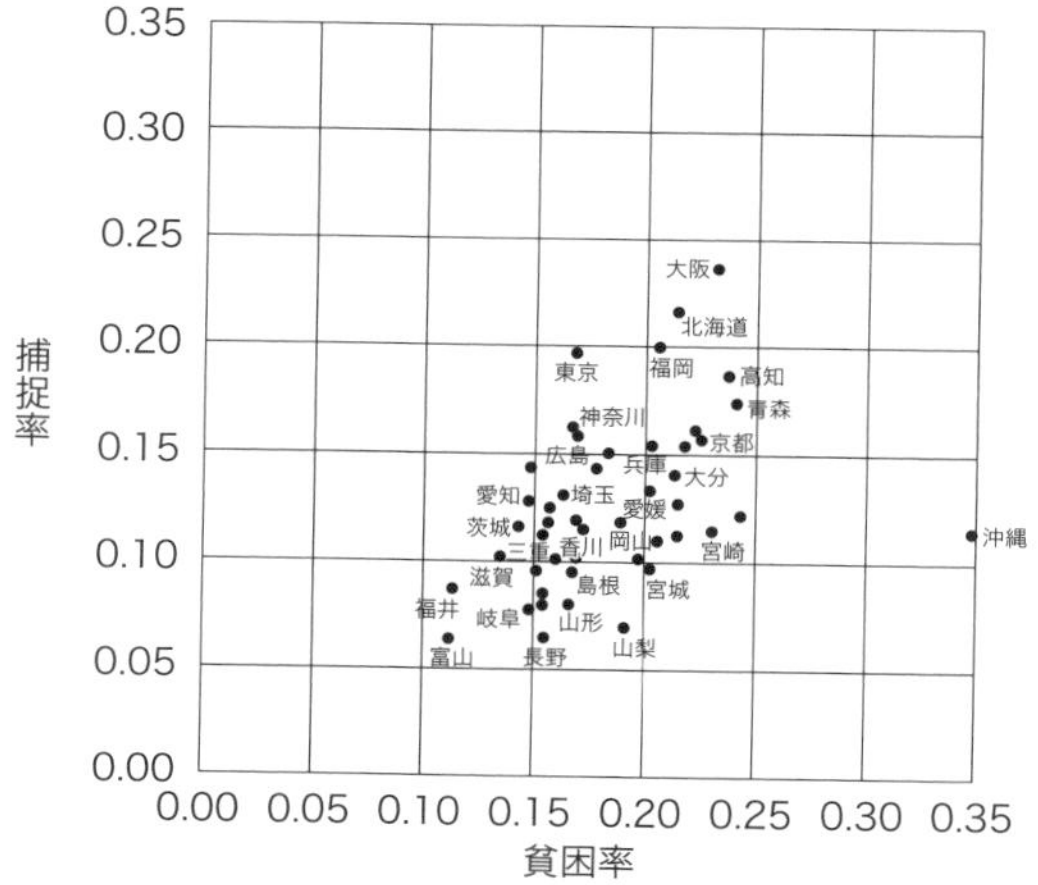

出典：山形大学　戸室健作「都道府県別の貧困率、ワーキングプア率、子どもの貧困率、捕捉率の検討」より松本が2012年の数字を使い作製

論文によると、全国の捕捉率（所得のみ）は92年14・9％、97年13・1％、02年11・6％、07年14・3％、12年15・5％と推移しています。10％台前半で推移というデータは日弁連が作成したリーフレットともだいたい合っています。

論文の中に掲載された都道府県別の貧困率と捕捉率で散布図を作製すると、意外なことが分かります（上図）。都道府県別に見て、貧困率も捕捉率もこんなに散らばっています。貧困率が高くてもしっかり捕捉している大阪に対して、ほぼ同じ貧困率なのに捕捉できていない宮崎。この差はいったいどこにあるのでしょう？

また、貧困率が低いと、捕捉率が低くなる傾向にあるのも気になります。

捕捉率は「生活保護が必要な世帯に保護が行きわたっているか」を表す指標なので、本来はこの２つの指標は無相関になってもおかしくありません。それなのに、貧困率が低いと補足率が低くなる（貧困の人の比率が減ると、生活保護が必要な人に行きわたりにくくなる）のはなぜでしょうか。貧困率が低いことに安住して、捕捉率を高める自治体の努力がおろそかになるとすれば問題です。予算をかけて早急に改善すべきではないでしょうか。

さらにいえば、「どこに住んでいるか」によって捕捉率が異なるなら、所得だけでなく場所ですら「貧困を生む要因」になりかねません。「私は○○県だったから生活保護ももらえず貧しい人生を過ごす羽目になった」なんて、絶対にあってはならないことです。

数字を見えないままにしておくと、あるはずの現実もないことになってしまいます。それが生活保護を巡る現状です。貧困の実態は3年に1回の国民生活基礎調査（厚生労働省）と、5年に1回の全国消費実態調査（総務省）のデータを加工しないと分からないのが現状です。こうした状況でよいのでしょうか？　これは、行政を動かす政治家の仕事です。

（初出　2019年11月19日　原稿の時制や数値、肩書は原稿執筆時のものです）

第7講を振り返る

「絶対的貧困」「相対的貧困」という表現がありますが、実際には「目に見える貧困」「目に見えない貧困」とも言えるでしょう。貧困による影響（学力や進学率）から明らかなように、貧しさは将来の糧をもむしばみます。貧困は「悪」です。

それなのに、貧困の全体像を明らかにする統計は脆弱で、あたかも貧困がないかのようにさえ見えます。こうした行政の不作為をとがめるのは、メディアや与野党問わず政治家の役割だと思いますが、今のところ正しく機能していないようです。

第**8**講

〝長寿大国日本〟延び続ける平均寿命の本当の意味

この講のポイントは、数字を勝手な思い込みで判断する恐ろしさです。どういう計算式で数字が生み出されているかを深く考えないで、目の前に示された数字だけで判断すると、ろくなことが起きません。ビジネスの世界ではよく「数字が一人歩きしている」と言いますが、実態は「中身をよく吟味せずに数字を鵜呑みにしている人たちがいる」なのです。

新型コロナウイルスという、後の教科書に掲載されるであろう一大事件が起きた２０２０年。これほど「健康の大切さ」が身に染みた年はありません。心身とも健やかに生きる日々が、こんなにも大事だとは思ってもいませんでした。

「長生き」が至上の価値かどうかは別の議論が必要ですが、「健康で生き続けたい」と願うのは決しておかしなことではありません。そのために健康食品にハマったり、運動にハマったり、内容は人それぞれでしょうが、「健康のためにしていること」は誰だって何か1つはあるでしょう。

日本人の平均寿命は延び続けていますが、公衆衛生の改善、医療環境の充実だけでなく、個人の健康意識の向上も理由の1つにあげられるはずです。

さて、「令和元年簡易生命表」(厚生労働省)によれば、１９４７年には50歳代だった平均寿命ですが、そ

▼日本人の平均寿命

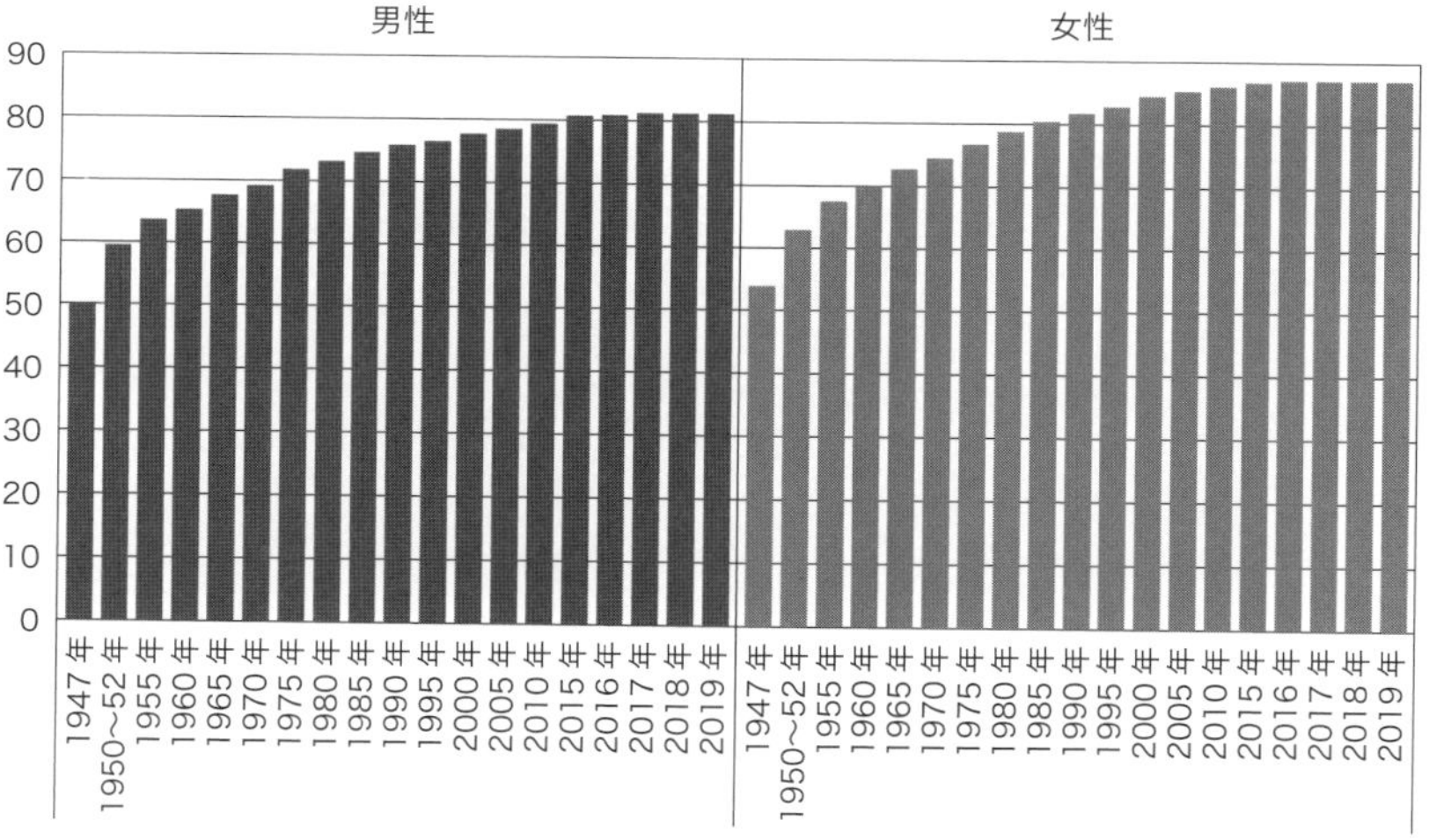

出典：厚生労働省「令和元年簡易生命表」

の後着実に延び続けています。２０２０年７月31日に厚生労働省が発表した19年の平均寿命は男性81・４１歳、女性87・４５歳と前年に比べそれぞれ０・１６歳、０・13歳延びました。

16年に『ＬＩＦＥ　ＳＨＩＦＴ―１００年時代の人生戦略』（東洋経済新報社）という書籍が刊行されたときは「１００歳まで生き続けられるかいな」と思っていましたが、このペースでいけば50年ごろには平均寿命１００歳も夢ではないかもしれません。

ちなみに、前出の「生命表」には、各国の平均寿命の年次推移が掲載されていますが、平均寿命は世界的に見ても延び続けています。日本は相対的により寿命は長いですが、日本だけ平均寿命が伸びているわけではないのです。

ここで１つの疑問が湧きます。「公衆衛生の改善」「医療環境の充実」「個人の健康意識の向上」などの理由で平均寿命が高まったのであれば、１９４５年以前は多くの人が50歳よりも前に亡くなっていたのでしょうか。

▼世界の平均寿命の推移

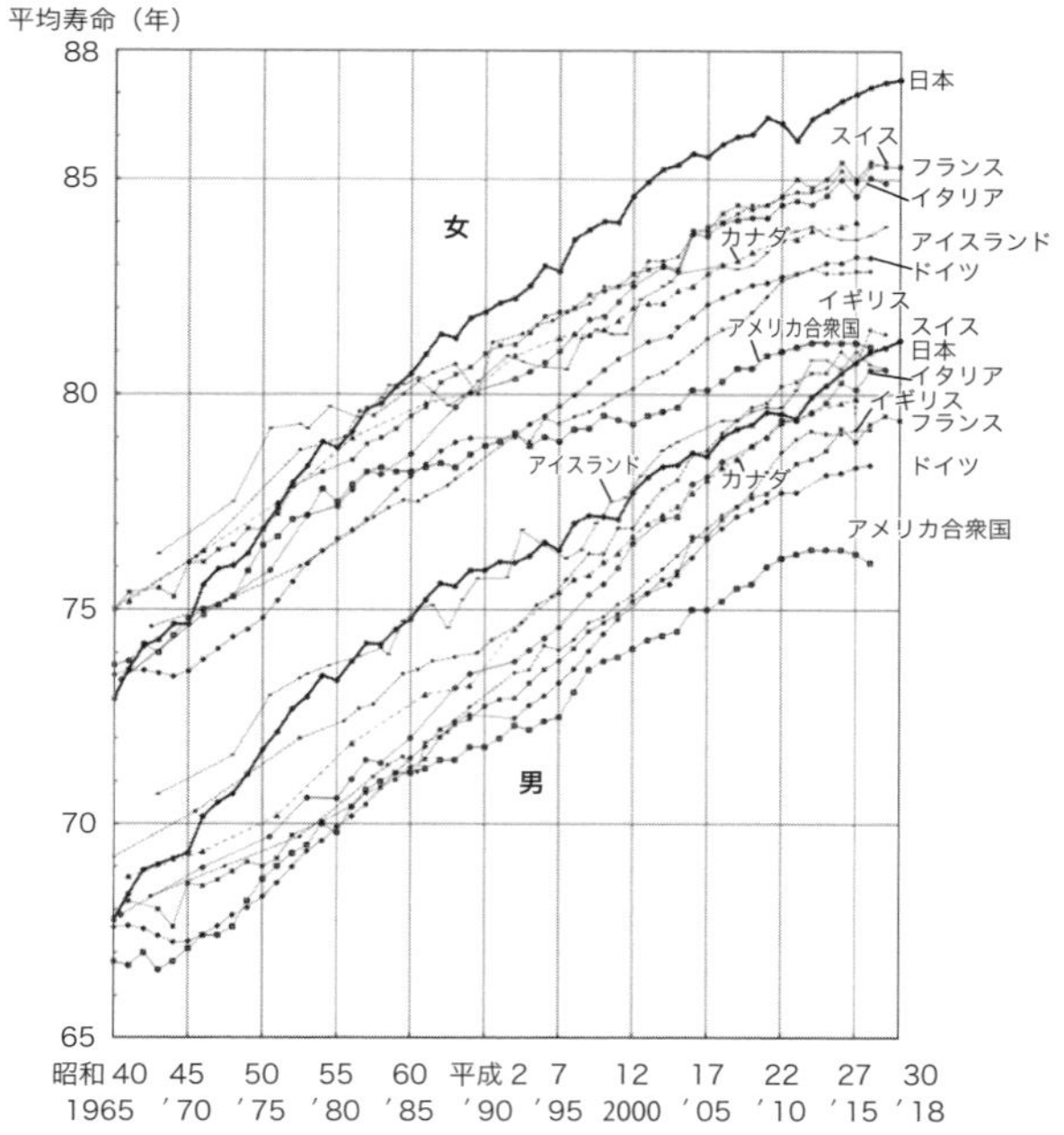

出典：厚生労働省「生命表」

そういえば織田信長は「人間五十年」と敦盛を舞っていました。寿命はどの程度短かったのでしょうか。

明治以前の平均寿命は？

平均寿命を計測するには、人口統計を基に作られる「生命表」と呼ばれる統計表が必要になります。日本では国勢調査のデータを利用しており、第1回生命表などの作成が1891〜98年にかけてなので、言い換えればそれ以前の「平均寿命」はよく分からないのです。

ちなみに、生命表の原型は、英国のジョン・グラントが、ロンドンの教会にあった死亡調書を調査して、人間の寿命の分布を客観的に記述した『死亡表に関する自然的および政治的諸観察』

▼歴史的に見た平均寿命の推移

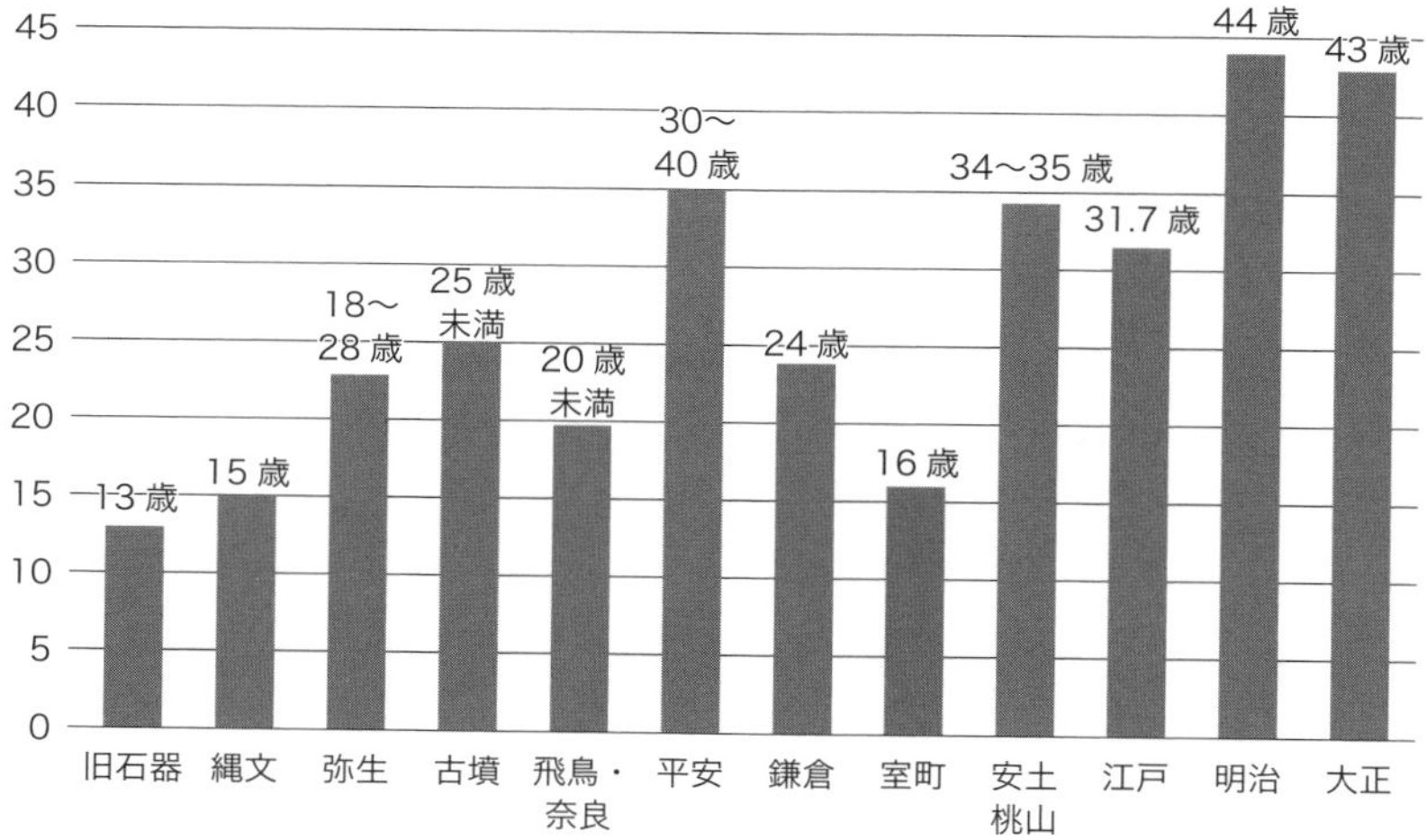

『寿命図鑑』の「日本人の寿命」より作成

（１６６２年）が始まりとされます。以降、様々な調整が行われ、信頼に足る生命表が生まれるのは１８００年代となります。

つまり、世界においてもはっきりとした平均寿命が分かるのは、たった１００〜１５０年ほど前のことでしかありません。それでも、様々な研究者が過去の生命表の作成に心血を注いでいます。その結果の一部が『寿命図鑑』（いろは出版）にまとめられています。

それによると、平安時代には、30〜40歳にまで上昇した平均寿命がその後再び低下した理由を、「天候不順で農作物がほとんどとれない」「争いごとの多さ」と説明しています。そして同書には昭和以前の平均寿命が40代、鎌倉、室町時代では10〜20代という衝撃的な事実が示されています。これでは、家庭をつくる間もなく死んでしまうではありませんか。

昔の人は体が弱かったのでしょうか？　それとも、今の環境が異常で、人間は急に長寿へと進化し始めているのでしょうか？

▼平均余命（令和元年）

年齢	男			女		
	令和元年	平成30年	前年との差	令和元年	平成30年	前年との差
0歳	81.41	81.25	0.16	87.45	87.32	0.13
5	76.63	76.47	0.16	82.66	82.53	0.13
10	71.66	71.49	0.16	77.69	77.56	0.13
15	66.69	66.53	0.16	72.72	72.58	0.13
20	61.77	61.61	0.16	67.77	67.63	0.13
25	56.91	56.74	0.17	62.84	62.70	0.14
30	52.03	51.88	0.15	57.91	57.77	0.14
35	47.18	47.03	0.15	53.00	52.86	0.14
40	42.35	42.20	0.15	48.11	47.97	0.14
45	37.57	37.42	0.15	43.26	43.13	0.14
50	32.89	32.74	0.14	38.49	38.36	0.13
55	28.34	28.21	0.14	33.79	33.66	0.13
60	23.97	23.84	0.14	29.17	29.04	0.13
65	19.83	19.70	0.13	24.63	24.50	0.12
70	15.96	15.84	0.12	20.21	20.10	0.11
75	12.41	12.29	0.12	15.97	15.86	0.11
80	9.18	9.06	0.12	12.01	11.91	0.09
85	6.46	6.35	0.11	8.51	8.44	0.07
90	4.41	4.33	0.08	5.71	5.66	0.05

出典：「令和元年簡易生命表」

「平均寿命」に対する勘違い

ご存じかと思いますが、そもそも平均寿命とは「その年に亡くなった人の平均年齢」ではありません。2019年の平均寿命が男性で81・41歳だからといって、19年に亡くなった男性の平均年齢を計算すると81・41歳になる、ということではないのです。

実際には「平均寿命」というのは、「0歳時における平均余命（ある年齢の人々が、その後何年生きられるかという期待値）」という意味です。言い換えると「0歳児が何歳まで生きられるかを統計的に予想した数字」だと言えるでしょう。

ちなみに、日本の生命表には「10万人が生まれたとき、ある年齢に達するまで何人生存し、その年齢の内に何人が死亡するか」という数値も年代別、男女別に計算されています。令和元年簡易生命表によると、昭和30年（１９５５年）では、65歳の生存割合は男性で61・８％、女性で70・６％となっています。これに対し、令和元年（２０１９年）ではそれぞれ、89・６％、94・５％です。

話を戻して、右ページに５歳区切りで平均余命を掲載しました。

60歳男性の平均余命は、23・９７年です。ではおよそ83〜84歳で皆死ぬかと言えばそんなことはなく、85歳の平均余命は６・４６年、90歳の平均余命は４・４１年と続きます。つまり、平均余命とは「この年まで生きられた人は、平均ではこの年数生きられる」目安だというふうに捉えればよいのです。ですから、自分の余命を知りたければ、自分の年齢の平均余命を見ればよいことになります。

つまり、先ほど紹介した『寿命図鑑』の「日本人の寿命」も「０歳の平均余命」だと考えれば、鎌倉、室町時代の平均寿命が「10〜20代」であることの意味が分かります。実際にはその年代でほとんどの人が亡くなっていたというわけではないのです。最近では、資料がほとんど残っていないものの、江戸時代に関しての研究が進み、推測に推測を重ねたものとはいえ、特定の集落における平均余命の推計を行った論文がいくつか出ています。

例えば「江戸時代農村住民の壽命」（小林和正、１９５６年、「人類學雜誌」）という研究では、信濃国伊那郡虎岩村の１８１２〜15年における生命表が作成されています（94ページ）。他にも「19世紀初期の庶民の生命表―狐禅寺村の人口・民政資料による―」（長澤克重、２００６年、「立命館大学人文科学研究所紀

▼信濃国伊那郡虎岩村の男性の生命表（1812 ～ 15 年）

Age Group, Years	Nunber Surviving to Exact Age x Out of 1,000 Born Alive	Number Dying at Age x to x+n−1	Probability of a Person Age x Dying before Age x+n	Probability of a Person Age x Surviving before Age x+n	Years of Life Lived at Age x to x+n−1	Years of Life Lived at Age x and Over	Complete Expectation of Life at Age x
x to x+n −1	l (x)	$_nd$ (x)	$_nq$ (x)	$_np$ (x)	L (x)	T (x)	e (x)
0	1,000	229	0.229	0.771	885.5	36,845.9	36.8
1	771	37	0.048	0.952	750.0	35,960.4	46.6
2	734	22	0.030	0.970	722.0	35,210.4	48.0
3	712	19	0.027	0.973	702.5	34,488.4	48.4
4	693	15	0.022	0.978	685.5	33,785.9	48.8
0-4	1,000	322	0.322	0.678	3,745.5	36,845.9	36.8
5-9	678	38	0.056	0.944	3,295.0	33,100.4	48.8
10-14	640	32	0.050	0.950	3,116.5	29,805.4	46.6
15-19	608	27	0.044	0.956	2,970.0	26,688.9	43.9
20-24	581	23	0.040	0.960	2,848.0	23,718.9	40.8
25-29	558	21	0.038	0.962	2,739.5	20,870.9	37.4
30-34	537	21	0.039	0.961	2,635.0	18,131.4	33.8
35-39	516	23	0.045	0.955	2,524.5	15,496.4	30.0
40-44	493	27	0.055	0.945	2,399.5	12,971.9	26.3
45-49	466	29	0.062	0.938	2,257.5	10,572.4	22.7
50-54	437	50	0.114	0.886	2,060.0	8,314.9	19.0
55-59	387	52	0.134	0.866	1,805.0	6,254.9	16.2
60-64	335	59	0.176	0.824	1,527.5	4,449.9	13.3
65-69	276	60	0.217	0.783	1,205.0	2,922.4	10.6
70-74	216	67	0.310	0.690	918.0	1,717.4	8.0
75-79	149	83	0.557	0.443	558.0	799.4	5.4
80-84	66	50	0.758	0.242	212.5	241.4	3.7
85-89	16	15.2	0.950	0.050	28.0	28.9	1.8
90-94	0.8	0.8	1.000	0.000	0.9	0.9	1.1
95-99	0.0	—	—	—	—	—	—

出典：「江戸時代農村住民の壽命」。平均余命は右端の列

▼陸奥国磐井郡西磐井流狐禅寺村の生命表（1810 ～ 21 年）

	nMx		nqx		lx	
年齢	男子	女子	男子	女子	男子	女子
1	0.25352	0.19048	0.22500	0.17391	100000	100000
5	0.01064	0.01075	0.01058	0.01070	71662	66657
10	0.01190	0.00000	0.01183	0.00000	67312	64552
15	0.00000	0.00000	0.00000	0.00000	66515	61459
20	0.00000	0.02703	0.00000	0.02667	64225	59903
25	0.01220	0.00000	0.01212	0.00000	61165	56663
30	0.00000	0.00000	0.00000	0.00000	59602	54864
35	0.00000	0.03077	0.00000	0.03030	57887	54864
40	0.00000	0.01471	0.00000	0.01460	57054	52364
45	0.00000	0.02857	0.00000	0.02817	54099	47950
50	0.01429	0.02985	0.01418	0.02941	51191	43817
55	0.05660	0.03846	0.05505	0.03774	44812	39155
60	0.02174	0.02778	0.02151	0.02740	39117	34043
65	0.06667	0.08571	0.06452	0.08219	31624	28919
70	0.06897	0.00000	0.06667	0.00000	27676	19015
75	0.17391	0.04545	0.16000	0.04444	18723	13365
80	0.16667	0.33333	0.15385	0.28571	12551	8988
85	0.66667	0.25000	0.50000	0.22222	4799	3541

	ndx		nLx		Tx		ex	
年齢	男子	女子	男子	女子	男子	女子	男子	女子
1	22500	17391	88750	91304	4066698	3680972	40.7	36.8
5	758	713	71283	66300	3756368	3374777	52.4	50.6
10	797	0	66914	64552	3410346	3048843	50.7	47.2
15	0	0	66515	61459	3077371	2732130	46.3	44.5
20	0	1597	64225	59104	2749814	2428726	42.8	40.5
25	741	0	60795	56663	2437849	2139691	39.9	37.8
30	0	0	59602	54864	2136592	1859980	35.8	33.9
35	0	1663	57887	54033	1842012	1585658	31.8	28.9
40	0	764	57054	51982	1553828	1321750	27.2	25,2
45	0	1351	54099	47275	1275385	1069659	23,6	22.3
50	726	1289	50828	43172	1010080	841552	19.7	19.2
55	2467	1478	43578	38417	766662	634622	17.1	16.2
60	841	933	38697	33577	560949	452739	14.3	13.3
65	2040	2377	30604	27731	380694	293990	12.0	10.2
70	1845	0	26753	19015	234649	170990	8.5	9
75	2996	594	17225	13068	120649	87476	6.4	6.5
80	1931	2568	11585	7704	48223	31684	3.8	3.5
85	2400	787	3599	3147	5519	5351	1.2	1.5

出典：「19 世紀初期の庶民の生命表— 狐禅寺村の人口・民政資料による—」。平均余命は右端の列

要」）では、陸奥国磐井郡西磐井流狐禅寺村の１８１０～21年における生命表が作成されています（95ページ）。

20～24歳の男性の平均余命は小林論文では40・８年、長澤論文では42・８年と２つの村でほぼ変わりありません。20歳過ぎまで生きていた人なら、60歳ぐらいまで生きられるでしょう、という意味合いになります。もっとも、現在は男性の平均余命は20歳では61・７７年、25歳では56・９１年（いずれも「令和元年簡易生命表」）ですから、それに比べれば短いことに変わりはありません。

とはいえ、長生きする人は、長生きしています。考えてみれば、江戸時代に活躍した「画狂老人卍《まんじ》」こと葛飾北斎はおそらく88歳、島津義弘84歳、毛利元就は74歳まで生きています。徳川家の歴代15代将軍は平均51歳で亡くなっていますが、うち７代将軍家継は６歳、13代将軍家定は34歳、14代将軍家茂は20歳と若くして亡くなっており（以上満年齢）、３人を除けば死亡時の年齢は平均すると59歳にまで上がります。

今も江戸時代も、長く生きる人は長く生きているのです。

「平均寿命」が低い理由

ではなぜ、江戸時代の平均寿命が30代だといわれていたのでしょうか。理由は単純で、昔は乳幼児が多く死んでいたからです。先にあげた信濃国伊那郡虎岩村の生命表で０～４歳の平均余命が、５～９歳より低いのも、理由は同じだと思われます。

１９９８年に発表された「人口動態統計１００年の年次推移」をグラフ化してみました（左ページ）。

▼ 1899年以降の新生児・乳児死亡数の推移

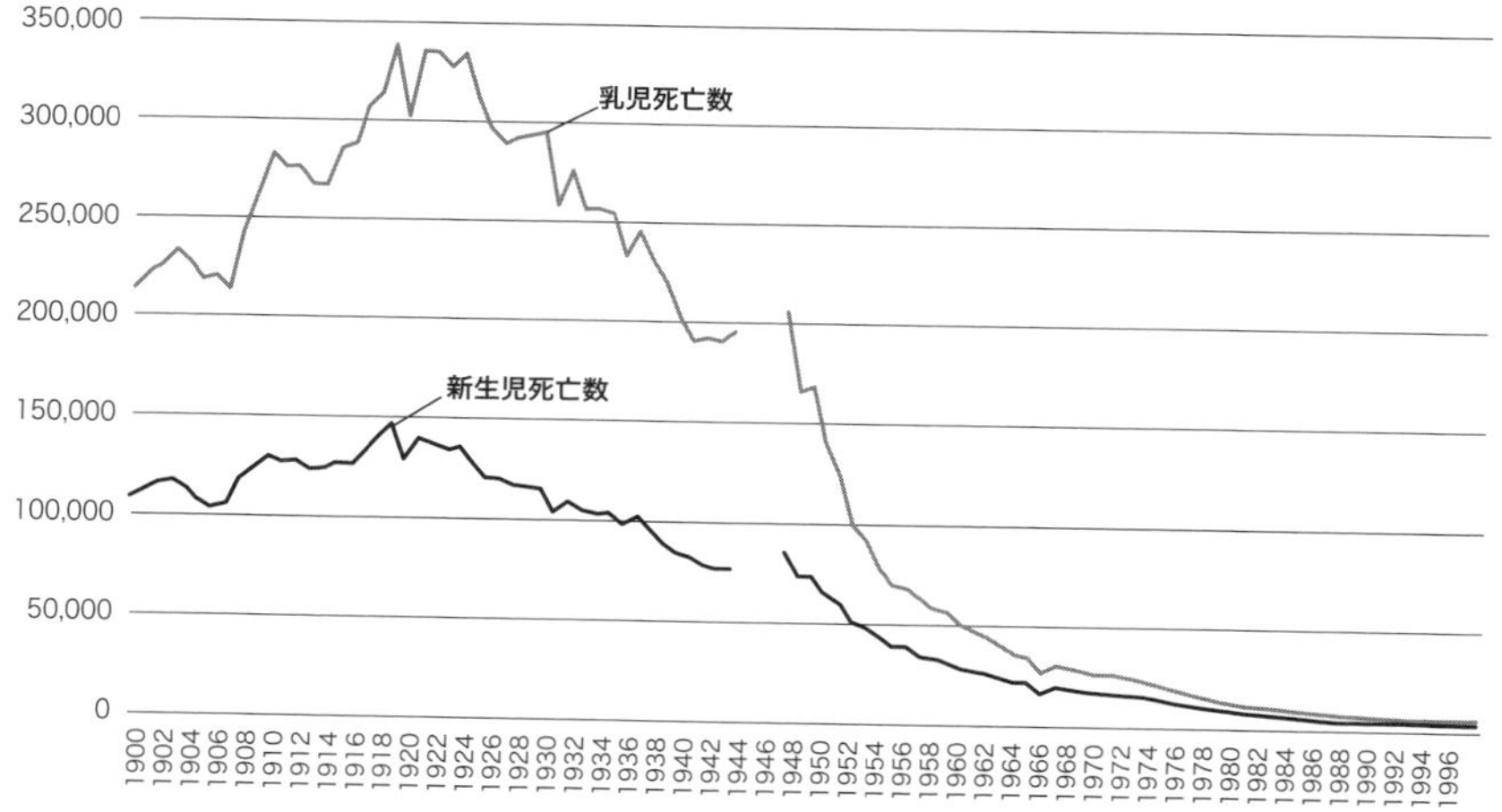

出典：「平成10年　人口動態統計月報年計（概数）の概況　人口動態総覧の年次推移」

1899年以降の新生児・乳児死亡数の推移が分かります。ちなみに、生後4週未満を「新生児」、新生児を含む1歳未満を「乳児」と呼びます。また、戦中・戦後の混乱で約3年分のデータが欠落しています。

また、死亡率（出生千対）は次ページのような推移ですのでこちらの方が出生数の増減の影響を受けないので分かりやすいでしょう。

1918年に死亡率が上昇しているのは新型コロナ禍の中で注目されているスペイン風邪によるものと考えられます。乳児の数字は188・6を記録しました。生まれて1年たたないうちに、その約20％が亡くなるなんて残酷過ぎます。

定義上、新生児は生後28日未満を指しますが、生後1年未満の死亡数・死亡率の約半分を新生児が占める時代が長らく続きました。つまり「赤ちゃんは生まれてすぐ亡くなってしまう」時代だったと言えます。お世継ぎを残すために徳川将軍家が「大奥」を設けたのも、男子を産むという理由だけでなく、男子が生まれても早期に亡

▼ 1899年以降の新生児・乳児死亡率（出生千対）の推移

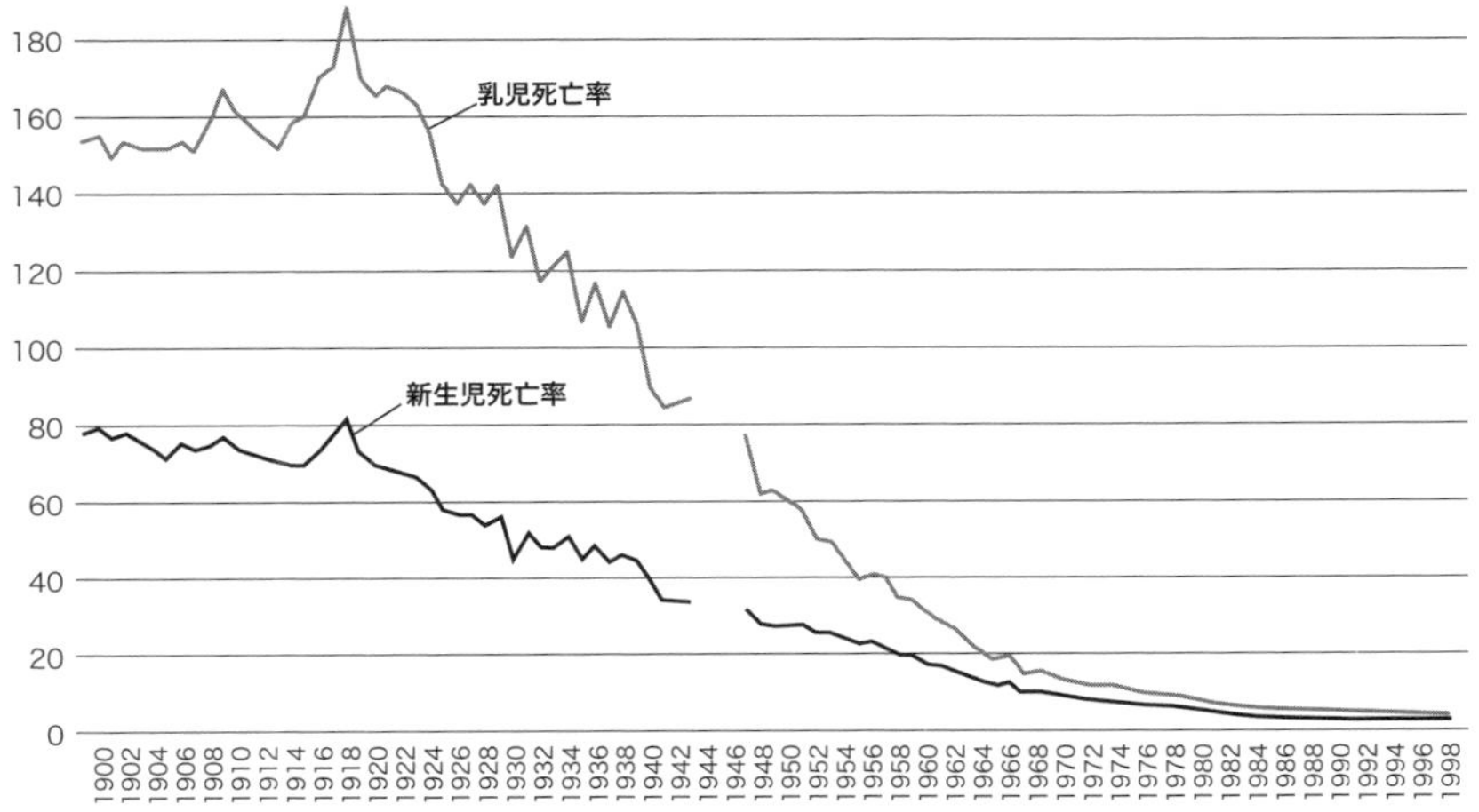

出典：「平成10年　人口動態統計月報年計（概数）の概況　人口動態総覧（率）の年次推移」

くなってしまう可能性があったからです。

見方を変えれば、人類は「赤ちゃんは早くに亡くなってしまう」という現実と戦い、1920年以降にその戦いにようやく勝ち始め、戦後は一貫して勝利し続けたと言えるのです。冒頭で触れた通り、「公衆衛生の改善」「医療環境の充実」のおかげです。

過去を振り返れば、私たちは困難な時代を乗り越え、時間がかかったとしても「早死に」を大きく減らすことができました。その結果として、目に見えて平均寿命（0歳の平均余命）を延ばすことに成功しました。今はまだ収束の糸口が見えていない新型コロナウイルスについても、同じように困難を乗り越えられるであろうと信じる他ありません。

（初出　2020年8月5日　原稿の時制や数値、肩書は原稿執筆時のものです）

第8講を振り返る

そもそも「平均寿命」という言葉が、勝手な思い込みを生む要因の1つです。「0歳時点の平均余命」＝「平均寿命」だと想像しにくいのです。他によい言い方があれば……と思います。統計は数字であると同時に、国語でもあることが分かるよい事例です。

ちなみに、かつて私は「平均寿命が伸びている＝100歳も夢じゃない」とぬか喜びをしていました。そもそも平均寿命が何歳であろうが、不摂生な日常を送っている限りは早死にする確率は高まるわけで、どうして「長生きできる」と勘違いしてしまったのでしょうか。不思議です。

第9講

2年早まった出生数90万人割れはなぜ起きた?

この講のポイントは、相関関係と因果関係の違いです。単純に言えば、相関関係とは2つの物語の関連性、因果関係とは1つの物語の前後関係です。相関関係があっても、因果関係があるとは限りません。テレビのコメンテーターはもちろん、優秀な学者の方ですら勘違いしてしまうので、注意が必要です。「因果関係」という言葉に出会ったら、まず疑ってかかるべきです。

2019年10月7日、日本経済新聞が「出生数90万人割れへ 19年、推計より2年早く」と報道し、大きな話題を呼びました。これは厚生労働省が発表した「人口動態統計」の19年1~7月の出生数(速報値)が前年同期比で5・9%減の51万8590人になったことを受けたものです。このままいくと、19年の出生数は90万人を割る可能性が高いと推定したのです。

国立社会保障・人口問題研究所が17年4月10日に公表した推計(日本の将来推計人口[平成29年推計])では、出生数90万人を下回るのは21年としていました。想定より2年早い結果は、驚きをもって迎えられました。

将来推計人口を算出する際は、将来の出生推移および死亡推移について中位、高位、低位の3つの仮定を設けています。一般に将来推計人口として利用されるのが中位、上振れパターンが高位、下振れパターンが

▼2019年の出生数は推計より2年早く90万人割れ？

想定結果	出生数高位推計	出生数中位推計	出生数低位推計
90万人以下？	101.3万人	92.1万人	83.6万人

「想定結果」の項以外は、「国立社会保障・人口問題研究所 2019年出生数（総人口）による推計値」
出典：「日本の将来推計人口（平成29年推計）」

低位とされます。

今回の推計は、万が一を考慮した19年の出生数低位推計を下回ってはいないので、関係者は新聞のあおりには冷静で「予想より早いが想定の範囲内」と受け止めているかもしれません。ただし、今のペースで出生数の減少が加速すれば、今後、出生数低位推計を下回る可能性もあります。

では、どうすれば出生数は増えるのでしょうか？

10代～40代の人口は減り続ける一方ですから、出生数が増えるとは考えにくいのが現状です。だからこそ、政治家から「女性はもっと子供を産め」という失言が出てくるのでしょう。

そもそも、政府は男女雇用機会の均等、少子化対策、女性活躍推進などの政策を推し進めてきました。「男性と同じように働け！」と言ったかと思えば「子供を産め！」と言い、いよいよ最後は「活躍しろ！」と、女性に向けた施策を打ってきました。

この中で「仕事に就く」と「子供を産む」ことは、一見、相反するようにも見えます。仕事に就くと子供が産みにくくなるし、子供を産むと仕事に就きにくくなるように思えます。しかし、本当にそうでしょうか？

▼ OECD 21カ国における合計特殊出生率と女性の労働参加率の相関係数

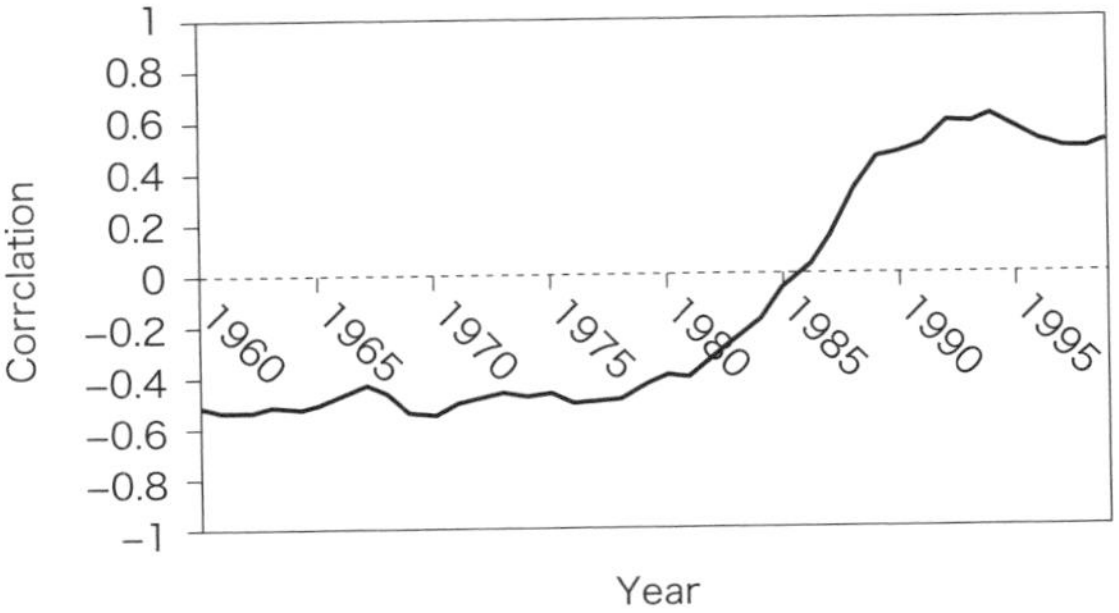

出典：Engelhardt・Kögel・Prskawetz 論文

「子供を産む」と「仕事に就く」は矛盾しない？

先進国での出生率と女性雇用をまとめた Brewster・Rindfuss論文（２０００）や Engelhardt・Kögel・Prskawetz論文（２００４）では、ＯＥＣＤ（経済協力開発機構）諸国の合計特殊出生率と女性の労働参加率は、１９８０年代以前は負の相関関係だったのに、80年代になってからは正の相関関係に転じた、と指摘しています。Engelhardtらの論文では、上図のようにまとめています。

つまり、80年代前半以前は「女性が仕事に就いている割合が低い国は合計特殊出生率が高い」のに、80年代後半以降は「仕事に就いている割合が高い国は合計特殊出生率も高い」のです。

もう少し詳細に見てみましょう。２００５年9月に内閣府男女共同参画局で行われた少子化と男女共同参画に関する専門調査会で、１９７０年、85年、２０００年の15年おきにＯＥＣＤ24カ国（1人当たりＧＤＰが1万ドル以上）における合計特殊出生率と女性の労働力率（15歳～64歳）がどのように変遷したのか、散布図が発表されています（左ページ）。

▼ 2000 年になって女性の労働力率と合計特殊出生率は正の相関になった

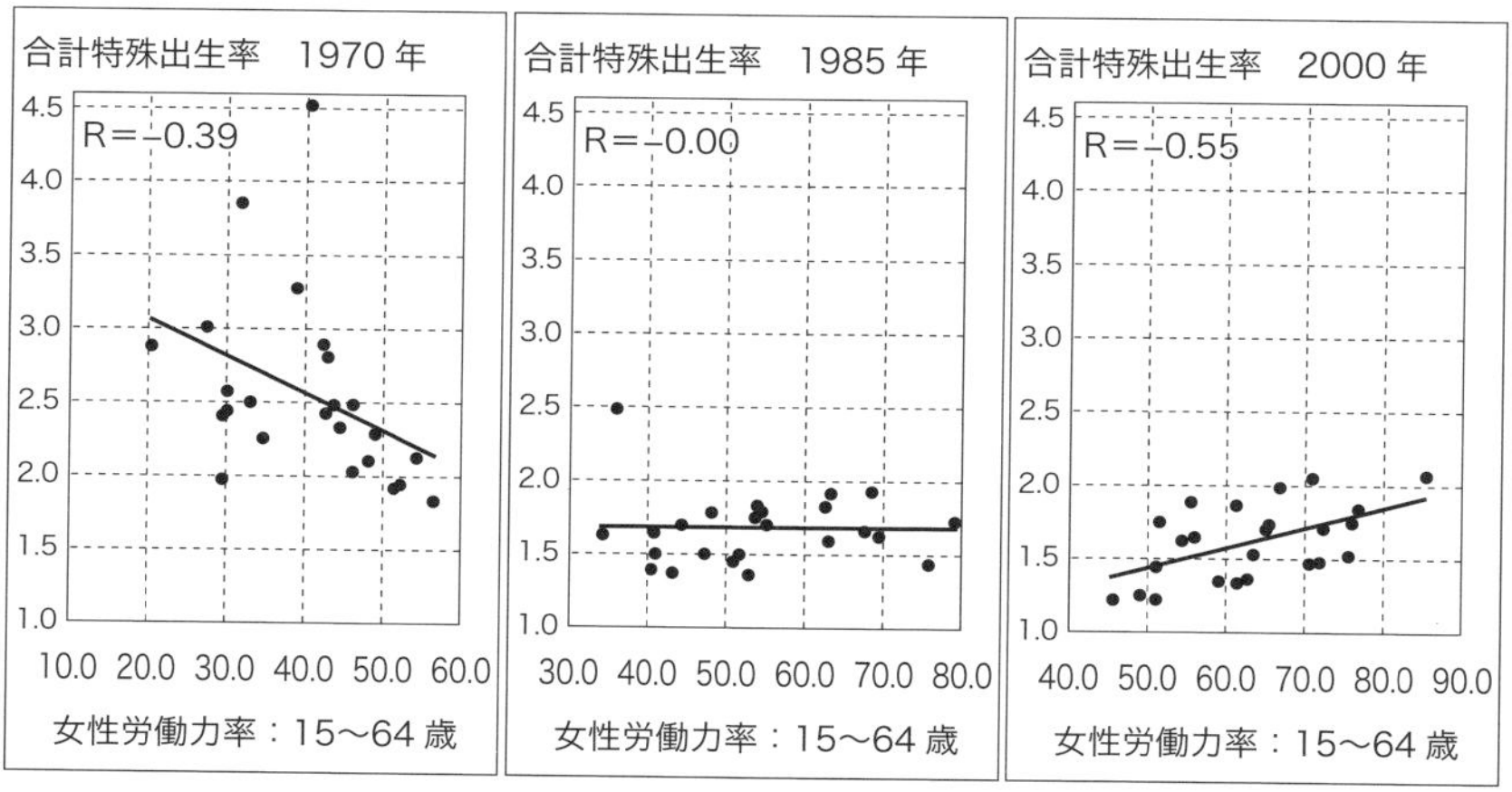

出典：内閣府「少子化と男女共同参画に関する専門調査会」

▼ OECD 諸国の中で日本は出生率が低く、女性の労働力率も低い

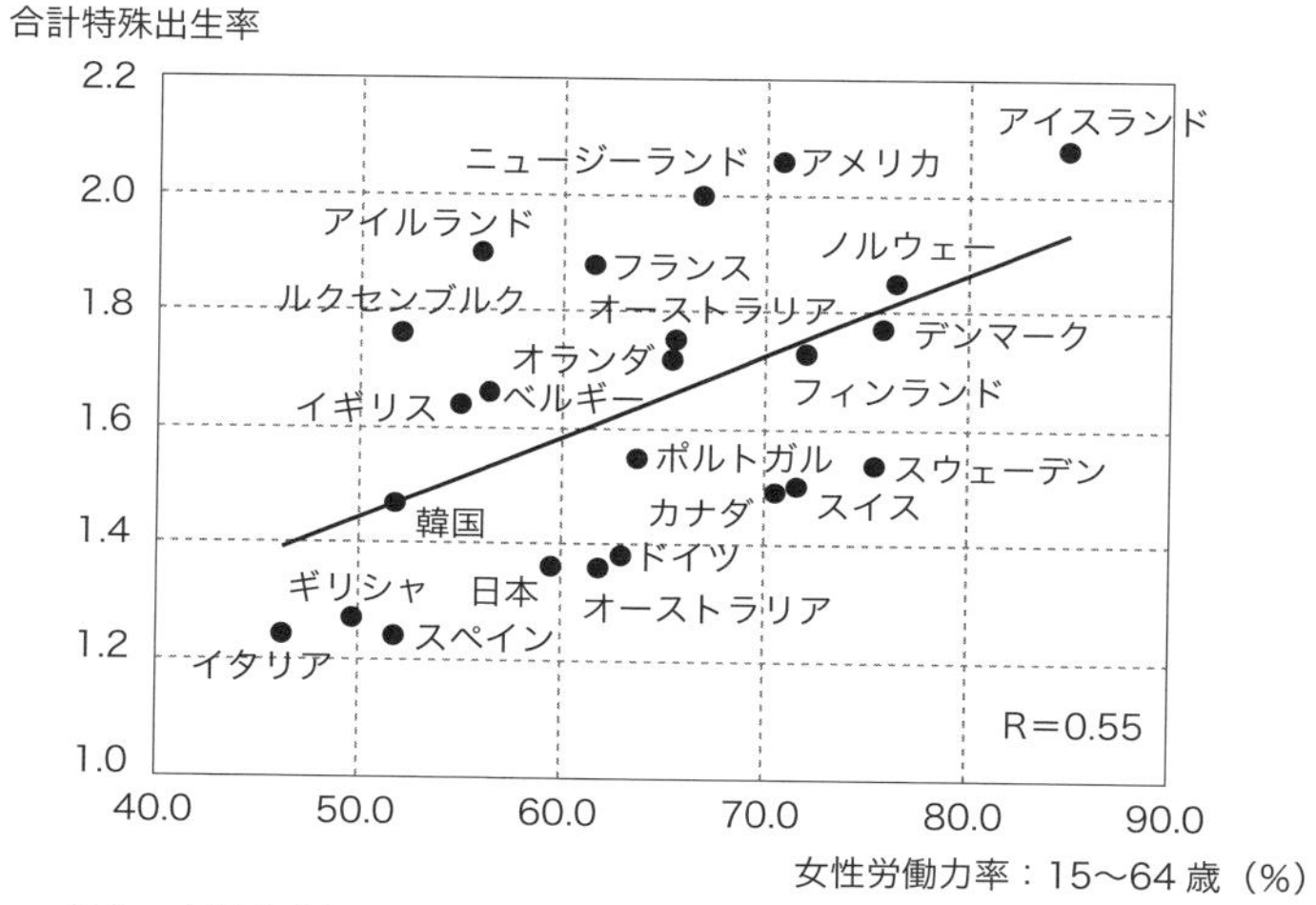

出典：内閣府「少子化と男女共同参画に関する専門調査会」(データは 2000 年時)

１９７０年は女性の労働力率が高い国ほど合計特殊出生率は低く、負の相関関係（r=－0.39）を表していました。しかし、85年には関係性が見えなくなり、２０００年になると逆に女性の労働力率が高い国ほど合計特殊出生率も高く、正の相関関係（r=0.55）を表しています。

１９８０年代には２つの変数の負の関係を打ち消すような変化が、世界中で起きたようです。真っ先に思い浮かぶのが、60年代後半に起こったウーマンリブ運動です。79年には国連総会で女子差別撤廃条約が採決されました。

ウーマンリブ運動との間に明確な因果関係があるとは言い切れませんが、80年代になって女性の働きやすい環境が整備されて、仕事と子育てが両立可能になった可能性は十分に考えられます。

ちなみに日本はというと、２０００年時点において、ほかのＯＥＣＤ23カ国と比べて相対的に「女性が仕事に就いている割合が低く、合計特殊出生率もかなり低い」に分類される位置につけています。

「子供を産む」と「仕事に就く」を両立させているのは〝第3の変数〟

これらの結果を基に「女性の労働力率が高まるほど出生率も高まるんなら、もっと女性には働いてもらわないと！」と言うのは、乱暴な議論です。これは因果ではなく単なる相関だからです。女性の労働力率が高いと合計特殊出生率も高いとは言いましたが、女性の労働力率が高くなると合計特殊出生率も高くなるとは言っていません。ここは重要なポイントです。

加えて、Kögelらの統計を用いた実証的な研究によると、実は「ＯＥＣＤ諸国内で女性の労働力率と合計特殊出生率はいまだに負の相関関係にある」と分かりました。正の相関関係にあるように見えるのは、「負の相関を弱まらせる第３の変数が存在した」からだというのです。

つまり、依然として、女性は「仕事」か「子育て」のどちらかを選ばなければならない状況に置かれており、たまたま「第３の変数」が「仕事」と「子育て」のどちらも選べるようにしているにすぎないというのです。国によっては、第３の変数の力が弱いため「働く女性が増えても出生率は下がる」という結果になる可能性があるのです。

この第３の変数については、独立行政法人・経済産業研究所の山口一男の論文（２００５）が「仕事と家庭の両立度」、より具体的には「育児と仕事の両立度」と「職の柔軟性による両立度」の２つではないかと指摘しています。

つまり第３の変数には、子供の面倒を見るための働きやすさと、仕事自体の勤めやすさの２つがあるのではないか、という指摘です。

この前提に立った上で、山口論文では以下のような結論に至っています。

「育児と仕事の両立度」と「職の柔軟性による両立度」は、ともに出生率を増加させるが、後者が与える影響が前者の2倍大きい。

女性の労働力参加率の増加が合計特殊出生率に与える負の影響は「職の柔軟性による両立度」に依存している。「育児と仕事の両立度」は関係していない。

出生数を増やすための少子化対策として、託児所の充実や育児休業の拡大はもちろん大事なのですが、育児休業からの復帰のしやすさ、フレックスタイムや在宅勤務などの柔軟な働き方も欠かせないとの分析です。そして後者の柔軟な働き方が整わないと、出生率を減らす要因になるというのです。

つまり、少子化対策は、国や地方などの公共セクターだけでなく、民間企業の協力なしには成功しないと言えるのです。「職の柔軟性」は、民間企業の果たす役割が非常に高いのです。

そういえば以前、「カガクでネガイをカナエル会社」の社員の奥さんが「夫が育休から復帰後2日で、関西への転勤辞令が出た。引っ越したばかりで子供は来月入園。何もかもありえない。不当すぎる――」とSNSで悲鳴を上げて大きな反響を呼びました。

すぐさま日経ビジネスが取材し、その記事は大きな評判を呼びました（『日経ビジネス電子版』「育休復帰、即転勤」で炎上、カネカ元社員と妻を直撃）。

少なくとも、関係する官庁は「こうした対応が少子化を助長する」と激怒するべきです。弁護士の見解によると「違法とまでは言えない」そうですが、政治の力で「違法」にしなければ、少子化は進む一方です。

少子化問題について考え方を変えなければならないのは、国や官僚だけではありません。企業であり、そしてそこで働く私たち一人ひとりなのではないでしょうか？

2010年代に現れた未知の「第4の変数」

ただし、これまで紹介してきた論文は、対象とするデータが2000年代前半までのものであり、最新のデータではありません。そこで、現在はどうなっているのか調べてみました。

▼2010年以降女性の労働力率が上がっても出生率が上がらなくなった

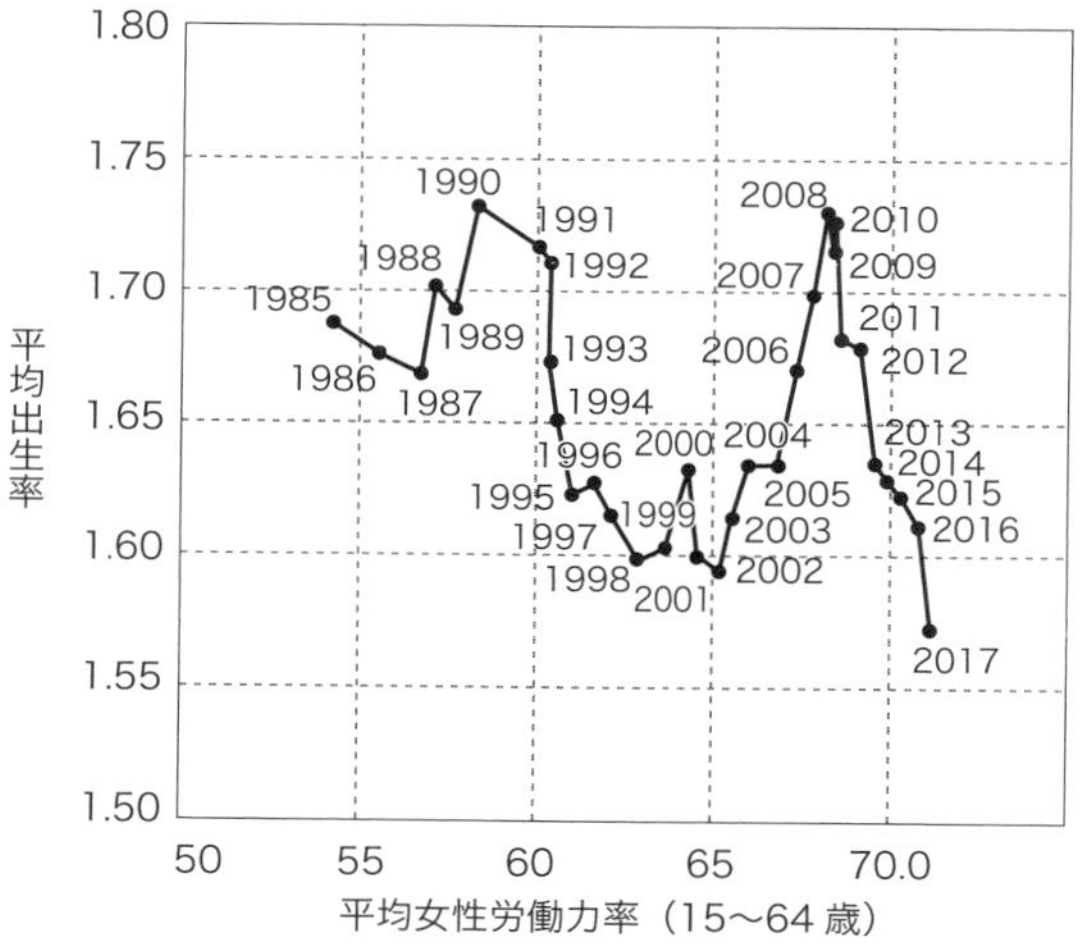

出典：OECD Data

「OECD　Data」のサイトを使えば、加盟する国の統計データを調べられます。そこで、OECD24カ国（1人当たりGDPが1万ドル以上）の合計特殊出生率と女性の労働力率（15歳～64歳）の統計データを取得しました。

合計特殊出生率と女性の労働力率がほぼ無相関になった1985年以降、24カ国の合計特殊出生率と女性の労働力率（15歳～64歳）の平均を求め、年単位で散布図にまとめてみました。上図のように推移していると分かります。

女性の労働力率は一貫して上がり続ける一方で、1990年～98年は合計特殊出生率の平均値は下がり続けています。そして2000年を超えた02年～08年は上がります。ところが、10年以降、17年までは下がり続けているのです。

（ちなみにこの10年～17年に出生率が上昇した国は、対象国の中ではオーストリア、ドイツのみ。なんとか横ばいなのはギリシャ、スイス、スペイン、デンマーク

で、残り18カ国は下落していました）

先ほどの「ＯＥＣＤ諸国の中で日本は出生率が低く、女性の労働力率も低い」とした図（１０３ページ）で、「仕事に就く」と「子供を産む」が両立する（正の相関関係がある）ように見えたのは、00年時点の国同士の比較をした場合のことなのです。これを時系列の変化で見ると、１９９０年代のほとんどの期間と２０１０年代は合計特殊出生率が下がっているのです。

２０００年代に出生率が下げ止まり、上昇しているのは、山口論文で触れられている第3の変数にかかわる政策がいくつかの国で実現されたからだとも考えられます。

では、10年代の出生率の低下はどうやって説明できるでしょうか。Brewster・Rindfuss論文やEngelhardt・Kögel・Prskawetz論文、山口論文でも説明できていない「第4の変数」が10年代から発生し、合計特殊出生率を下げていると考えられます。

私の見ている範囲が狭いからかもしれませんが、この「第4の変数」をうまく説明できている論文にはまだ出会っていません。

例えば、若者世代の可処分所得が減った、失業率が異常に高いといったことが考えられますが、いずれにしろ、これらの国々の統計データを集めて因果関係を推察するとなると、膨大な時間が必要になりそうです。日本はまだ「第3の変数」である「仕事と育児の両立」や「職の柔軟性による両立」ですら、その実現に四苦八苦しているのに、それに加えて「第4の変数」が現れたとなると、関係者の頭はますます痛くなるばかりではないでしょうか。

（初出　２０１９年11月5日　原稿の時制や数値、肩書は原稿執筆時のものです）

第9講 を振り返る

新型コロナウイルスにより、各企業でリモートワークが推奨されて、働き方が大きく変わりました。その結果、本文中で「第3の変数」として取り上げた「育児と仕事の両立」や「職の柔軟性による両立」にも変化が起きているようです。出社回数が少なくなり、在宅勤務が当たり前になったので、当然と言えば当然です。

一方で、こうした状況下にあっても出生数は相変わらず減少しています。「第４の変数」どころか、新たな「第5の変数」が出現しているかのようにも見えます。出産は国が強制するものではないので、いかに阻害要因をつぶすかが大切です。政治家も選挙民に「お願い」している暇があったら、そのための法律の1本でも作って欲しいものです。

第10講

最低賃金を上げると、本当に貧困層を救えるのか

この講のポイントは、偽りの因果関係を疑う思考訓練です。データによる裏付けがないままに「AだからBなのは当たり前」なんて言っていると、思いもよらぬ落とし穴にはまります。私たちは自分で思っている以上に、数字でストーリーを作りたがります。脳内の補完能力が優れているとも言えるでしょう。しかしそれが「事実」を見る目を曇らせてもいるのです。

2019年8月9日、19年度の最低賃金改定額が全都道府県で出そろいました。最高額は東京都1013円、続いて神奈川県1011円と初めて1000円を超えました。

もらえる賃金の最低ラインが上がるのは、我々労働者にとって喜ばしい話です。特に、10月から消費税が10%になりますから、上がってもらわないと困ります。

ところで、そもそも論ですが、なぜ最低賃金が決まっているのでしょうか。法律（最低賃金法）で決まっていることをご存じでしたか？ その第一条に目を向けてみましょう。

（略）賃金の低廉な労働者について、賃金の最低額を保障することにより、労働条件の改善を図り、もつて、労働者の生活の安定、労働力の質的向上及び事業の公正な競争の確保に資するとともに、

▼賃金に対する人数の分布

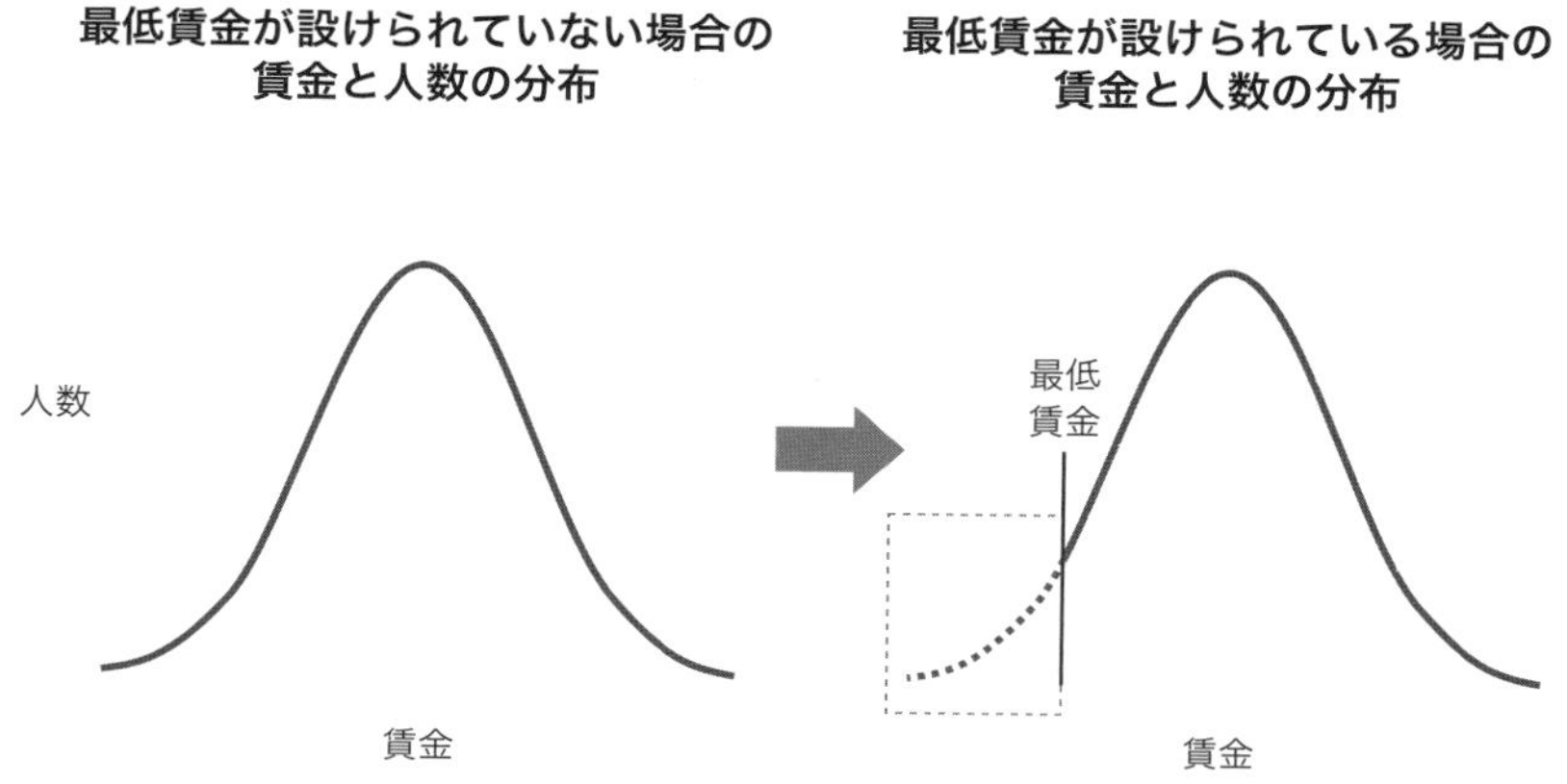

一　国民経済の健全な発展に寄与することを目的とする。

つまり、最低賃金制度がなければ、上図のように、ものすごく安い賃金でも働かざるを得ない労働者が現れる可能性があります。そこで、分布の左側（相対的に見て賃金が低い層）で線を引き、それを下回る労働者が現れないようにするのが最低賃金の役割です。

最低賃金は、労働者の生活のためだけでなく、アダム・スミスの「国富論」で説かれたように、賃金上昇が経済発展に貢献するという理論を背景に、長い歴史の中で培われた人間社会が長く発展していくための知恵だと私は考えています。

しかし、法律の一文にある「生活の安定」した状態にあると、どれほどの労働者が感じているでしょうか。「平成30年国民生活基礎調査」によると、世帯の生活意識を問う質問に、57・7％が「苦しい」「大変苦しい」「やや苦しい」と回答しています。

だから、貧困対策のためにも「もっと最低賃金を上げろ」「1500円だ！」と声をあげている労働者もいます。しかし、最低賃金を上げることは貧困対策に本当に貢献するのでしょう

▼世帯の生活意識の年次推移

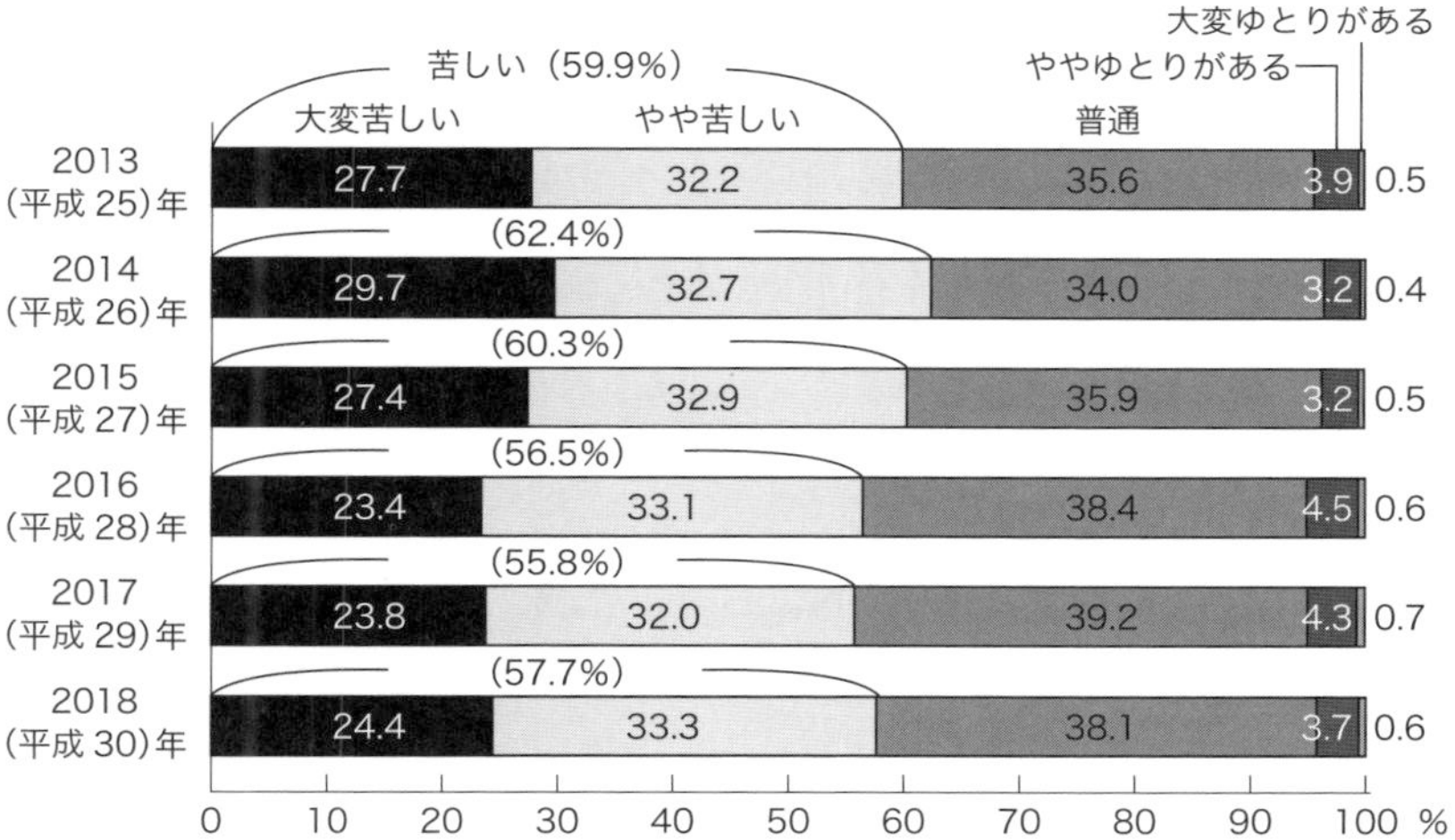

出典：「平成30年国民生活基礎調査」（厚生労働省）

か？

最低賃金は貧困対策の最善策なのか？

そもそも、何をもって「貧しい」とするのかは主観によって違います。貧困を気持ちの問題で済ませるつもりは全くないのですが、客観的な測り方が必要です。

実は「貧困」には明確な定義があります。厚生労働省の国民生活基礎調査によれば、「手取りの世帯所得（収入から税や社会保険料を引き、年金等の社会保障給付を足した金額）を世帯人数の平方根で割った等価可処分所得の中央値の半分」＝貧困線（相対的貧困ライン）と決まっています。

仮に手取りの世帯所得が400万の場合、世帯人数が2人なら「400÷√2」で約283万円、3人なら「400÷√3」で約231万円が等価可処分所得になります。

貧困線は調査対象が多い大規模調査年のみ集計して

います。最新の「平成28年国民生活基礎調査」によると等価可処分所得の中央値の半分である貧困線は122万円だと分かっています。仮に単身30代労働者なら、税引き前所得の年収は約150万円と計算できます。年間2000時間（週休2日8時間）労働と仮定すると時給は750円。2019年度の改定後は、どの県の最低賃金よりも下回っています。

この結果を単純に見れば、最低賃金の上昇は世帯所得の向上につながり、相対的貧困から抜け出せる糸口になるように見えます。

しかし調べてみると、そうではなさそうな分析もされています。2009年に発表された一橋大学の川口・森論文によると、2002年において最低賃金で働いていると考えられる労働者の約50％は、年収が500万円以上の中所得世帯の世帯員だと分かりました。

一方、最低賃金で働いていると思われる労働者の中で、年収が199万以下の世帯主は全体の9・53％と少ないのです。年収299万以下まで対象を広げてみても、最低賃金で働いている労働者全体の14・91％にしかなりません。相対的貧困層が必ずしも最低賃金以下で働いているわけではないということになり、最低賃金の上昇が貧困対策の最善策とは言い切れないことになります。不思議な感じがします。

もっとも、対象とするデータが1982〜2002年の、「就業構造基本調査」ですから、17年もたてば、状況は大きく変わっているのではないかという意見もあるかもしれません。

そこで2017年に発表された大阪大学の明坂・伊藤・大竹論文に着目してみました。こちらは1992〜2012年の就業構造基本調査を用いています。しかし、それでも「2012年時点では最低賃金労働者の多数派は貧困世帯に属していない」と指摘されています。

これらの結果から、多くの貧困世帯は我々が普通に考える「働いているのに貧しい（だから賃金あげろ）」ではなく、「そもそも働けなくて貧しい」という世帯が大半の可能性が考えられます。もちろん、最低賃金近辺で暮らすこと自体は大変だと思いますが、最低賃金を上げて「貧困から抜け出させろ！」と言われると、ゴメン、あなたよりも貧しい人がいるかもしれないから、先にその方たちを……と思うのです。ただし、その人たちがどんな状況なのかが分かっていないので、それを調べる必要があります。最低賃金に関する議論をする際には、こうした問題意識も大事だと私は思います。

最低賃金上昇によるデメリットが起きない不思議

最低賃金の議論では、前述した話とは別の議論がよく持ち出されます。最低賃金が上昇すると、利益が減って、経営難に陥る中小企業が現れ、倒産する可能性が高まる。これによって、失業率が高まり、結局労働者の不利益になるというものです。これは最低賃金上昇のデメリットとしてよく語られています。実際、韓国では最低賃金を2018年に16・4%、19年に10・9%上げた結果、失業率は上昇しリーマン・ショック期に近い4・4%まで悪化しました。

前述の川口・森論文でも、最低賃金上昇の負の側面として「10代男性労働者と中年既婚女性の雇用を減少させる」と分析しました。明坂・伊藤・大竹論文では最低賃金が上昇すると「10代男性労働者の就業率が低下し、50歳以上労働者の雇用就業率は低下して、自営業・内職就業率が上昇する」としました。

これを言い換えると、最低賃金が上がると、（1）一度も働いたことのない若い人たちの採用を雇用主側がちゅうちょする、（2）職に就いている50歳以上の人たちはリストラの対象となりやすく、そうなった場合、そうした人たちは条件が悪くなっても就業形態を変えて働こうとする、ということになります。

しかし、日本の最低賃金が上昇しても、高卒の就職率は減っていません。また、出産、育児、介護を理由に就業を中断するため、女性の労働力率が30代を底に「M字カーブ」を描く現象も少しずつ改善していて、既婚女性の就職率が悪化する傾向にはないのです。両論文の分析にあるようなデメリットが表れていないのです。

当初立てた予測（forecast）とは違う結果が表れているのですが、いったい何が起きているのでしょうか？

予測が外れること自体は、データ分析の世界ではよくある話です。今の数字を元に予測を立てる場合、「今の延長線上に未来がある」ことを前提としています。したがって、当初想定されなかった大きな変化が起きると予測は外れます。

こうした予測外れをもたらす「大きな変化」の1つとして考えられるのが「人手不足」の深刻さです。背に腹は代えられず、賃金が上がっても労働者を雇わざるを得ない。その結果、就業率を強く押し上げている可能性が考えられます。

ただし、労働市場が競争状態にない場合、人手不足だったとしても最低賃金ギリギリで雇用されてしまう可能性があります。最低賃金がほぼ同じ愛媛県と青森県の比較をすると、このことがわかりやすいので、見てみましょう。

次ページの図は、令和元年度中央最低賃金審議会に提出された「賃金分布に関する資料」（短時間労働者

▼愛媛県と青森県における賃金分布と最低賃金

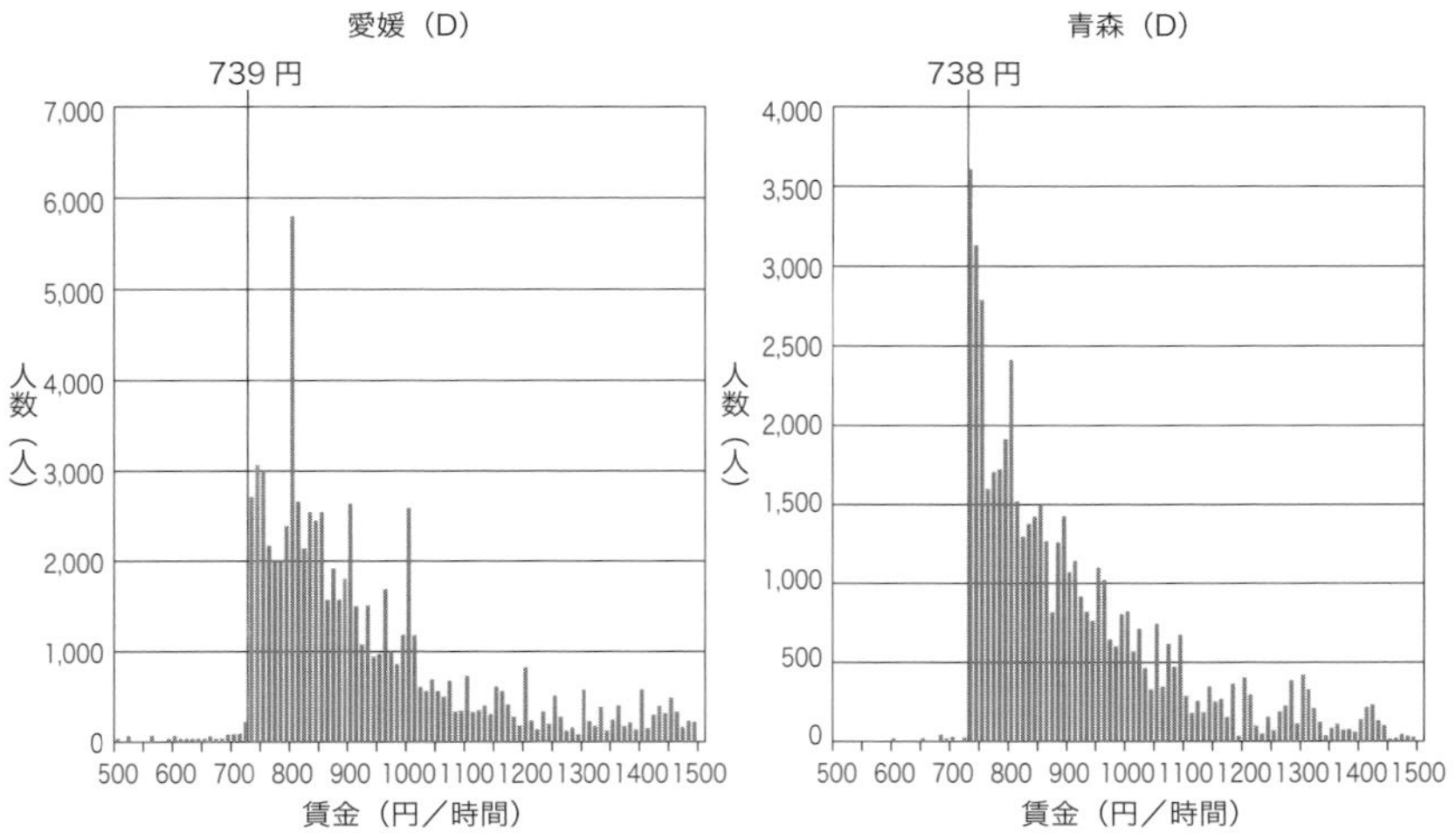

出典：中央最低賃金審議会に提出された賃金分布に関する資料より

の時間当たり賃金分布）からの抜粋です。分布データは「平成30年賃金構造基本統計調査特別集計」を元にしています。グラフ内に記載されている円表示は平成29年度最低賃金額です。

分布を見ると、愛媛県の最頻値は８００〜８０９円であり、分布の山が最低賃金よりも高いことが分かります。一方、青森県の最頻値は最低賃金ギリギリの７４０〜７４９円を指しています。

最低賃金よりも高い時間給が出る会社で働けるならば、大勢の人がその選択肢を取るでしょう。そうではなく、分布の山が最低賃金に集まるということは、経営者に「他の会社より良い条件を出さないと人が集まらない」というプレッシャーがあまりないということです。労働市場が競争市場になっていないと、こうしたことが起きます。

このような状況においては政府が最低賃金を上げるという選択肢が極めて有効だと言えるでしょう。最低賃金を上げるとしても、どのような場合に効果

▼統計データ利活用センターのホームページ

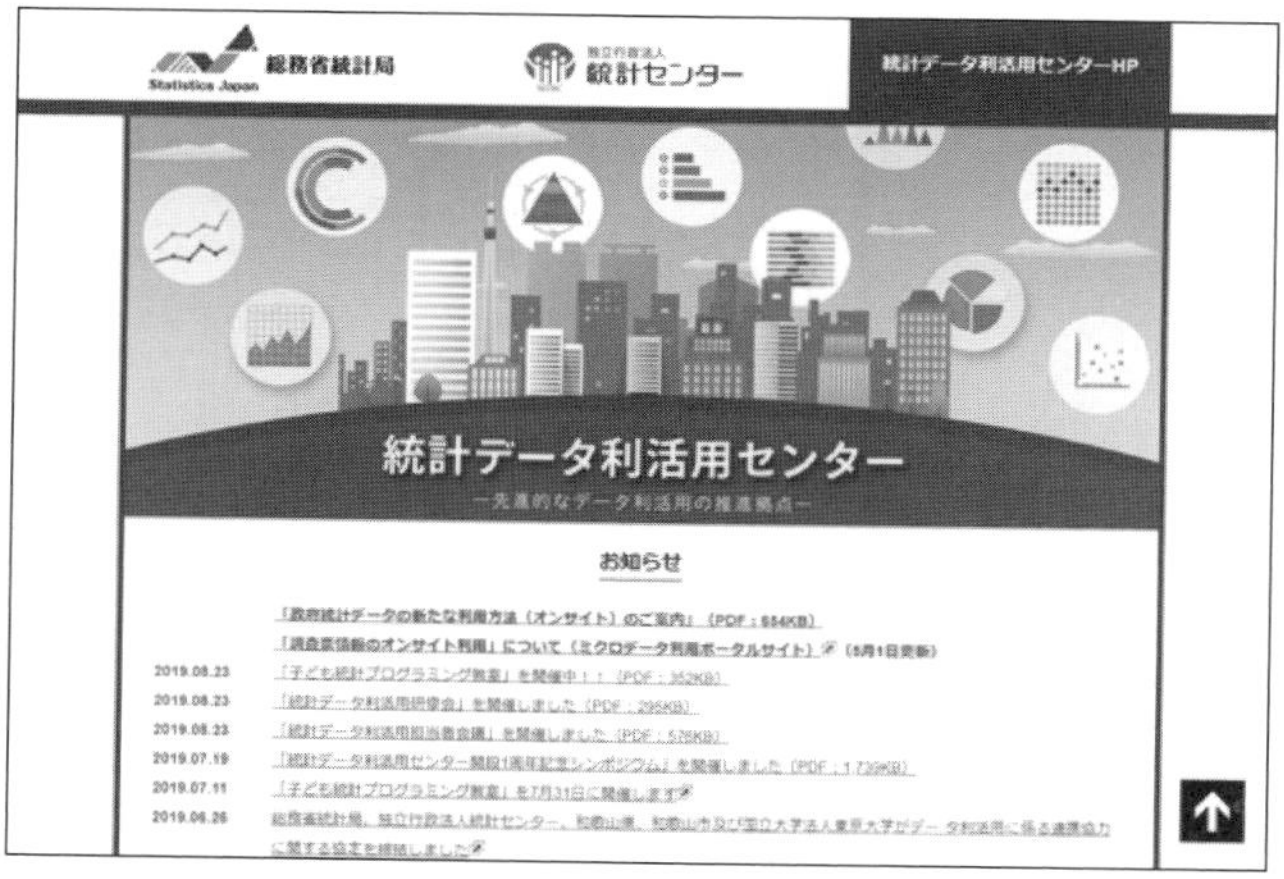

を上げるのかという議論も大切なのです。

最低賃金上昇の影響を分析できる実証研究環境を

最低賃金を上げると「ｔカ月後」には貧困率が何％下降する、失業率が何％上昇する。このような数的仮説を導き出すには、統計的因果推論（変数間の因果関係をデータで明らかにする方法）の活用が欠かせません。

本当に最低賃金が影響しているのか、実際は他の影響があるのか、それが分からなければ、私たちは雰囲気で政策を立案していることになります。

しかし、それらは都道府県ごとに大きく違う労働環境の差異を細かく確認しながら分析しなければなりません。それに対して現在の研究環境は適切と言えるでしょうか？

これまで論文で参照されてきた「就業構造基本調査」は集計済みのデータに限られていました。世帯単位や事業所単位といった集計する前の「個票データ」は、研究のためであっても閲覧できなかったのです。川口・森論文は回答者ごとの個票データの利用を特別に認められた点が珍しく、非常に有意義だと評価されています。

研究者による効果のある実証研究実現のためには、統計データの活用は欠かせません。そうした背景もあって、18年4月、総務省統計局・独立行政法人統計センターは、和歌山県に個票データを提供する統計データ利活用センターを開設しました。

19年5月には改正統計法が施行され、情報保護を前提に、個票データの学術研究などへの利用が可能となりました。ようやく研究者が様々な公共政策の効果を、今までより気軽に、かつディープに分析できる基盤が整ってきたと言えます。

今すぐには難しいかもしれませんが、20年代前半には最低賃金と貧困、失業の因果関係がある程度見えてくるのではないかと期待しています。

（初出　2019年9月11日　原稿の時制や数値、肩書は原稿執筆時のものです）

第10講を振り返る

最低賃金と貧困との間には、因果関係があるように見えて、実際には「そこまでの関係はない」と分かりました（個別には該当する人もおられるでしょうが、大勢としては関係がないという意味です）。事実はやすやすと想像を超えてきます。私自身、分析を通じて「最低賃金の上昇は貧困対策になるとは言えない」と分かって、慄然としました。

文中に「私たちは雰囲気で政策を立案している」と記載しましたが、データの裏付けなき発言は単なるオピニオンで害悪でしかありません。事実を知ることはとても重要なのです。

第11講

なぜ給料が上がらないのか「負のループ」に陥った日本

この講のポイントは、本章のタイトル「データ再検証で見えたもう一つの事実」そのものです。データを多角的な観点から検証し、新たに見える「もう一つの事実」を明らかにするための思考訓練です。データ全体で見れば答えはAなのに、属性別・層別に見れば答えがBに変わることだってあります。データの見方を養わなければ、もっともらしい事実にコロリと騙されかねません。

内閣府の「景気基準日付」を見ると、戦後最長の景気拡大期だそうですが、新型コロナウイルスと消費増税のダブルパンチで、もはや「虫の息」のように見えます。

内閣府が発表する「月例経済報告」は2020年2月時点で「緩やかに回復している」と表現しているものの、経済活動の自粛が続く現状を見ると「景気は弱まっている」「景気は悪化している」と表現されるのも時間の問題かもしれません。

ただし、そもそもの話として、「戦後最長の景気拡大期」において、国民のどれくらいが「景気いいね」と実感できているのでしょうか。景気の良さを肌で実感しようにも、1つの目安となる給料の数字がそもそも名目ベースでも「あまり増えていない」と感じる人が多く、「景気の良さ」を感じていないと思われます。

25年間という長いスパンで見ると、日本の名目賃金は驚くほど増えていません。OECD（経済協力開発

▼名目賃金の上昇率は日本だけがマイナス

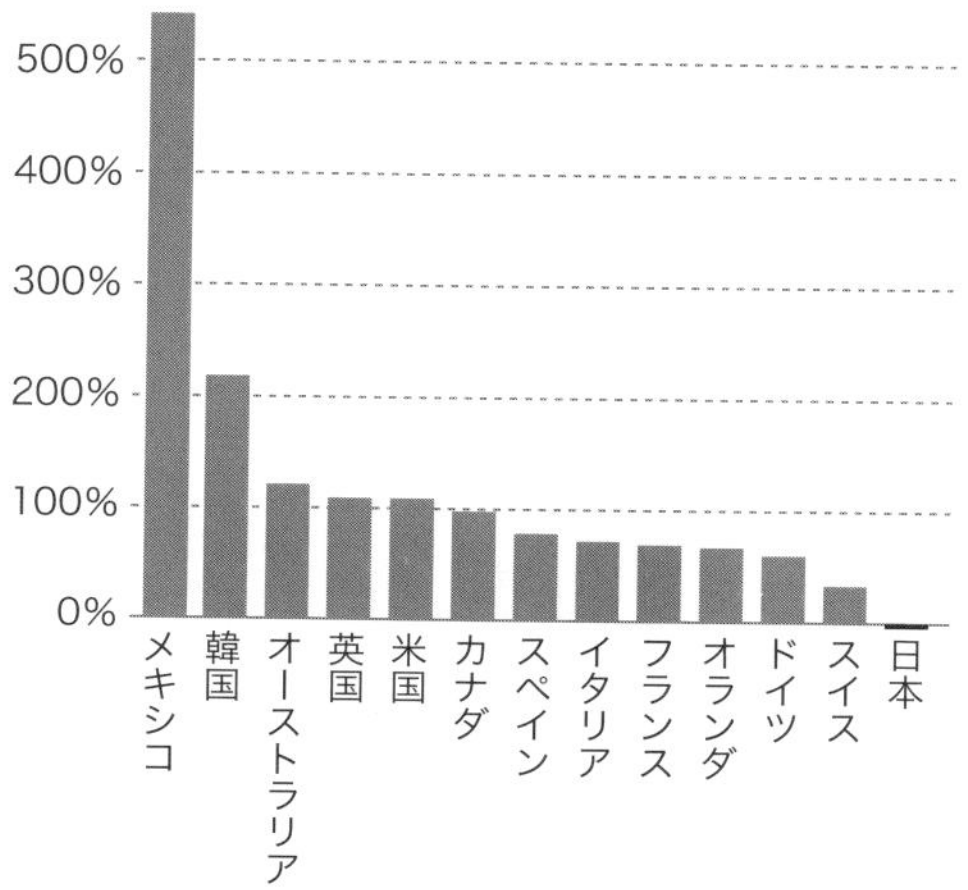

OECD 加盟諸国のうち GDP の多い 13 カ国の 1994 年から 2018 年にかけての名目賃金上昇率

出典：OECD「Average annual wages」より

▼第２次安倍政権以降の名目賃金上昇率はプラスだが……

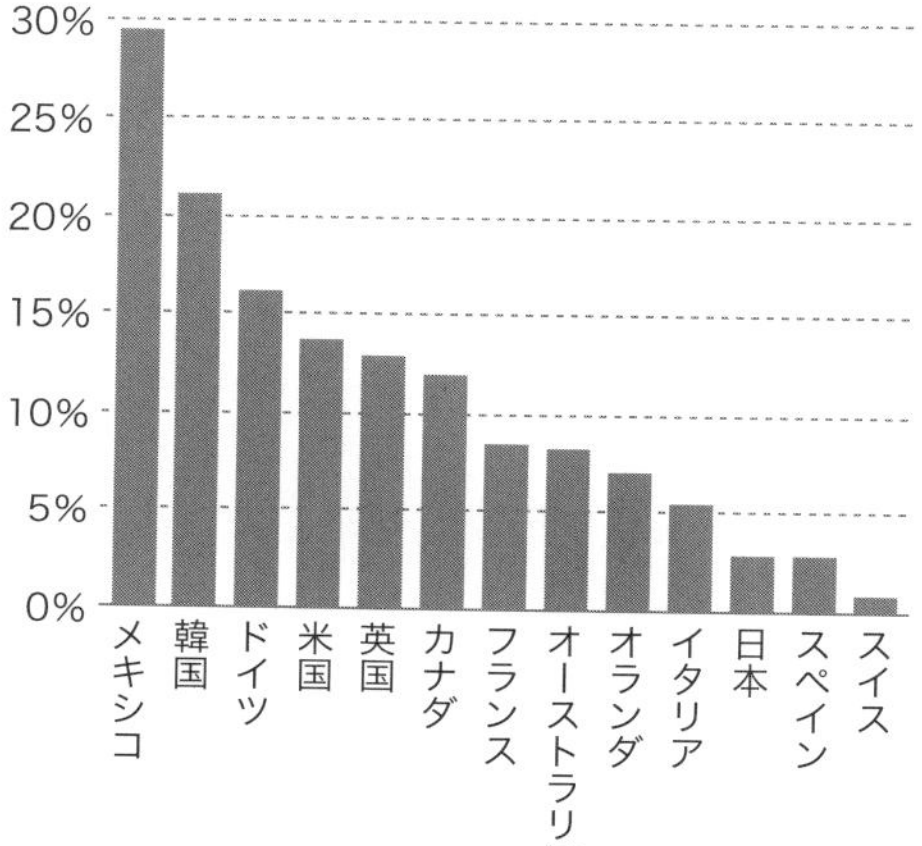

OECD 加盟諸国のうち GDP の多い 13 カ国の 2012 年から 18 年にかけての名目賃金上昇率

出典：OECD「Average annual wages」より

機構）加盟諸国の統計（「Average annual wages」を参照）によると、主要13カ国の1994年から2018年にかけての名目賃金上昇率は日本だけがマイナス4・54％とマイナス成長となっています。四半世紀前と比べて、名目賃金は日本だけが減っているのです（前ページ）。

12年に誕生した第2次安倍政権以降、アベノミクスにより賃金は増えたという意見もあるでしょう。そこで12年から18年にかけての数値を比べて名目賃金上昇率を調べてみました。結果、確かに2・9％成長していると分かりました。スペインやスイスよりは高いようです（前ページ）。

どの国と比較するかで受け止め方は変わるでしょうが、少なくともGDP（国内総生産）の規模で近しいドイツや英国に比べて上昇率が低いのはなぜだろうと首をかしげたくなります。

多くの国々では名目ベースで賃金が増えているのに、どうして日本では増えなかったり、上昇率が低かったりするのでしょうか。何らかのボトルネックを解消すれば、賃金が増えるのでしょうか。

経済が成長すれば賃金も成長するのか？

一般に、経済が成長すれば、物価や賃金も連動して上昇するといわれます。日本で賃金が上昇しないのは低成長にあえいでいるからでしょうか？

そこで、先に挙げた13カ国の1991年以降の実質賃金上昇率と実質経済成長率で散布図を作成してみました。その結果から推察するに、多少の例外はありますが、経済成長率が上がると賃金上昇率も上昇する関係がうかがえます（左ページ上図）。

▼実質賃金上昇率と経済成長率はおおむね相関している

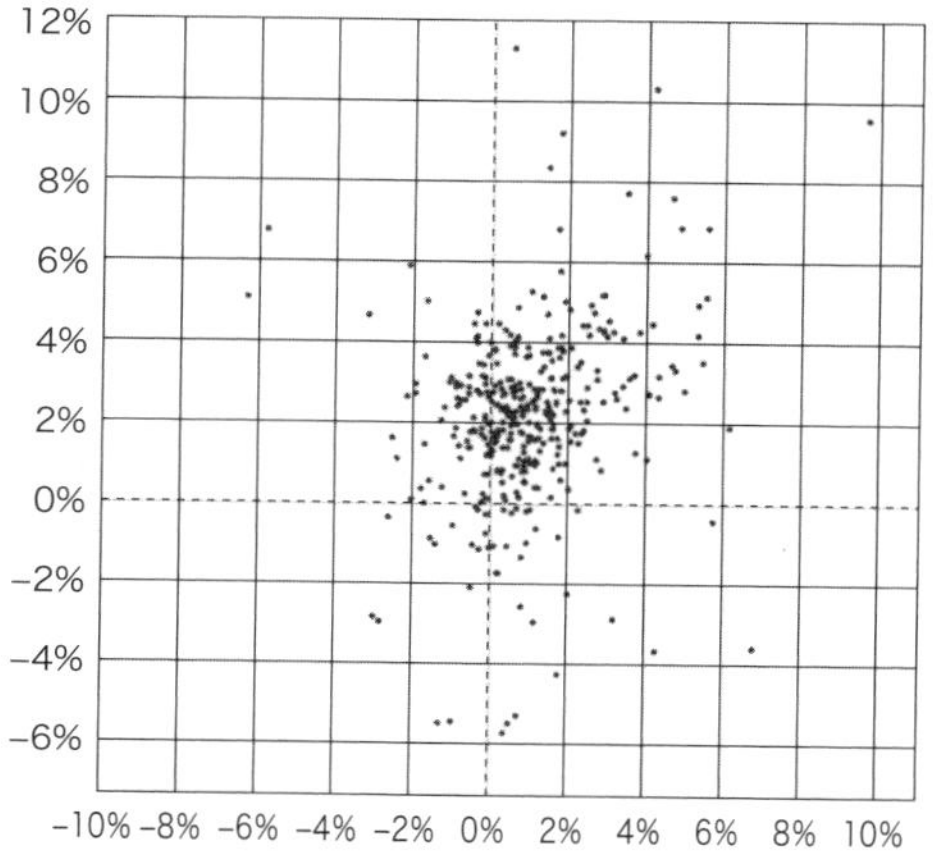

実質賃金上昇率（横）と実質経済成長率（縦）の散布図

出典：OECD「Average annual wages」より作成

▼実質賃金上昇率と経済成長率の相関は国によって様々

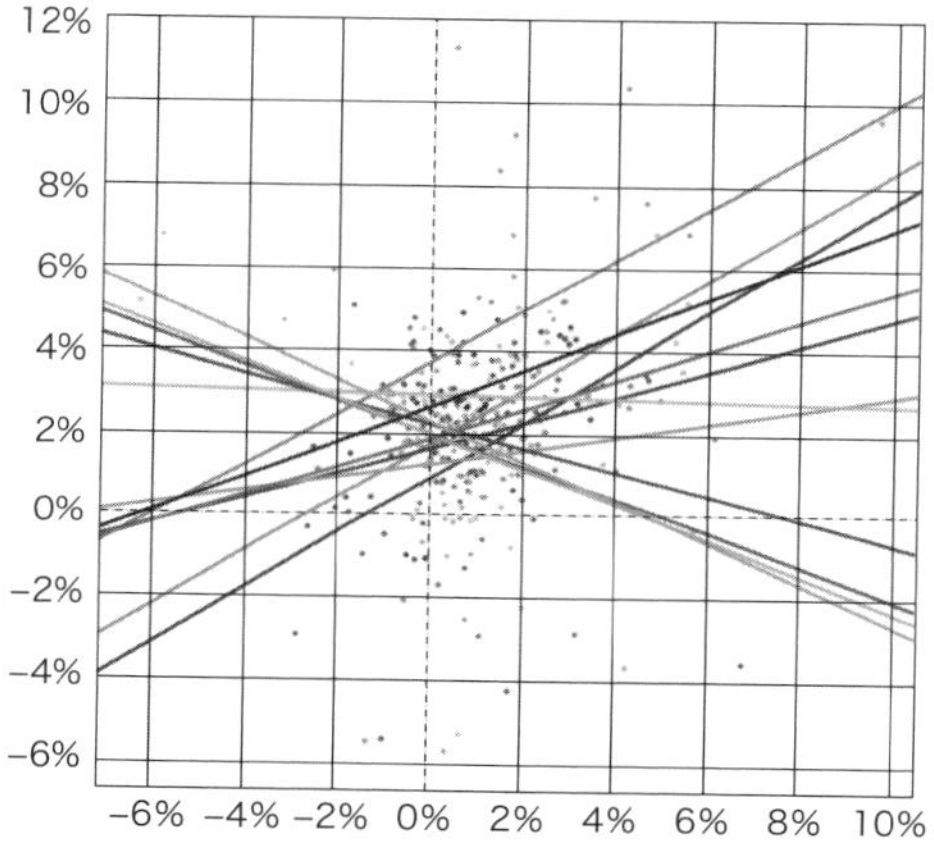

実質賃金上昇率（横）と実質経済成長率（縦）の散布図

出典：OECD「Average annual wages」より作成

ところが、この散布図を「国別」で見ると様相は大きく変わります（前ページ下図）。国別の傾向が分かる線を引いてみました。大半の国では線が右肩上がりになっている（実質経済成長率が上がると実質賃金上昇率が上がる）ものの、中には横ばい、さらには右肩下がり（実質経済成長率が高まると実質賃金上昇率が下がる）の国もあります。

1991年から2018年まで28時点での分析ですが、正の相関関係が表れたのは13カ国中、オーストラリア（0・49）、カナダ（0・30）、イタリア（0・21）、日本（0・42）、韓国（0・45）、メキシコ（0・43）、英国（0・36）、米国（0・49）の8カ国でした。カッコ内は相関係数を表しています。

面白いのは、フランス（マイナス0・24）、オランダ（マイナス0・38）、スペイン（マイナス0・25）、スイス（マイナス0・27）の4カ国で負の相関関係が表れました。

「経済が成長しても、全ての国で賃金が連動して上昇するとは限らない」と分かった以上、何か論理を間違えている可能性があるかもしれません。

本当に給料は増えていないのか？

前述したデータを見ると、日本は比較的、実質賃金上昇率と実質経済成長率が連動している国といえます。そこでさらに賃金の内訳を調べていきましょう。

ちなみに、自分の現在の給料と、5年前、10年前の給料を見比べて、1円も増えていない（むしろ減っている）読者はどれくらいいるでしょうか。企業の正社員に限って言えば、該当する人の多くは60代以上など

▼女性の賃金は緩やかに上昇しているが男性は横ばいの期間が長い

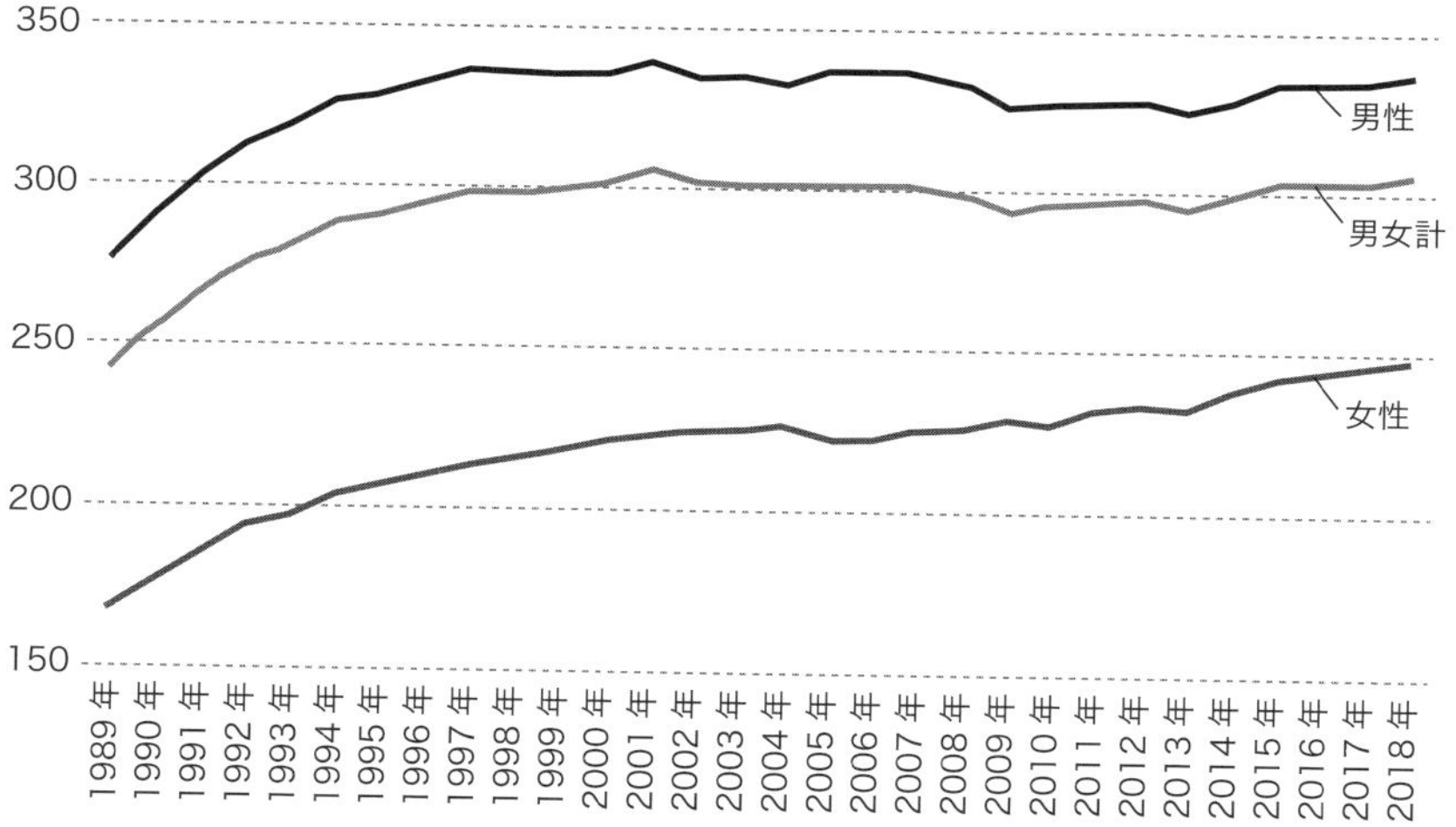

性別賃金の推移（単位は千円、出典：「令和元年賃金構造基本統計調査」）

に絞られるはずです。

厚生労働省の「賃金構造基本統計調査」（令和元年）によると、平成の約30年間で男女別賃金は上のグラフのように推移していると分かりました。女性の賃金は緩やかに上昇し続けていますが、男性は特に１９９７年から２０１３年ぐらいまで横ばいが続いていました。

ただし、この賃金は産業、企業規模、最終学歴、雇用形態、年齢層の違いを全て取っ払った「全体」の数値です。男女計も１９９７年から２０１３年までほぼ横ばいに見えますが、産業の入れ替わり、女性の社会進出、高齢雇用者の増加、人手不足による賃金上昇などが起きている中、層別に見れば違いが見えてくる可能性があります。

つまり、層別のプラス分、マイナス分を合算すると名目賃金は長らく横ばいだったわけです。そうならば、層別に見ておきたくなります。

ちなみに、男性の20代～40代の賃金を年齢層別に調べてみると、次ページのグラフように推移していまし

▼30代後半から40代前半の賃金は下がっている

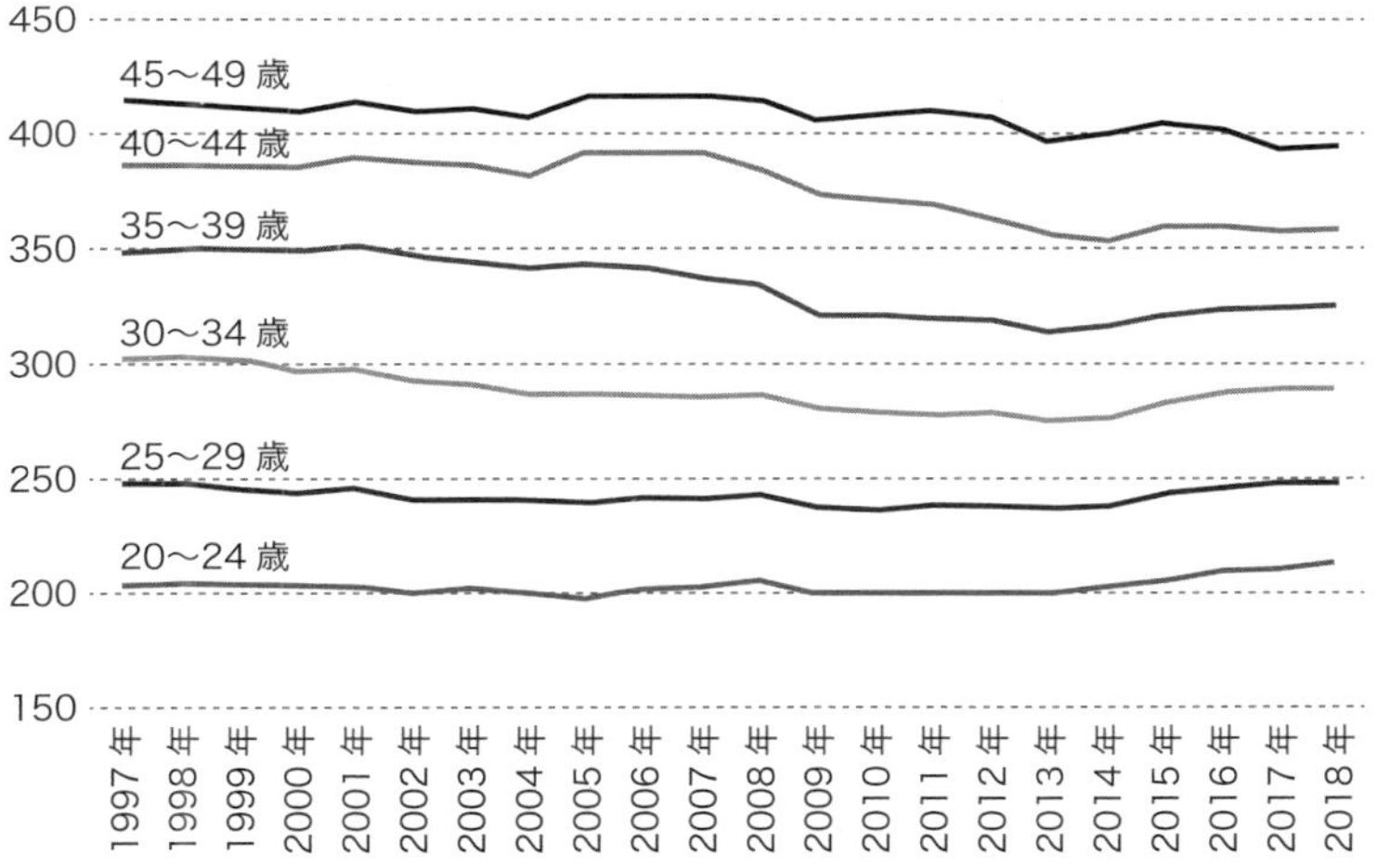

男性の年齢別賃金の推移（単位は千円、出典：「賃金構造基本統計調査」）

た。ミルフィーユのような層ができていて、年を重ねるにつれて賃金は増えています。つまり給料が増えないとはいっても、実際は増えている人が大半のはずです。

では、なぜ「増えない」と感じるのかを考えてみると、本来もらえるはずだった給料が何らかの理由で想定を下回ってしまったか、あるいは物価上昇が原因で相対的に給料を少なく感じてしまったかのいずれかだと思われます。

しかし、バブル崩壊後の大半の期間はデフレでしたし、かつ人間は「貨幣錯覚」といって実質値ではなく名目値で物事を判断する傾向があります。よほどのインフレでもない限り、実質値に換算して「増えない」と感じる可能性は限りなく低いのです。それよりも、大半の人は「景気がいいと政府が言うほどもらえていない＝増えない」と思っているはずです。

それどころか、グラフからも分かる通り、30代後半〜40代前半の07年ごろからの賃金の落ち込みは大きく、07年と7年後の14年とを比較すると、30代後半は2・1万円、40代前半は3・7万円も減っています。ちょうど団塊ジュニア世代が該当しますね。

団塊ジュニア世代からすれば、「前の世代の人たちのように賃金が増えない＝賃金が上昇しない」と感じるのも無理はありません。

全体の数字だけを見ても実態は分からない

続いて、男性の25歳〜29歳における産業別賃金の違いを出してみました。次ページのグラフのように推移しています。

8業種に限って言えば、下は製造業の23万円台から、上は金融・保険業の28万円台まで、幅は広いです。では年齢層を高めて、45歳〜49歳を見てみましょう。

下は変わらず製造業で38万円台から、上も変わらず金融・保険業の60万円台までとなり、さらに幅は広くなりました。ちなみに全般に20代後半の層に比べ、40代後半の層の方が、下がり気味です。業種別には医療、福祉の下がり方が大きいです。

賃金が増えた、横ばいだったという変化を知りたいのであれば、年代や産業を特定した上で、「建設業の20代後半の賃金は11年あたりを底に約2万円増えています」「医療、福祉の40代後半の賃金は04年をピークに約13万円減っています」などと推移を見た方が実態をよく理解できそうです。

全体だけを眺めていると、各層別の違いは埋もれてしまいます。

海外諸国についても、どの産業の所得が多いか、どの産業に就労者が集中しているかで、全体の傾向は大

▼産業別に見た賃金の推移（男性 20 代後半）

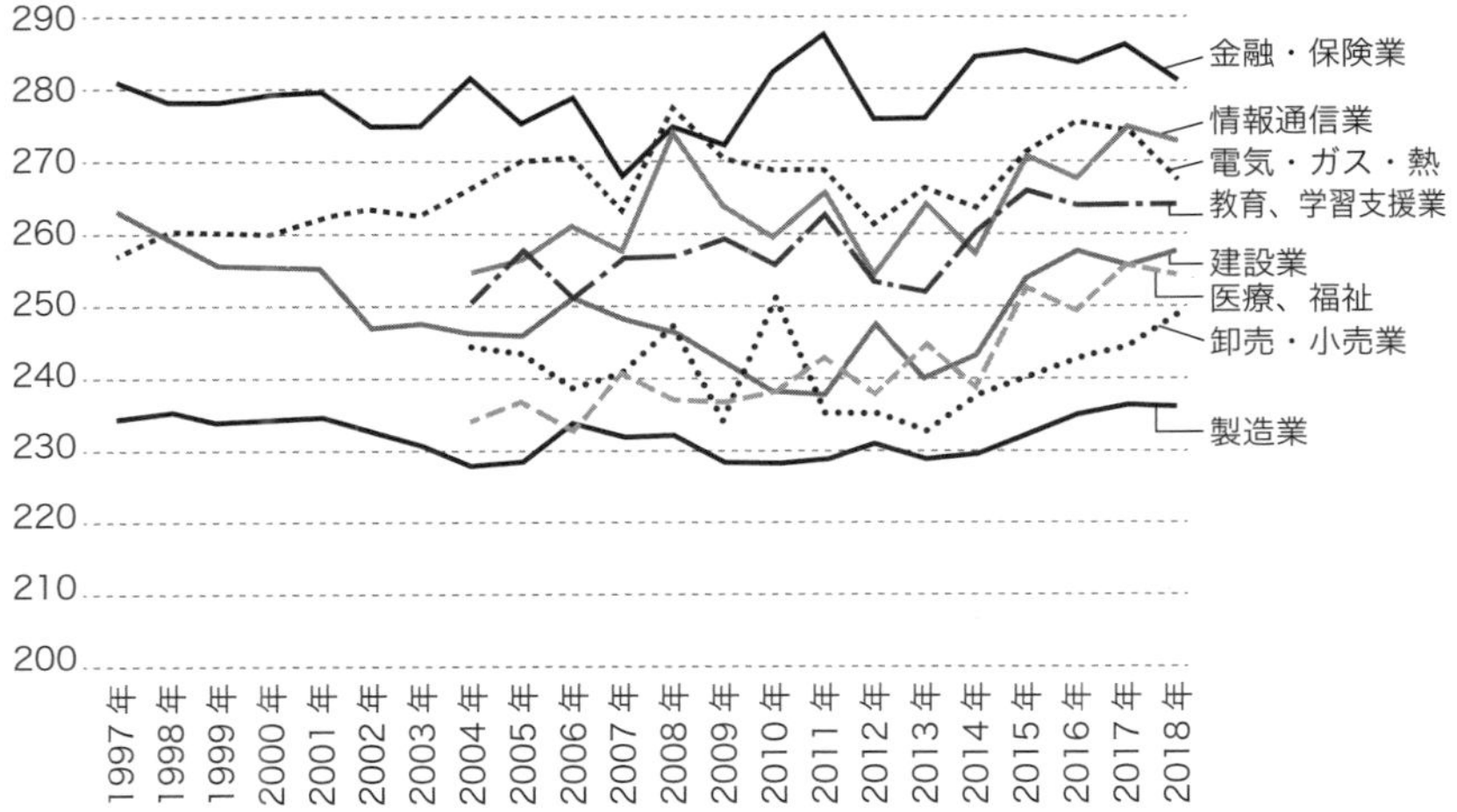

8 業種に限って言えば、下は製造業の 23 万円台から、上は金融・保険業の 28 万円台まで、幅は広いです。では年齢層を高めて、45 歳～ 49 歳を見てみましょう。

単位：千円、出典；「賃金構造基本統計調査」

▼産業別に見た賃金の推移（男性 40 代後半）

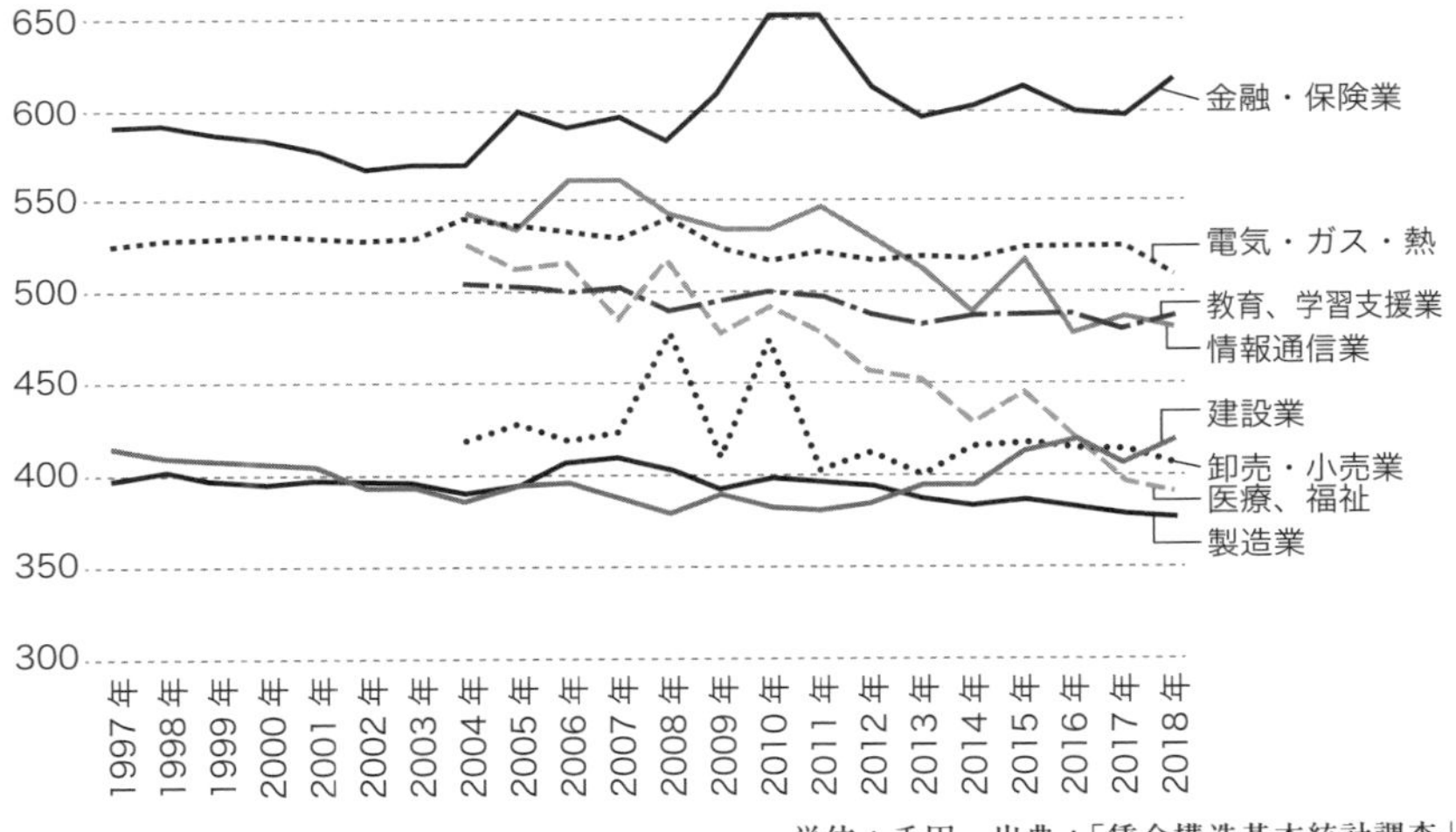

単位：千円、出典：「賃金構造基本統計調査」

きく変わるでしょう。とすると、年代固定・産業特定で賃金の増減を見た方が、本当はよいのかもしれません。全体の賃金上昇率がプラスでも、年代別、業種別に見れば、全ての層で賃金が上がっているとはいえないのです。

負の連鎖を断ち切れるのか？

第14講の「不思議な動きをするエンゲル係数」で紹介しますが、世帯の消費支出は、この20年でそんなに増えていません。収入の上位・中位・下位それぞれ20％層の消費支出は次ページのグラフのように推移しており、ようやくこの1年で中間層以上は上向き始めたと分かるくらいです。

所得が上がらず一定だと、次ページの図のような地獄のスパイラルが発生する可能性があります。仮説を裏付ける種々のデータが取れているわけでなく、因果関係の立証には至っていないのですが、実態はこうではないかと考えています。

人手不足とは言いますが、本当に人手が足りていないなら給料を上げてでも人を募集するでしょう。ある年代を時系列で見て、多くの職種で給料が横ばいなのは、給料を上げたくても上げられない↓値上げすると消費者が離れてしまう↓値上げできないので、消費者の給料も増えない、という負の連鎖が続いているからではないでしょうか。

だとすると、どの鎖を断ち切ればよいのでしょうか。費用に上乗せできないけど給料を上げる？　それとも費用を価格に転嫁する？　いずれも企業側が恐れてなかなか取れない実行策です。

▼ほぼ横ばいを続ける消費支出

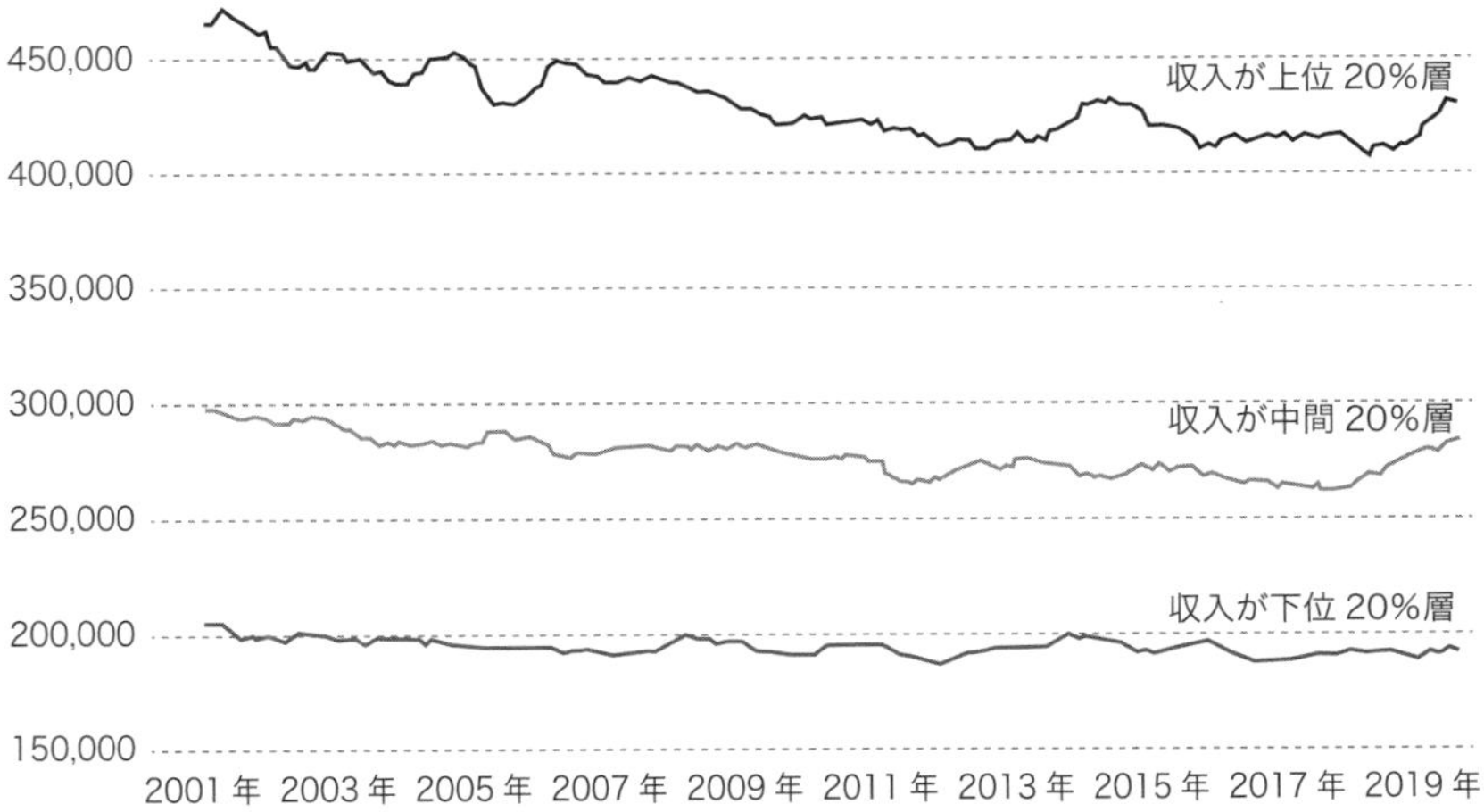

「家計調査」を基に、12 カ月移動平均法を用いて月次データを筆者が加工

▼日本が陥っている負のスパイラル

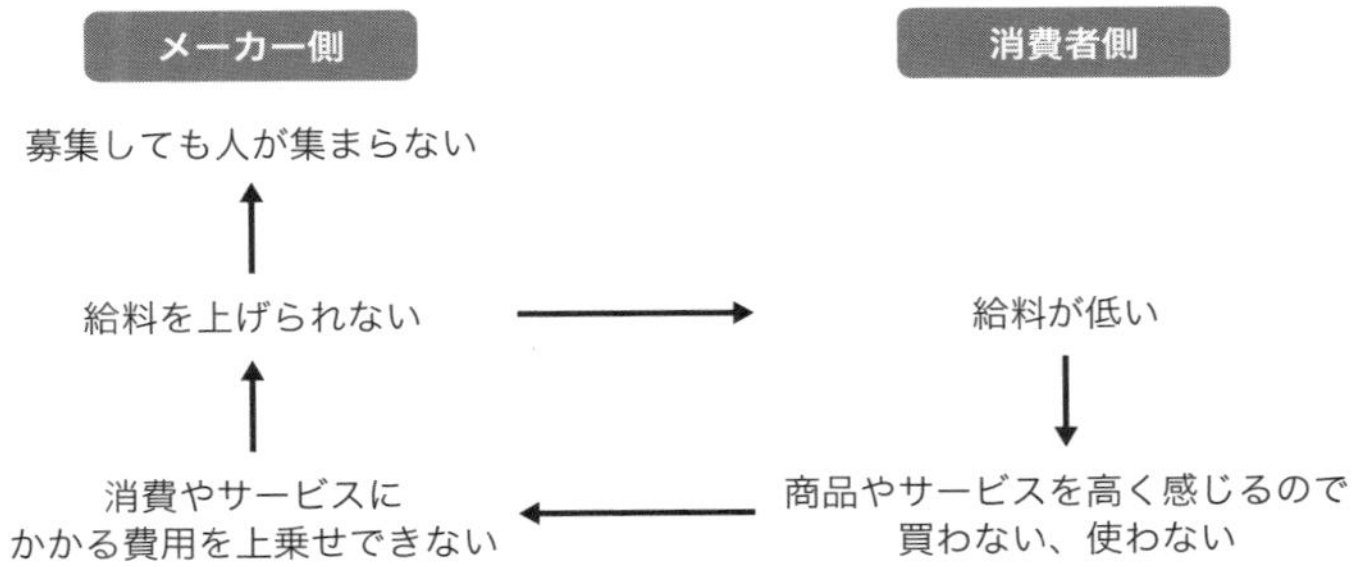

私たちは今、本当の泥沼に全身が浸かっているのかもしれません。

（初出　２０２０年3月11日　原稿の時制や数値、肩書は原稿執筆時のものです）

第11講を振り返る

「賃金が上がらない」と一口に言っても、データを層別に見ると景色は違って見えました。しかし、筆者の力不足でもありますが、なぜ上がらないのかは謎のままです。

もしかしたら因果が複雑に絡み合い過ぎて、簡単に解きほぐせないのかもしれません。モグラ叩きみたいなもので、1つ2つの政策を実現するだけではダメなのかもしれません。実際、安倍政権では「官製春闘」で賃上げ要請が繰り返されましたが、効果は持続しませんでした。データを掘るほど分からなくなる……こうした体験を「データの海に溺れる」と評します。

第3章

公的統計がはらむ問題と危機

なぜ、公的統計は正確でなければならないのか。

理由はシンプルで、国の姿を映し出す鏡だからです。公的統計で把握できた数字から、国がどういう状況にあるかを把握します。もし公的統計が歪んでいたり、間違っていたり、「鏡」の役割をしていなかったら、多くの人は「誤ったデータ」を基にして判断を下すでしょう。

しかし、本来間違いがあってはいけない公的統計が、いくつかの問題を抱えていて、かつそれがあまり知られていません。矛盾するようなことを言いますが、本来なら問題があること自体があってはいけないことなので、余計に知られていないのかもしれません。

公的統計によって実態に光を当てなければならないのに、それに苦戦しているのが現実です。また、データの抽出方法を少し変えたせいで、連続性に不整合が発生しているケースもあります。そうしたことが起きる背景として、スペシャリストの育成ができていない↓案件を内部で手掛けられない↓外部に委託する↓組織内部にノウハウが蓄積されず、スペシャリストが育たない、という地獄の無限ループが起きているように見えます。要は「金がかかる」のに、「金をかけられていない」のです。

その代償が一気に噴出したのが、厚生労働省「毎月勤労統計」に代表される統計不正です。結果的に、不正が明るみに出たのでよかったのですが、本当に偶然、たまたま発覚したに過ぎません。もしかすると、このまま何年、何十年と数字が狂い続けた可能性は大いにあるのです。

今すぐに困る人は少ないかもしれません。それでも、5年後、10年後に重要な役職を占めるであろう政治家や官僚にとっては重要な問題です。蓄積された「誤ったデータ」では、適切な判断を下せないからです。その意味において、公的統計の危機とはシロアリのようなもので、今のうちに駆除しておかないと後悔することになります。

第12講

今、統計の現場で起きている危険なこと

この講のポイントは、統計不正への正しい理解です。「毎月勤労統計」などの統計不正を、国家的な隠蔽と捉えていると物事を見誤ります。全体を俯瞰し、どういうミスが起きたのかを考えれば、実際には統計軽視から来る「制度疲労」「人材不足」が原因だと分かります。長い年月をかけて蓄積された膿と錆で、公的統計はもはや限界に達しつつあります。

２０１９年末から話題に上っていた、「毎月勤労統計」などの統計不正問題。一時は国会をも揺るがす大問題になりましたが、いつの間にか「過去の事件」として忘れられていないでしょうか。

しかし、そうではありません。全省庁が血眼になって不正を探し、見つけてもなお、後から不正が発覚しているように、統計不正は今なお現在進行形の「事件」なのです。

統計不正は現在進行形の「事件」

19年8月16日、民間企業の賃金や労働時間を把握する「毎月勤労統計」において、大阪府の調査員が実態とは異なる虚偽の数字を報告（14年以降、６４２回の虚偽報告）していたことが明るみに出ました。

▼「毎月勤労統計」の不正発覚後の主な統計不正

2018年 12月	「毎月勤労統計」の不正発覚
2019年　1月	総務省、基幹統計56のうち22統計で不適切な手続きミスと発表
1月	「薬事工業生産動態統計」に誤りがあることが判明
1月	総務省と厚生労働省、「賃金構造基本統計」の統計不正を発表
2月	「小売物価統計」、大阪府での価格調査の不正が発覚
3月	「商業動態統計調査」で虚偽報告が判明
3月	厚生労働省、「人口動態調査」に報告漏れがあったと発表
5月	総務省統計委員会、政府の288統計のうち178統計に問題と発表
5月	「毎月勤労統計」でデータ取り違えがあり、確報値の公表を延期
8月	「毎月勤労統計」で不適切な調査が行われていたことが判明
8月	「最低賃金に関する基礎調査」で担当者が調査票を水増し

時を経ずして８月26日、今度は「最低賃金に関する基礎調査」において、大阪労働局が調査票を水増し（14年〜18年の５年間で１５２７件の調査票自体をねつ造）していたことが分かりました。

探ればまだまだ出るでしょう。果たして、この「底なし沼」状態の現状を改善する方法はあるでしょうか。今回は、03年〜18年まで日本銀行で「全国企業短期経済観測調査」（短観）や「マネーストック統計」などの作成に携わってこられたエコノミストの鈴木卓実さんに、統計の現場で何が起きているのかを取材しました。

統計制度の複雑骨折、４つの課題

鈴木さんは以前から「統計制度が複雑骨折している。全治10年はかかる」と指摘されています。具体的には「チェック機能の崩壊」「統計調査の外部委託」「ヤミ統計の横行」「制度の疲労」の４点を指摘します。

「18年末に明るみに出た毎月勤労統計の事件では不正がないかチェックしたのに、19年８月に同じ統計で再び不正が発覚しました。いったい、どういうチェックをしたのでしょう？　それを指摘

▼ JUDGIT! のホームページ

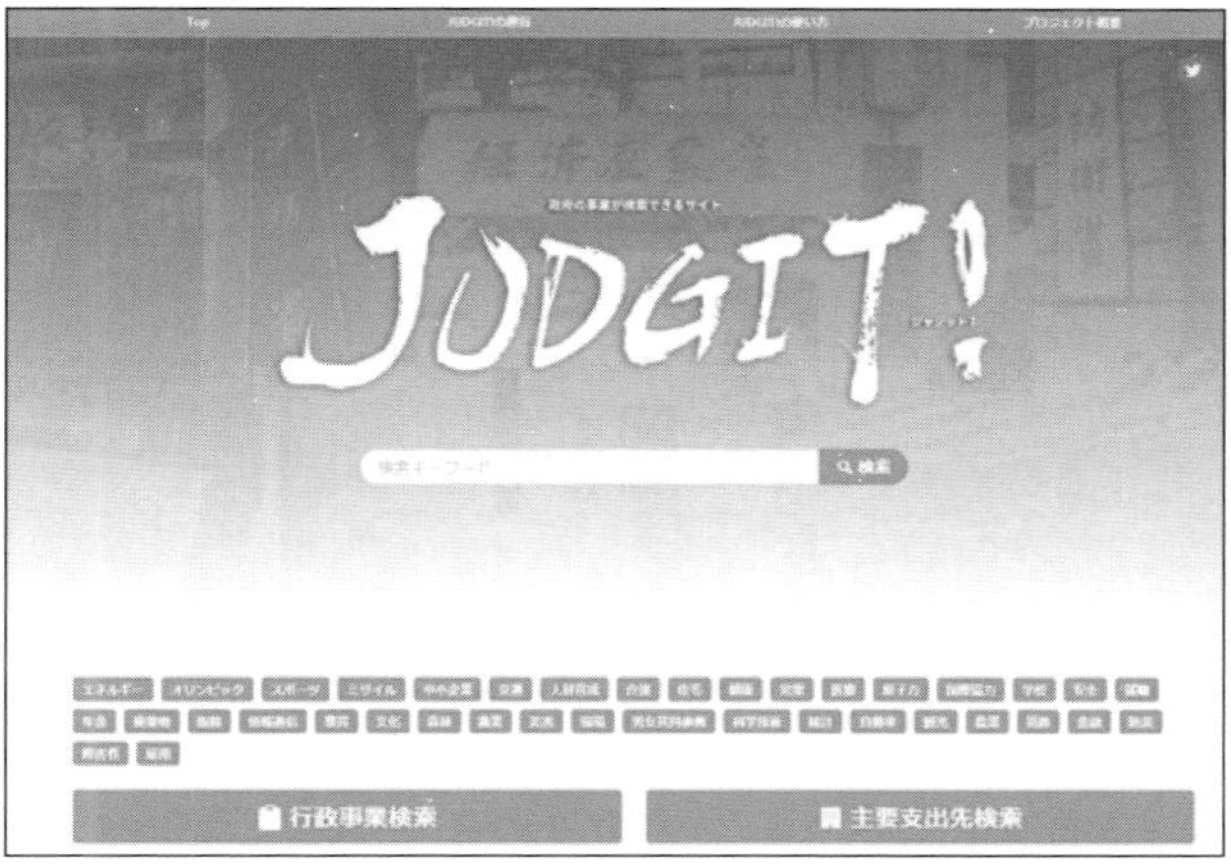

構想日本の「政府の事業が検索できるサイト　JUDGIT!」。主要支出先検索で「リサーチ」をキーワードにして検索すると、企業名がリストアップされる

する報道もなく、政治家もいないのは、おかしいですよね」(鈴木さん)

何をチェックするか、大きく2つの観点があると考えます。

1つは数字の誤記入。19年1月には、国土交通省の「建設工事統計」で「百万円」と「万円」の書き間違いがスルーされ、兆円単位で誤差が生じています。厚生労働省の「薬事工業生産動態統計」でもコンドームの生産数量が約15倍多く誤計上されました。このチェックは、現場で対応できます。

もう1つは数字の不正。8月に発覚した「最低賃金に関する基礎調査」の不正は、似たような数字を並べたり、他の調査票をコピーしたりして、現場の人間が勝手に数字を操作していました。このチェックは、現場を監督する中央官庁にしかできません。

「多くの統計調査は地方に委託していて、回収されたデータは間違いないという善意の下で統計制度が成り立っています。単なる誤記入も、回収するタイミングで統計調査員や中央官庁の担当者が指摘できればよいのですが、足腰が弱まっていてちょっと難しい。現場も中央官庁も統計にそこまでの理解もなければ、理解するための時間もない」(鈴木さん)

足腰が弱まっている理由として、鈴木さんは統計調査の外部委託の多さを指摘します。通常、省庁が統計調査をする場合は総務省に届け出をします。しかし審査に時間がかかるため、逃げ道として「調査の外部委託」が選ばれています。この場合、調査実施者が民間企業になるので、法律上は審査を受けなくても問題ないのです。

ちなみに政府の事業支出が検索できるサイトがあります。政策シンクタンクの「構想日本」による「政府の事業が検索できるサイトＪＵＤＧＩＴ！」です。ここで「リサーチ」と付く主要支出先を検索すると様々な企業名がヒットします。そのほとんどは調査の外部委託先です。

外部委託ばかりで調査設計能力が落ち、基幹統計・一般統計の集計ミス、作業ミスにも気付かなくなったというのが鈴木さんの見解です。

さらに厄介なのは「ヤミ統計」です。総務省の「統計法について」から抜粋します。

> 統計調査は、統計の作成を目的として、個人または法人その他の団体に対し事実の報告を求めるものです。国の行政機関が行う統計調査は、「基幹統計」を作成するために行われる「基幹統計調査」と、それ以外の「一般統計調査」とに分けられます。なお、統計調査には、意見・意識など、事実に該当しない項目を調査する世論調査などは含まれません。

外部委託せず、自分たちで統計調査をすると統計法に引っかかります。統計法の対象となると、「あらかじめ総務大臣の審査・承認を受ける必要」があります。時間もかかり、統計局にあれこれ言われるようです。急いで作成する必要があるなら外部委託した方が格段に早い。これが外部統計が増える理由の1つになっています。

一方、前述の文面にあるように、意見・意識という名目の〝アンケート〟なら統計法の範囲外になります。この法の隙間を突いたのが「ヤミ統計」です。

18年の働き方改革法案の審議で、裁量労働制の労働者と一般の労働者の労働時間を安倍首相が引用し、その後、データ不備が発覚した「平成25年度労働時間等総合実態調査結果」ですが、もともとが「ヤミ統計」だったから起こったのではないか、と鈴木さんや私は考えています。

その他にも、農林水産省大臣官房統計部が発表した「有機農業を含む環境に配慮した農産物に関する意識・意向調査」や、内閣府が発表した「東京在住者の今後の移住に関する意向調査」は外部委託先の記載がないので、「ヤミ統計」ではないかと思われます。

しかし、農林水産省や内閣府に聞けば恐らく「これは統計ではなく単なる世論調査だ」と言い切るでしょう。世論調査と言い切れば統計法の範囲外なのです。

ちなみに1999年3月に、経団連から「わが国官庁統計の課題と今後の進むべき方向」と題した提言が発表されましたが、その中にも「報告者負担の軽減のために」の項目にヤミ統計が登場します。ここ10年で登場した話ではなく、20年、それよりもっと前からある根深い問題だと鈴木さんは指摘します。

「現場では統計法をギチギチに守るのはやってられないと、ヤミ統計に逃げるのですが、それは役所の論理です。もう、やり方を変えないといけない」(鈴木さん)

「制度疲労」を見て見ぬふり

考えてみれば、この2年間は「役所のデータがおかしい」と皆が気付き、かつ問題の根本原因を改めるチャンスでもありました。しかし、あらゆる問題が「集計のミス」「個人のミス」と矮小化《わいしょう》されてしまい、その結果、小さな問題が波状攻撃のように発覚していると思っている人も多いかもしれません。

しかし、それらのミスは「人材不足」に集約されると鈴木さんは主張します。

「統計部署は国会折衝があまりなく、閑職扱いというか、心身を休ませるためのポストと位置付けている役所が多いのです。それもあってか、公務員改革のたびに思いっきり人が減らされてきました。予算はあるけど内部に人がいないから、外部委託ばかりしています。とにかく現場が弱くなってしまった」（鈴木さん）

その結果、集計ミスが続発してしまいます。さらに、数字のチェックもされないならごまかしたってよいとするマインドの低下も招いたと鈴木さんは考えます。

だったら人を増やせばよいと考えますが、このご時世に「公務員増員」は反発を招くでしょう。それに「人が増えたら全て解決します」というのは悪魔的発想です。

鈴木さんは「GDP（国内総生産）基準年変更や国勢調査など大規模調査を経験して、こうやるのかと覚えないと無理。だから人材の育成には5年はかかる」と言います。

そんな中、統計に起きている大問題が「制度疲労」です。タワーマンションのような防犯設備の整った環境を持つ住宅が増え、家計調査などの依頼すら難しくなってきています。それ以外にも、単身世帯の増加、

▼「家計調査」統計を作るためのハードル

精緻な記入の難しさ（誤記入の発生可能性）
単身世帯の増加（社会構造の大きな変化）
協力世帯の減少（家計簿以上にめんどくさい作業）
オンライン移行の困難さ（デジタルへの世代別の対応、回答率の違い）

統計の制度疲労がもたらすハードルを「家計調査」を例に挙げてみた。「家計調査」は6カ月間（単身世帯は3カ月間）、毎日のすべての収入と支出を家計簿に記入する。家計調査に関するQ&A（回答）より。2002年からは貯蓄・負債も調査されている（※「家計調査」は一部オンライン化が始まっています）

高齢化など、日本を取り巻く環境は大きく変化しています。それに対応した統計や統計手法を考えなくてはいけないのです。

誰が将来の統計の在り方を考えるのか

デジタル化を含め、より精度の高い統計を作るための議論が必要ですが、そこで問題になるのが「人材不足」です。「ビッグ・ピクチャーを描ける人がいない」と鈴木さんは主張します。

「統計はいろいろ言われていますが、毎月勤労統計問題を除けば、意図的な悪事はなく、むしろ意図的な不作為（統計制度を変えないといけないのに変えなかった、現場でデータの不正が起きやすいような体制なのに改めなかったということです）が多いんです。多くの人がアベノミクスが統計偽装をもたらしたと考えているかもしれませんが、それは誤解です。回答率すら下がり続ける統計をどう変えるのか。20年以降の統計の絵図を誰が描けるのか。そういう話を本来はしなくちゃいけない」（鈴木さん）

筆者も鈴木さんの意見には同感で、安倍首相が退陣すれば統計問題が解決するかといえば、そうではないでしょう。そんなこじつけより、統計の「現場」を立て直す施策を一緒に考えられないのでしょうか。

しかし、鈴木さんは「若手の政治家に頼るしかない」と諦め気味です。

「中堅・ベテランは統計の数字が変でも、今すぐ影響を受けないんです。でも確実に未来をむしばむ。だから若手政治家に、あなたたちが大臣や総理に就任する頃、手元の数字がでたらめだったら困るでしょう。そう言うしかない」（鈴木さん）

統計は英語で「statistics」と書き、国家（state）や状態（status）と同じ語源のラテン語に由来しています。国家の状況を表す言葉として使われるのが統計なのです。統計は今の日本を表現できているのか？　私は関係者に、そう問いたいと思います。

（初出　２０１９年９月25日　原稿の時制や数値、肩書は原稿執筆時のものです）

第12講を振り返る

「統計不正」が報道に取り上げられる機会もかなり減りました。注目度が下がったということは、熱心な政治家以外は話題に取り上げる機会が減っているということです。このまま統計業務に携わっている「個人が注意する」「個人が頑張る」で済ませてよいのでしょうか？

文中に「若手の政治家に頼るしかない」と記載しましたが、国会の議事録を検索する限りは「俺がなんとかしてやろう」と気概を持った政治家は１人もいないようです。あなた方が大臣になった時、判断を助けてくれる数字が狂っていても知りませんよ、と改めて記載しておきます。

第13講

中高年のひきこもり61万人の衝撃。誰がどう救う?

この講のポイントは、一つには時代の変化に合った統計調査の必要性。そして、推測統計学の1つである標本抽出に対する正しい理解です。たった数百人にしか聞いていなかったとしても、聞き方さえ間違えていなければ正確に〝全体〟を類推できます。選挙の投開票や視聴率測定など、標本抽出は様々な場面で応用されています。知っていて当たり前の〝知識〟だと思ってよいでしょう。

長期化する中高年のひきこもり、通称「8050問題」(80代の親がひきこもり状態にある50代の子の面倒を見ている問題)に注目が集まっています。2018年1月には札幌で、82歳の母親と自宅にひきこもる52歳の娘が遺体で発見されました。死因は寒さと栄養失調による衰弱死でした。

そんな中で、19年3月に内閣府から発表された「生活状況に関する調査(平成30年度)」において、40歳から64歳までの中高年層のひきこもりが全国で61・3万人いると推定され、大きな話題をよびました。

報告書によると、「全国の市区町村に居住する満40歳から満64歳の人たち4235万人」から層化二段無作為抽出法によって選ばれた5000人のうち、回答を回収できた3248人中47人(約1・45%)が、この調査におけるひきこもりの定義に該当すると分かりました。

約1・45%に4235万人を掛けると61・3万人になります。100人の中高年がいれば1人はひきこもり、という衝撃的な結果です。

ちなみに、この調査で定義するひきこもりは「自室からほとんど出ない」「自室からは出るが、家からは出ない」「（ふだんは家にいるが）近所のコンビニなどには出かける」という〝狭義のひきこもり〟に加えて「（ふだんは家にいるが）自分の趣味に関する用事のときだけ外出する」という〝広義のひきこもり〟も含みます。ただし「現在、なんらかの仕事をしている」「身体的な病気がキッカケで現在の状態になった」「専業主婦・主夫だけど、最近６カ月間に家族以外とよく会話した・ときどき会話した」などの人たちは除かれます。

過去2回行われた、ひきこもりに関する調査（平成21年度の若者の意識に関する調査、平成27年度の若者の生活に関する調査）は、15歳から39歳までを対象にしており、これまで中高年層のひきこもりの実態は謎のままでした。過去2回の調査を読むと30代の「ひきこもりの長期化」が顕著に表れており、実態解明は急務だったと言えるでしょう。

しかし、この調査に対して「３０００人に聞いただけで中高年のひきこもりが60万人なんて拡大解釈過ぎる」「たった1％なんて誤差みたいなものでいい加減」という意見もあるようです。果たしてそうなのでしょうか？

標本調査をちゃんと知ろう

確かに、日本中全ての住居に対して調査すれば、正確なひきこもりの実態が分かります。こうした方法を

▼標本数などによって標本誤差の幅は変わる

n ＼ 各回答の比率	10%（または90%）	20%（または80%）	30%（または70%）	40%（または60%）	50%
3,000	±1.1	±1.4	±1.6	±1.8	±1.8
2,000	±1.3	±1.8	±2.0	±2.1	±2.2
1,000	±1.9	±2.5	±2.8	±3.0	±3.1
100	±5.9	±7.8	±9.0	±9.6	±9.8
50	±8.3	±11.1	±12.7	±13.6	±13.9

出典：内閣府「生活状況に関する調査」(平成30年度)より作成

「全数調査」と言います。5年に1回行われる国勢調査や経済構造統計（経済センサス）が該当します。

全数調査は間違いなく正確ではあるのですが、大変な手間と膨大な予算がかかります。ちなみに10年に行われた国勢調査の費用は約694億円でした。そこで、全体から一部の人を抽出する「標本調査」という方法が選ばれます。今回の「生活状況に関する調査（平成30年度）」も4235万人から5000人を抽出している標本調査です。

標本調査は、全数調査のデメリットである「手間と費用」を軽くしてくれる代わりに、メリットである「正確さ」の精度が落ちます。全数調査を行えば得られたはずの結果に対し、標本調査で得られた結果との差分は間違いなく発生します。その差を「標本誤差」といいます。標本誤差の幅は、上の表で示したように抽出した人数（表中の「n」）が大きいほど狭まります。

上の表は、標本数によって95％の確率で生じる標本誤差の幅を示したものです。これを見れば分かるように、n＝3000人に聞いた場合、ある質問に対してAと答えた割合が10％なら、全数調査をすれば得られたはずの結果に対して95％の確率でプラス・マイナス1・1％の誤差が生じるのです。

計算式は単純です。1.96×√｛p×（1－p）÷n｝で求まります（1・96は定数）。今回は3248人に聞いてひきこもりの比率が1・45％なのですから、1.96×√（0.0145×（1－0.0145）÷3248）でプラス・マイナス０・４１％の誤差が生じます。

つまり、４２３５万人のうち約1・４５％（プラス・マイナス０・４１％）が広義のひきこもりなら、実態の数は44・０万～78・８万人程度だと考えられます。

ただし、標本誤差は「全数に聞いたのと同じぐらい、抽出した標本に特徴がよく表れている」という前提条件があります。例えば、渋谷の街角で20代１００人に意見を聞いたからといって、それが20代全員を代表する意見とは限りません。そこで全数から標本を抽出するには、最初に紹介した「層化2段無作為抽出法」をはじめとする様々な手段が用いられます。

全数と標本の話は、よく味噌汁に例えられます。味噌汁の味を確認するのに、全てを飲むのは現実的ではありません。だから、おたまで少しだけすくって味見をします。これが標本調査です。ただし、全体をよくかき混ぜないと、すくう場所で味が変わってしまいますよね？「よくかき混ぜる」ことが前提条件です。

標本調査についてもっと詳しく知りたいと思った方は、総務省統計局「統計学習の指導のために（先生向け）」の標本調査に関するウェブページをご覧ください。

内閣府は何もするつもりがない？　それとも……

ようやく明らかになった中高年のひきこもりに対して、内閣府はどのような対策を取ろうとしているのでしょうか？　それは、調査目的を読めば分かります。一部を引用します。

（略）40歳以上でひきこもり状態にある者の状況等について把握することで、子供・若者がひきこもり状態となることを防ぐために必要な施策や、ひきこもりの長期化を防ぐための適切な支援を検討するための基礎データを得ることを目的とする。

私自身、この一文を読んでハッとしました。目的は「子供・若者のため」であり、40歳以上のひきこもり状態にある人たちの支援のためではないのです。

そもそも、中高年層のひきこもりの実態を調べる法律や根拠はないのです。以前から行われている「ひきこもり支援推進事業」は、法的なよりどころを「子ども・若者育成支援推進法」に求めています。過去２回のひきこもりに関する調査も、この推進法第17条によるものです。

ひきこもりを支援するために全国各地に設けられている「ひきこもり地域支援センター」も、年齢制限が課せられている例が少なくありません。例えば東京都では、訪問相談の対象を「義務教育終了後の15歳からおおむね34歳まで」と区切っていました。19年の6月になってようやく、東京都も「義務教育終了後の15歳以上」に変更され、35歳以上でも利用できるようになりました。

「ひきこもり支援推進事業」によると、中高年層のひきこもり対策は生活困窮者自立支援制度が該当するようです。19年6月には、厚生労働省から各地方自治体の生活困窮者自立支援制度主管部（局）長宛に「ひきこもりの状態にある方やその家族から相談があった際」の対応に関する通知が出ています。要は「関係各位と連携してちゃんとケアしてね」ということらしいです。

しかし、生活困窮者自立支援の目的はあくまで「自立の支援」、つまり「就労」です。しかし、先ほど紹

▼ひきこもりの状態になったきっかけ

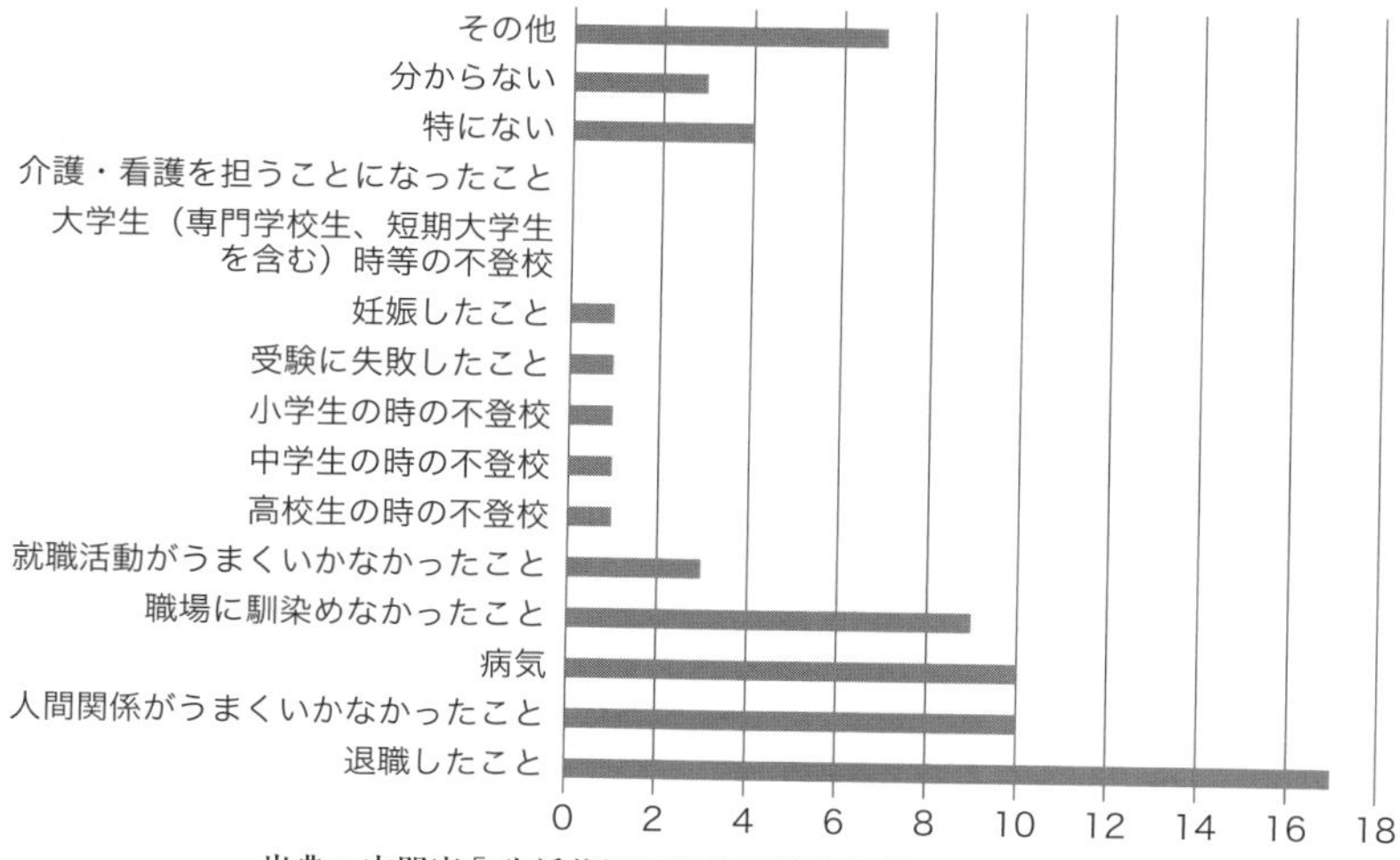

出典：内閣府「 生活状況に関する調査(平成 30 年度)」(単位：人、複数回答)

介した〝広義のひきこもり〟の方たちの「ひきこもりの状態になったきっかけ」は、その大半が「仕事」なのです。様々なつらい経験を乗り越えて再び就労するとなると、1年以上の時間軸で考えねばならないでしょう。それに、ひきこもりの方々の支援に必要なのは「就労」でしょうか？　まずは、社会との接点を回復し、健やかな日常を通じて、社会を担う一員になることが必要ではないでしょうか。なんでもかんでも「就労」に落とし込んでしまうのがいいこととは思えません。

生活困窮者自立支援という名目の場合、他にも気になる点があります。法律によると「生活困窮者」とは経済的に困窮し、最低限度の生活を維持することができなくなるおそれのある者を指します。しかし、〝広義のひきこもり〟の方たちが暮らし向きをどう思っているかをみると、全員が全員、困窮しているとは言えないのです。困窮していなければ、支援を受けられないということにならないでしょうか？　あるいは困窮していないのに支援を受けていると、周囲から批判にさらされないで

▼“広義のひきこもりの”人たちは家の暮らし向きをどう思っているか

本人票 Q6　あなたの家の暮らし向き（衣・食・住・レジャーなどの物質的な生活水準）は、世間一般と比べてみて、上の上から下の下までのどれにあたると思われますか。あなたの実感でお答えください。（○はひとつだけ）

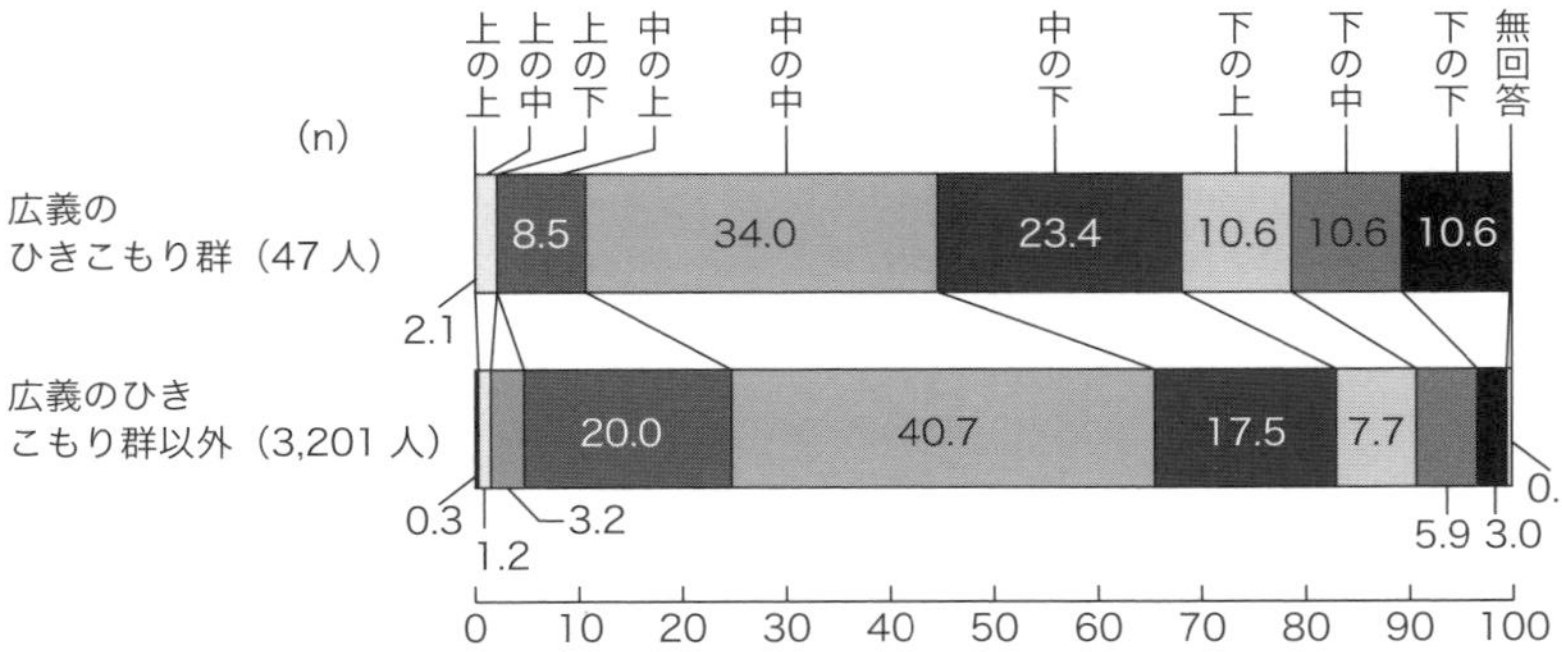

出典：内閣府「生活状況に関する調査（平成 30 年度）」

しょうか？

これは仮説に過ぎませんが、生活困窮者自立支援という名目で対策を講じても、中高年層のひきこもりを支援するには限界が生じるため、「まずはどれくらいの人数がいるかを明らかにしよう」と考えたのかもしれません。そこで、行政を含む関係各位が知恵を絞り、「子供・若者のため」という建前で40歳以上のひきこもり状態の可視化に挑んだのではないか、と私は考えています。

だとしたら、本来なら政治家がこのボールを拾って「中高年層のひきこもり支援のために包括的な法整備をしよう」と号令をかけるべきです。しかし、今どなたが、どの政党がこの問題に興味をもたれているのでしょうか。

8050問題に20年後はない

ものすごく当たり前ですが、現時点で、8050問題に直面しているほとんどの親と子には20年後はありません。大半の親が亡くなる可能性が高いからです。普通に考えれ

▼“広義のひきこもり”の人たちの家の生計を主に立てているのは父親か母親

本人票 Q5　あなたの家の生計を立てているものは、主にどなたですか。生計を立てている方が複数いる場合は、もっとも多く家計を負担している人をお答えください。また、主に仕送りで生計を立てている方は、その仕送りを主にしてくれている人をお答えください。（○はひとつだけ）

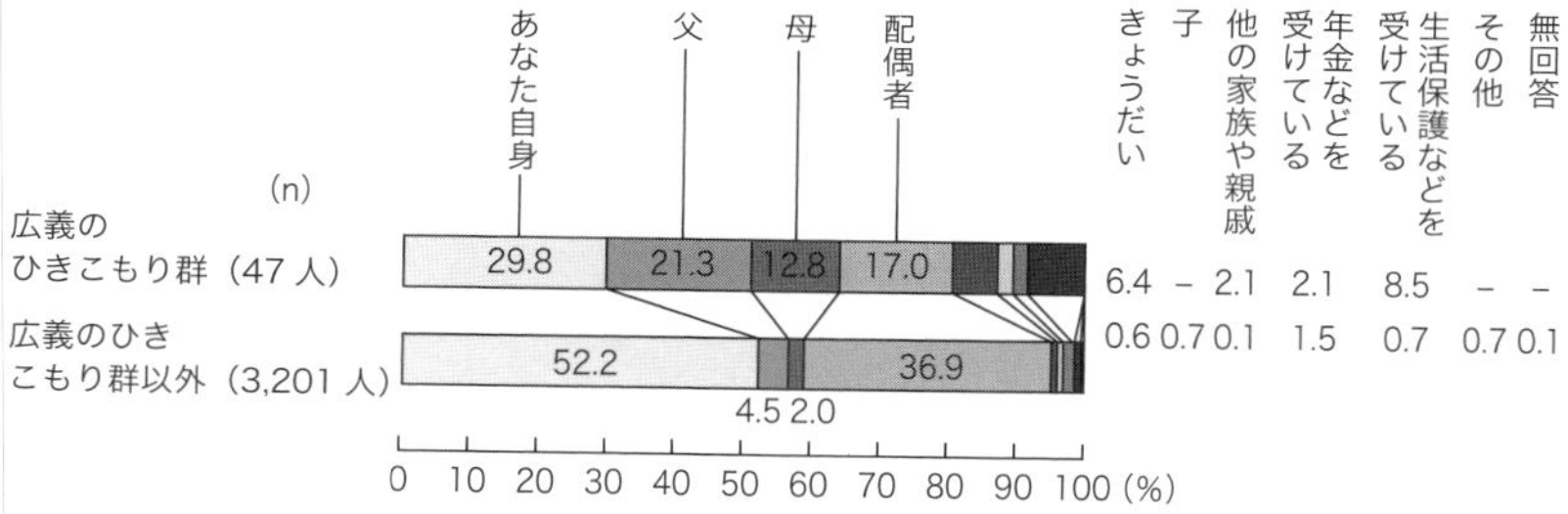

出典：内閣府「生活状況に関する調査（平成30年度）」

ば、１００歳の親が70歳の子どもの面倒を見続けることがそうそうあるとは思えません。しかし、戸籍上でならどうでしょうか。本来は死亡している90歳、１００歳の親が戸籍上は同居し70歳の子どもの面倒をみているということは起こりえます。親1人子1人の家庭で親が亡くなった場合、死亡届が出されない可能性があるからです。

先ほどの内閣府の「生活状況に関する調査（平成30年度）」によれば、〝広義のひきこもり〟の方たちのうち、「生計を立てているのは主に誰か」を調べたところ、約3分の1は父か母になっています。父母の持つ資金は年齢から考えれば「年金」か「貯金」でしょう。

親の死亡が明らかになれば生計の源が絶たれます。死亡届を出すメリットと、死亡届を出さないメリット、その両者をてんびんにかけたとき、後者が選ばれる可能性は否定できません。

10年に年金不正受給問題が発覚して以降、いわゆる「高齢者所在不明問題」には厚生労働省が中心となり対応に当たっています。調べてみると11年2月に「昨年夏に把握した所在不明高齢者事案に関するその後の状況」が発表されて以降、5回の調査結果が報告されています。しかし15年12月の「年金受給者の現況確認の結果と差止め等の状況について」を最後に、報告は止まっています。

果たして、こうした形でこの調査を止めてしまっていいのでしょうか？　15年以降も年金の不正受給事件は発生しています。18年4月には父の年金を止められたら生活できないことを理由に遺体を放置し、年金を詐取したとして板橋区に住む女性が逮捕されています。ちなみに15年の「年金受給者の現況確認の結果と差止め等の状況について」では、調査時に75歳以上の方で、市町村が健在と確認できなかった７２０７人を調べたところ、死亡が２３３人、行方不明が89人いたとしています。

20年代、８０５０問題の当事者が「死亡届を出したら生きていけない」という理由でやむにやまれず犯罪に手を染める可能性は大いにあります。しかもそれは年に5件、10件というレベルではないでしょう。19年3月の調査結果からすると月に40件、50件のペースで発生してもおかしくないのです。さらに、今後、中高年のひきこもりが増えていけばなおさらです。

厚生労働省では「地域共生社会に向けた包括的支援と多様な参加・協働の推進に関する検討会」と題した検討会において、複合的な課題に一元的に対応できる自治体窓口の創設など「断らない相談支援」の必要性を強調した中間報告がまとめられました。今後、財政支援も含めて検討されるようです。

あの家にはひきこもりがいるらしい。子どもさん、なかなか顔を見ないよね。そんな噂話の一つが、社会復帰を困難にすることもあるでしょう。そんな彼らに付き添い、盾になって守る行政、政治家、市民がいれば、８０５０問題はここまで深刻にならなかったのではないかとも考えています。

（初出　２０１９年12月4日　原稿の時制や数値、肩書は原稿執筆時のものです）

第13講を振り返る

「不作為」という概念があります。積極的な行為（＝作為）をしない、あるいは何もしないことを指します。例えば、人を助けなければならないのに、何の行動もしないことは「不作為」にあたります。したがって、長期化する中高年のひきこもりは行政と政治の「不作為」の結果とも言えるでしょう。２０１９年になるまで、全体像すら分かっていなかったのですから。

公的統計は社会を照らす機能を持ちますが、統計は、時代の変化に合わせて自動的に必要なところを照らしてくれるわけではありません。行政なり政治家が考え、決断しなければ何１つ動かないのです。

第14講

不思議な動きをするエンゲル係数 今後も生活水準の指標たり得るか

この講のポイントは、統計の作り方への正しい理解です。たった1回しか実施しない意識調査と違って、毎月毎年行われる統計調査は「継続性」が求められます。途中で調査方法や抽出対象が変わってしまうと、データの傾向も変わってしまい、継続性が失われます。もし、ものすごく地味で目立たない箇所を「作為」的に変えたら、どうなるでしょうか？　そんな危機が起きていないことを祈ります。

世帯の生活水準を示す指標の1つに「エンゲル係数」があります。

エンゲル係数とは、家計の消費支出（世帯を維持していくために必要な支出）に「飲食費」が占める割合を指します。ドイツの社会統計学者であるエルンスト・エンゲルが１８５７年に発表した論文が元となっています。

彼は、水や食料などの飲食費は人間が生きるうえで最も根源的な消費活動で、「極端な節約」は困難だと説きました。つまり、エンゲル係数が高い家計は食費以外に生活費を回す余裕がなく、生活水準が低いと理解できるというものです。１５６ページに示した図から、消費支出が少ないほど、飲食費が占める割合が高くなると考えられています。

ちなみに国単位の比較は意味がありません。なぜなら、その国の食事文化として外食が多いか、酒をよく飲むか、食材が安価かなどの複合要因が絡み合うからです。あくまで国内の時系列比較にとどめるべき指標です。

２０１４年から16年にかけて急上昇したエンゲル係数

さて、エンゲル係数は敗戦後、60％前後という高い数値から低下を続けました。日本の生活水準が高まっていく象徴として「エンゲル係数」はよく引き合いに出されたものです。そして、２００５年には最低の22・９％まで下がり、その後13年までの８年間で０・７％しか上がりませんでした。

しかし、そのあとの14〜16年の間の３年間で２・５％も上昇しました。16年のエンゲル係数は25・８％となり、１９８７年以来29年ぶりの高水準となったのです。日本経済新聞でも、「エンゲル係数29年ぶり高水準　共働き増・値上げ…」という記事を掲載しています。

この急上昇について、その理由を安倍首相は以下のように説明しました。

> 今回、エンゲル係数が上昇した背景としては、天候不順などの影響による生鮮食品の価格高騰などの物価上昇のほか、高齢者世帯や夫婦共働き世帯の増加を背景に、外食や総菜など調理食品への支出志向が高まっていることなどによるものと認識をしております。

▼収入が少ないと消費支出に占める飲食費の割合（エンゲル係数）は増える

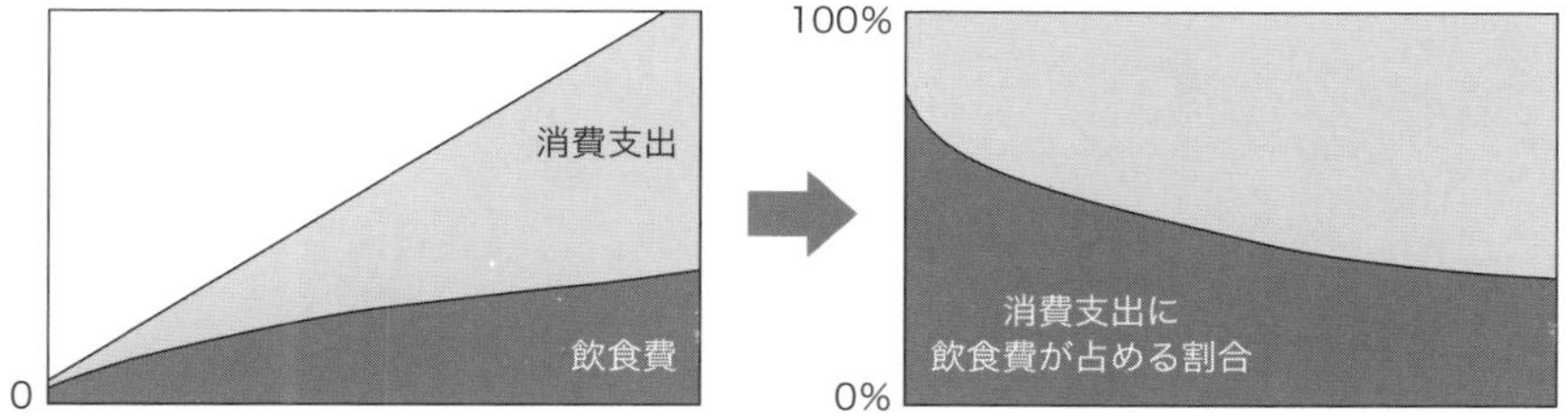

左が消費支出と飲食費（内訳）。一般に消費支出に飲食費が占める割合は消費支出が低いほど高くなると考えられている

▼エンゲル係数の変化（2人以上の世帯）

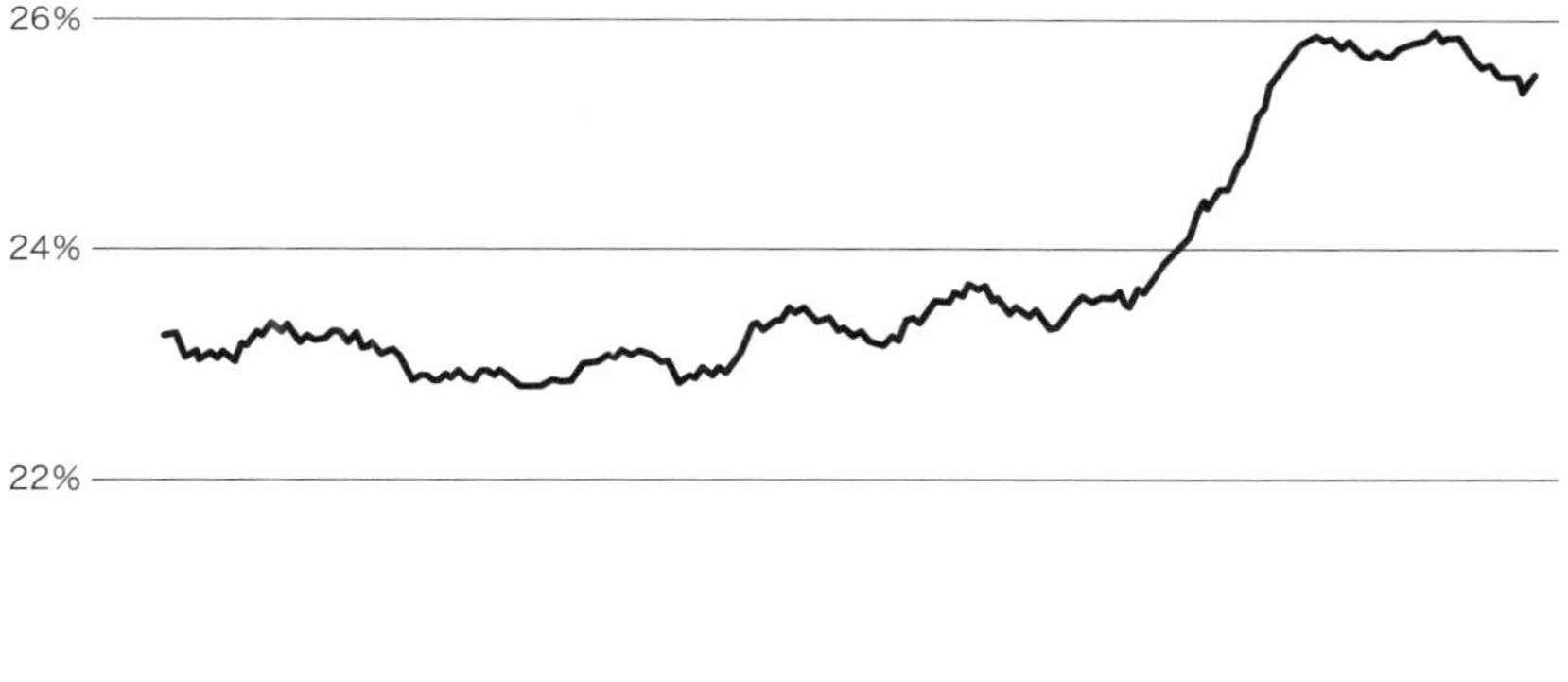

2014年から16年にかけてエンゲル係数が急上昇した

（12カ月移動平均法を用いて家計調査の月次データを筆者が加工）

衆議院財務金融委員会（2017年2月24日）

二人以上の世帯のエンゲル係数は2005年を底に上昇傾向にありますが、これは物価変動のほか、食生活や生活スタイルの変化が含まれているものと思います。

参議院予算委員会（2018年1月31日）

世帯の生活水準を示すエンゲル係数の上昇を、「物価変動」「食生活や生活スタイルの変化」とする安倍首相に、野党は何度も反発しました。その底流にはアベノミクスによって、生活水準が下がったという考え方があります。当時、エンゲル係数の上昇の理由については、将来不安による消費支出の減少、食料価格の上昇、高齢化、消費税増税など様々な分析がされました。

しかし、「そもそも論」として問いたいのは、１５０年以上も前に発案されたエンゲル係数は今でも有効なのかということです。

急上昇の期間「弱者の世帯」のエンゲル係数はどう推移したか？

エンゲル係数は、国民生活の家計・収支の実態を知る「家計調査結果」から求まります。

家計調査は「学生の単身世帯」「世帯主が長期間（３か月以上）不在の世帯」などの世帯を除いた全国約４７００万世帯の中から、約９０００世帯を抽出して調査されます。そのような背景から、家計調査は日本

▼「弱者の世帯」のエンゲル係数の推移（2人以上の世帯）

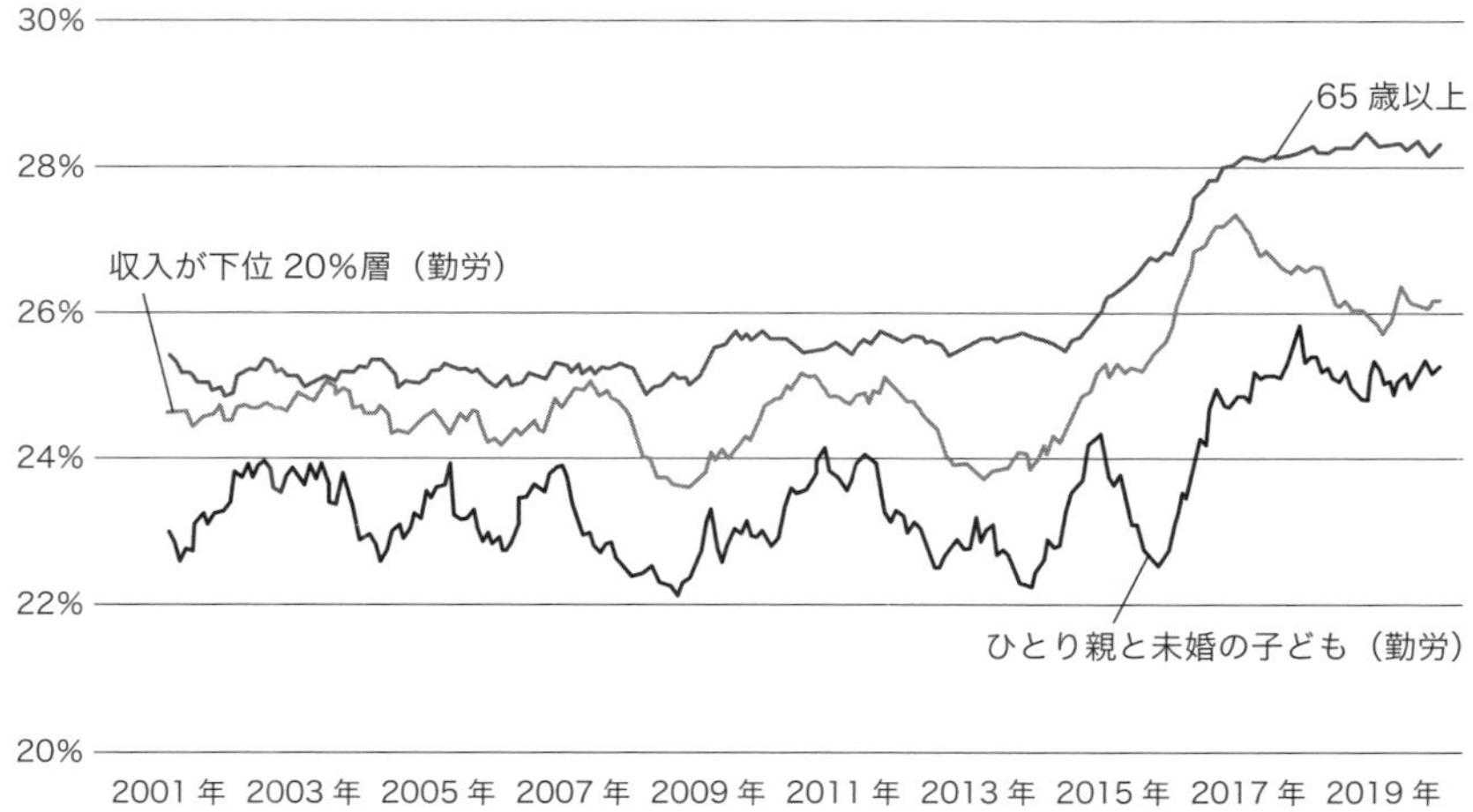

出典：総務省統計局「家計調査結果」

の世帯の縮図ともいわれています。

消費者動向を捉えた統計は数が少ないため、家計調査は、第15講（「綻びが見え始め、生活の質が分からない『GDP』代替はある？」）で紹介する「国民経済計算」の推計を求める基礎資料に採用されるなど、様々な場面で広く使用されています。

ただ、扱うには注意が必要です。家計調査の対象世帯には、若者世帯や高齢世帯、困窮世帯、そして富裕世帯も混ざっています。全体のエンゲル係数が上昇しても、困窮世帯も同じくらいエンゲル係数が上昇しているとは限りません。

なぜなら、全体のエンゲル係数はあくまで世帯全体の「平均」にすぎないからです。データサイエンスの世界では鉄則ですが、「平均」は全体を構成するどの層とも合致しない可能性もあるのです。

そこで、生活水準が相対的に低く、困窮していると思われる「弱者の世帯」に絞り込んで、エンゲル係数の推移を見ることにしました。エンゲル係数は、生活の厳しさについての指標として使われるのですから、そうした世帯の実態を調べることは意味があります。

家計調査には、世帯を絞り込む軸として「収入」「年齢」「世帯類型」などが用意されています。そこで弱者の世帯の層として「収入が下位20％層の勤労世帯」「ひとり親と未婚の子どもからなる勤労世帯」「65歳以上のすべての世帯」の３つを分析の対象としてみました（右ページグラフ）。

いずれの世帯層も、多少の時期のズレはあるものの、２０１４～16年にエンゲル係数が２％弱上昇していました。ただし、16年以降「収入が下位20％層」世帯のエンゲル係数だけがいったん１％弱低下して、以降は横ばいとなっています。

層別に分析することが大事。「弱者の世帯」の中でも違いがある。

より詳しく実態を見るために、エンゲル係数算出の基となる消費支出、飲食費の推移を見ることにしました。この３つの層で、何か違いがあるのでしょうか。今回のグラフでは、比較しやすいよう「世帯全体」も一緒に表示します。

エンゲル係数では、65歳以上の世帯はそれ以外の層に比べ、１～２％ほどしか高くないのですが、消費支出は４万～５万円以上多く使い、また飲食費も相応に多く使っています。「弱者世帯」として想定した３つの層の中でも、違いがあることが分かります。

全体を眺めるのではなく、このように層別に見ていかないと、なかなか実態はつかめません。そうしなければ、議論するにしても、施策を行うにしても、それが的外れのものになりかねません。

▼「弱者の世帯」の消費支出 (2 人以上の世帯)

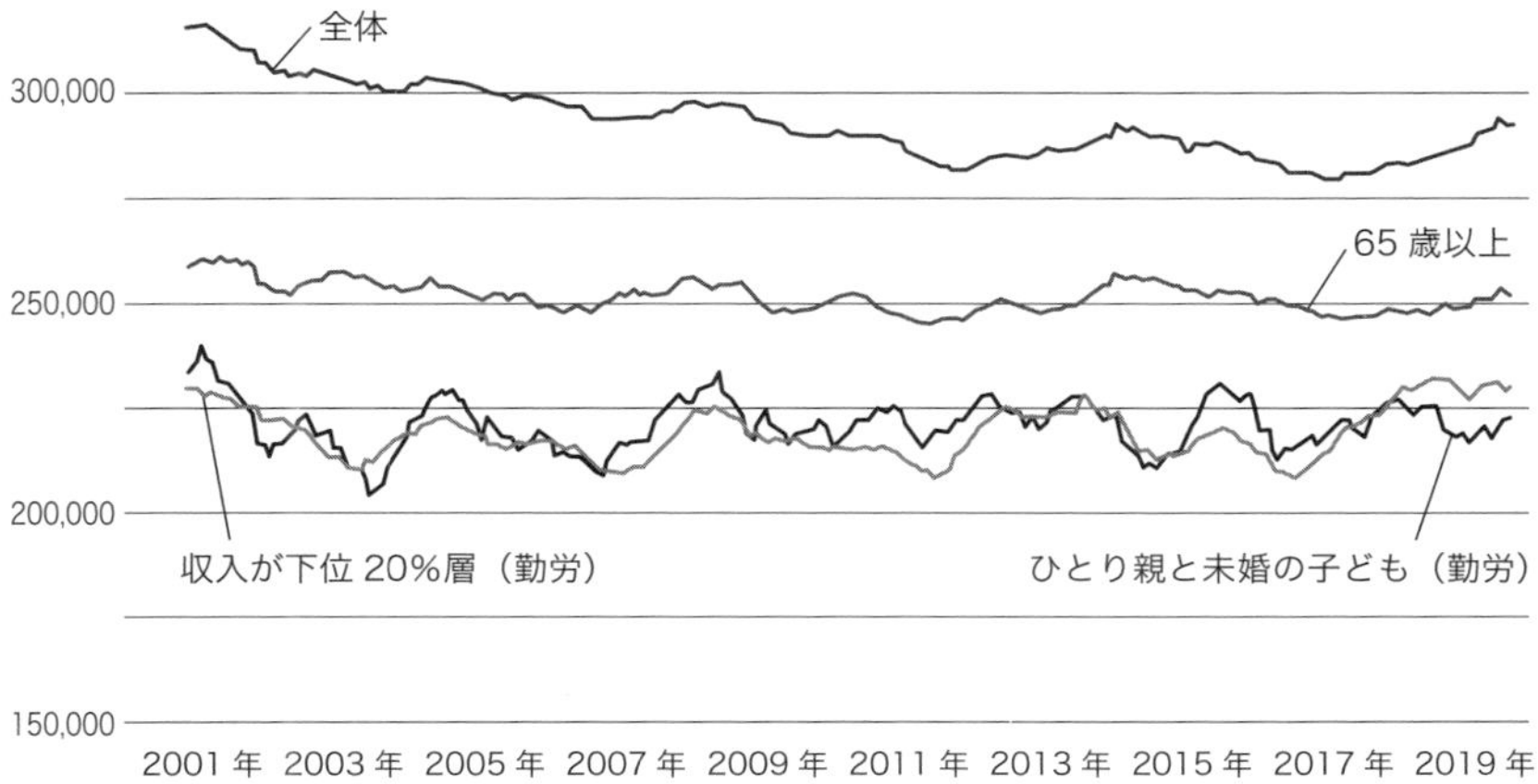

「65 歳以上」の世帯の消費支出が「収入が下位 20%層」「ひとり親と未婚の子ども」の世帯よりも高い。また世帯全体の数値に比べ支出の伸びが鈍い

（家計調査を基に、12 カ月移動平均法を用いて月次データを筆者が加工）

▼「弱者の世帯」の飲食費 (2 人以上の世帯)

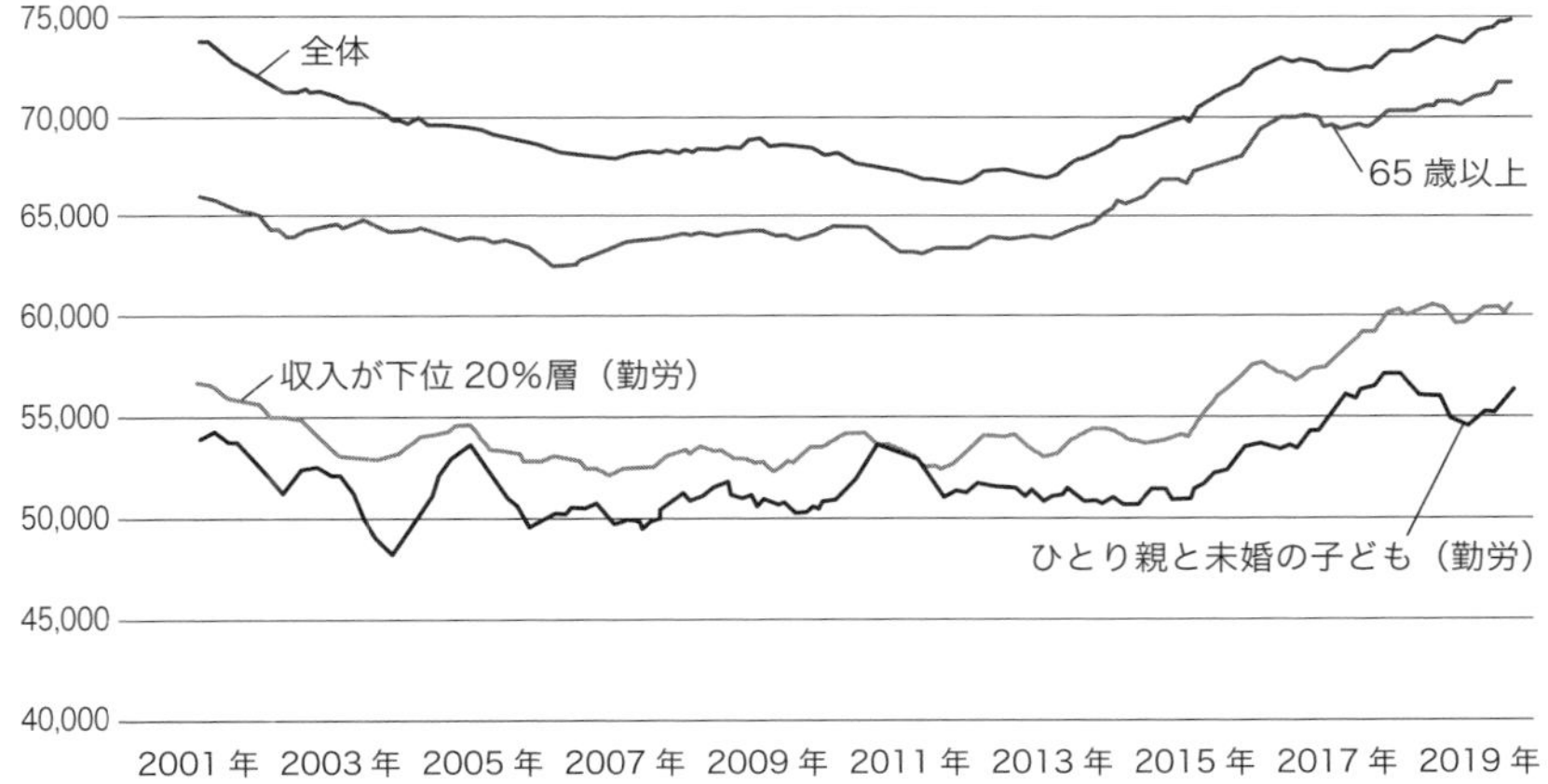

飲食費でも 65 歳以上の世帯層が他の弱者世帯に比べ支出が多く、伸びも世帯全体に近い傾向を示している。弱者世帯とした層の中でも違いがあることが分かる

（12 カ月移動平均法を用いて家計調査の月次データを著者が加工）

ちなみに、16年に29年ぶりに25・８％の高さになったエンゲル係数は、その後、17年に25・７％とわずかながら下がり、18年は同じ25・７％でした。１月29日時点では未発表ですが、19年の月次推移を見る限り、２月に発表される19年のエンゲル係数は恐らく18年より下がるでしょう。

しかし、そのとき、「エンゲル係数が下がってよかったね」で終わらせてはいけません。「世帯の生活水準を示す」という指標の目的に照らせば、「収入が下位20％層」「ひとり親と未婚の子どもからなる勤労世帯」「65歳以上の世帯」など、エンゲル係数を改善しなければならない世帯の層別データを注視すべきです。

食費は削れない「固定費」ではなく「変動費」になった

先ほど、「弱者の世帯」のエンゲル係数の推移を見ましたが、そこで意外に感じたのは、これらのどの世帯層も、エンゲル係数はそれほど高くなかったことです。一般的に消費支出（≒収入とも置き換えられますね）が低いほどエンゲル係数は高くなる傾向にあります。ですから、全体の数字より「弱者の世帯」のエンゲル係数は高くなってもおかしくありません。なので、直近は30％を超えていると思っていました。ところが実際はそうではなかったのです。

困窮していると思われた世帯でも、なぜエンゲル係数はそれほど高くなかったのでしょうか？

家計調査によると、２０１８年１月～19年11月にかけての「ひとり親と未婚の子ども」世帯の世帯人員は平均２・３８人、飲食費は平均５・５万円でした。１人当たり２万３０００円、つまり１日７７０円程度しか飲食費をかけていない計算です。

生活が苦しいのに、なぜ食費をもっとかけないのか。

私は幼少期から母子家庭で育ち、一時は母子生活支援施設で生活したので、よく分かります。当時は、朝飯と晩飯は近くのスーパーの半額シールの付いた総菜かパン、昼飯は学校給食……という生活でした。加工食品ではなく野菜や肉などを買って調理すればさらに安く済むのですが、仕事で母親の帰りが遅いので、調理もままならないのです。

ただし、エンゲル係数が使われだした150年以上前はどうだったか知りませんが、今は飲食費がすごく安い。晩飯はカップラーメンだけ、という日もありましたから、切り詰めれば1日770円でも暮らせます。

つまり困窮世帯であっても、他世帯と同様に飲食費が25％ほど（20％台後半）で収まるように切り詰めて生活しているのではないでしょうか。エルンスト・エンゲルは、水や食料などの飲食費は人間が生きるうえで最も根源的な消費活動で、「極端な節約」は困難と考えました。いわば削れない固定費と見たのです。しかし、それが崩れてしまうと、「エンゲル係数は世帯の生活水準を示す」という理屈が成り立たなくなってしまいます。

第7講（「G7で2番目に高い日本の相対的貧困率。そこで何が起きている?」）でご紹介した阿部彩先生が、国会で「子ども・若年者をめぐる格差への取組」について参考人として意見を述べられています。少し長いですが引用します。

所得が下がってくるとその分食費も縮小されてくるんです。家計の中で縮小できるのが食費だけになってきているというのが現状の家計かなというふうに思います。

家賃ですとか、今あと大きなものとして出ていくのが電話費ですね。電話とかコミュニケーション費というのがかなりもうフィックスでこれが生活必需品として出ていきますので、じゃ、残ったものは何を少なくするのといったところでは家計を削る。そのときに、非常に安い例えば１００円ショップでの乾麺を買ってきて、それにしょうゆを掛けただけで済ますですとかいうようなことで、食費の方も縮小してしまっていますので、エンゲル係数の法則というのは、子育て世帯に関しては、今でもありますけれども、それほど強くなってきている、弱くなってきているという状況かなと思います。

参議院国民生活・経済に関する調査会（２０１８年４月18日）

また、貧困世帯に暮らす子どもは、特に給食のない休日は栄養価が少ない食事をとっていたと「世帯収入別の児童の栄養素等摂取量に対する学校給食の寄与」(新井祐未、阿部彩らの論文）は分析しています。つまり、エンゲル係数の高い世帯だけが、生活水準が低いとは限らないのです。エンゲル係数が上がった下がっただけに着目してしまうと、食費を切り詰めて生活している貧困世帯を見落としてしまいます。

この数年、家計調査によると情報通信関係費として「ひとり親と未婚の子ども」世帯は月1万５０００円、「収入が下位20％層」世帯は1万６０００円払っています。この金額は「世帯全体」とあまり差がありません。阿部先生も指摘されるように、もはや削減が難しい固定費なのです。

▼世帯主の職業別内訳区分の割合推移（月次）

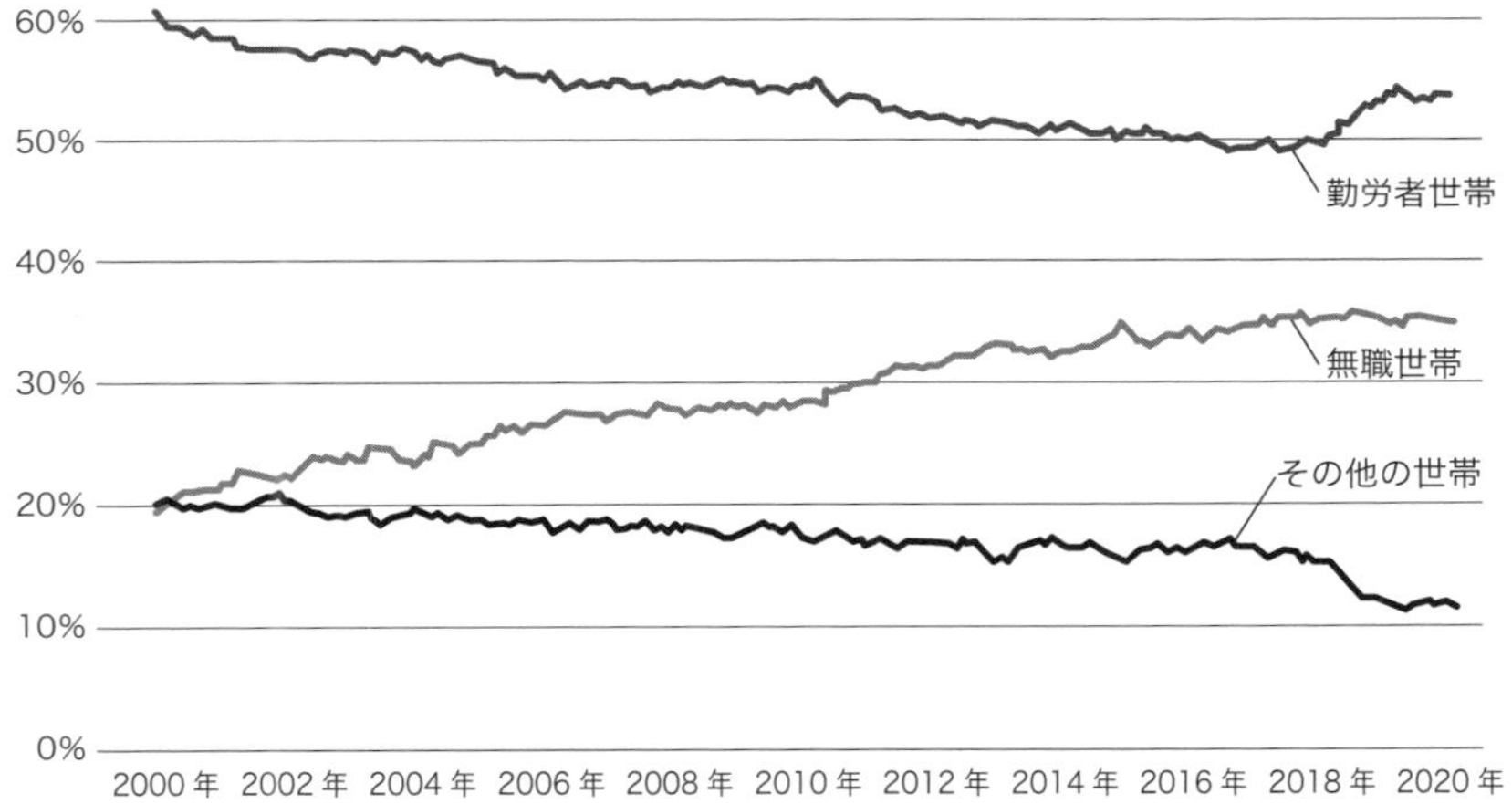

2018年を境に、減り続けていた「勤労者世帯」の割合が増え、「無職世帯」「その他の世帯」の割合が減りだした。月次の職業別内訳家計調査（2人以上の世帯）より

家計調査でなぜ「勤労者世帯」の割合が上昇したのか？

これまで家計調査のデータは「正しい」という前提に立ってきましたが、18年以降は、そのデータが少し変な動きを見せています。このことも気になります。第12講「今、統計の現場で起きている危険なこと」でも取材させていただいたエコノミストの鈴木卓実さんが最初に気づかれ、「これは変だ」と警鐘を鳴らしています。

上の図は、世帯主の職業別内訳区分のうち「勤労者世帯」「無職世帯」「＊その他の世帯」が占める割合の推移を示しています。この20年間、勤労者世帯の割合は減り続け、無職世帯の比率が増えているのですが、18年1月から傾向がガラリと変わっているのが分かります。

＊その他の世帯：勤労者以外の世帯（無職世帯を除く）

▼ 18年の標本改正で職業別内訳の傾向が変わった

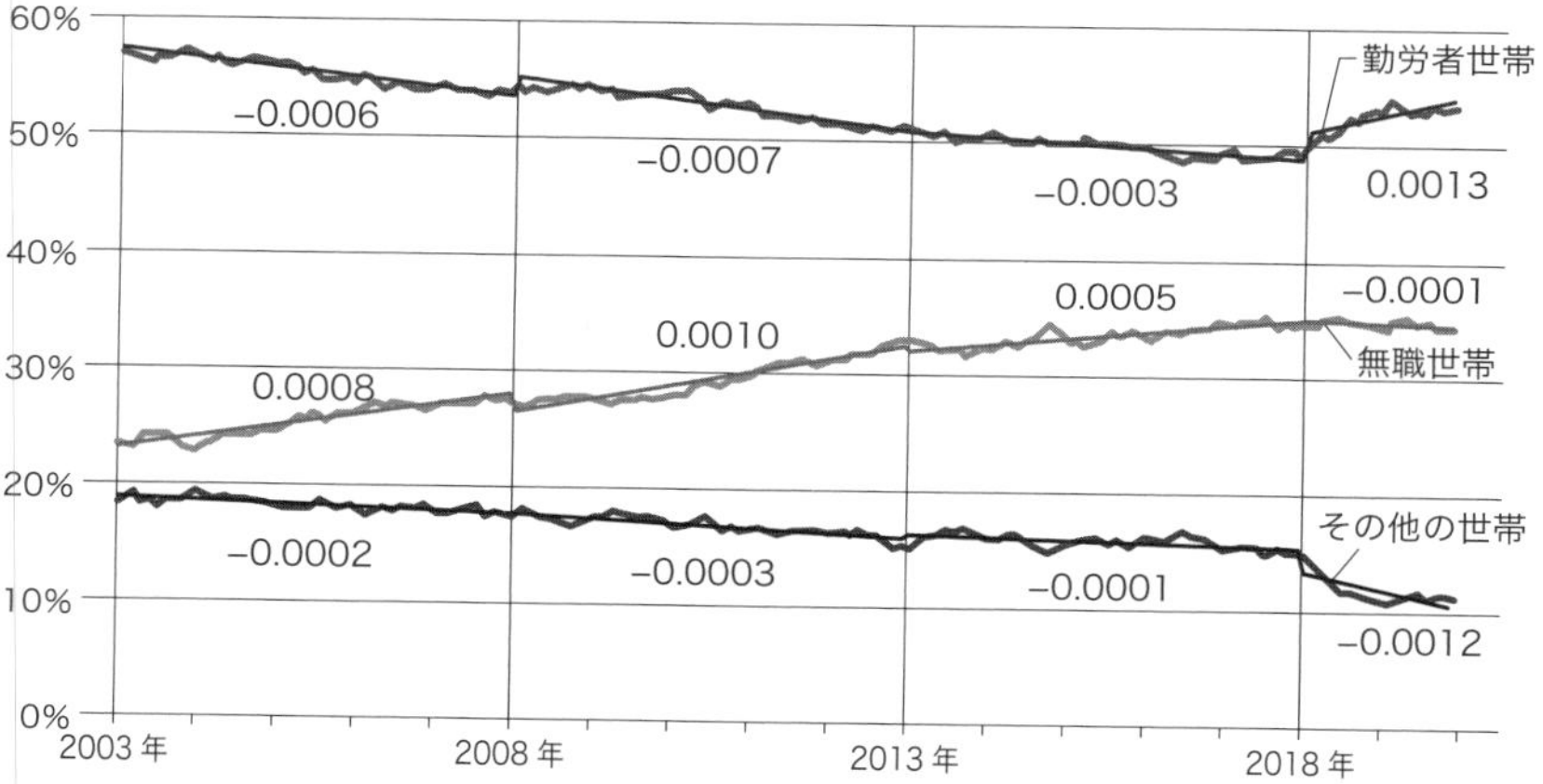

5年ごとに行われる標本改正の前後で、職業別内訳の割合の傾向がどう変化したかを調べた。2018年まで下がり続けていた「勤労者世帯」割合がプラスに転じ、一方「無職世帯」はマイナスに変わった。「その他の世帯」は減り方が大きくなった

家計調査は5年に1回、母集団情報に最新の内容を反映した標本改正を行います。傾向が変わったのは、18年の標本改正が行われた直後でした。標本改正のたびに傾向が変わっているのかと思って03年、08年、13年、18年の改正後の変化を調べてみました。

5年ごとに行われる標本改正に合わせ、その期間の世帯区分の推移に回帰直線を当てはめ、その期間の傾きを出しました。18年を境に「勤労者世帯」の傾きがマイナスからプラスに、「無職世帯」の傾きがプラスからマイナスに変わったのが不思議です。「その他の世帯」の減り方の傾きが急に大きくなったのも不思議です。

ちなみに勤労者世帯とは、世帯主が会社などに勤めている（会社・団体の役員は含まない）世帯を指します。無職世帯はエンゲル係数が高く、勤労者世帯はエンゲル係数が低くなりやすい傾向にあります。

先ほども述べたように、月次のデータを見る限り、19年のエンゲル係数は下がりそうです。2月8日に発表

される予定の19年の数値はどうなるでしょうか。勤労者世帯の比率が増えているなら、全体のエンゲル係数が下がり始めるのも当然ではないかと感じています。

総務省統計局に聞いてみたけれど、残るもやもや感

18年の標本改正で何が変わったのか「標本改正の概要」を調べてみると、「調査世帯の抽出」として以下のような一文が加わっていました。

> 各調査単位区における調査世帯の抽出に当たっては、その調査単位区内の「勤労者世帯」、「無職世帯」及び「勤労・無職以外の世帯」の3つの世帯区分の世帯数に比例して、抽出する世帯数を配分する。

しかしながら、過去の13年、08年の標本改正では、18年の改正で「無職世帯」及び「勤労・無職以外の世帯」と分類された世帯は、「勤労者以外の世帯」とひとくくりになっていました。参考に13年、08年の標本改正時の文面をあげておきます。

> 二人以上の世帯の調査世帯を抽出するに当たっては、「一般単位区世帯名簿」に掲載した世帯を、農林漁家世帯、非農林漁家世帯の勤労者世帯及び勤労者以外の世帯の3つに区分し、各世帯区分の世帯数に比例して抽出する世帯数（6世帯）を配分する。

▼変更された家計調査の調査方法

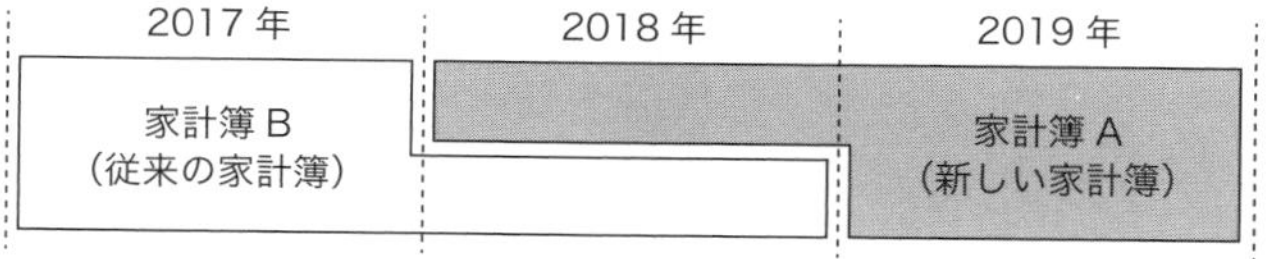

「家計調査の『変動調整値』とは？」より抜粋。18～19年にかけての変更イメージ

18年の改正によって明確に「無職世帯」の世帯数に比例する形で標本を抽出するようにしたわけです。これによって職業別内訳の傾向が変わったのでしょうか？　それとも以前からある「勤労者以外の世帯」でも、この世帯を構成している個人経営者、法人経営者、無職……という細かい区分ごとに標本を抽出していたのでしょうか？

総務省統計局に問い合わせたところ、標本設計については「これまで同様の方法で行っている」という回答をいただきました。文面は変わっているが、抽出方法自体は変わっていないということなのでしょうか。

また、職業別内訳の傾向が変わった点については「２０１８年1月から、記入者負担の軽減等のため、家計簿様式の見直しやオンライン調査の順次導入など調査方法の見直しを行っており、これも影響を与えていると考えられる」との回答をいただきました。

調査方法の変更に伴う影響については。総務省統計局の「家計調査の『変動調整値』とは？」にまとめられています。つまり、18年以降は「新しい家計簿」になっているので、比較する際は元の数値を見るだけでなく変動調整値も使ってね、と書かれています。

しかし、用意されている変動調整値は「二人以上の世帯」「二人以上の世帯のうち勤労者世帯」という分類に対してだけで、残念ながら層別には用意されていません。例えば「弱者の世帯」を層別に調べたいと思っても難しいのです。これでは、17年12

月で時系列データがいったん途切れてしまった、とも言えます。

最後に1つ。オンラインを一部に導入するだけで、職業別内訳の傾向がこうも変化するのでしょうか。これについても、違和感を拭えませんが、在野では生データを確認できないので検証のしようがありません。「もやもやしている」というのが正直な感想です。

この点、読者の皆さんはどう思われますか？　本書の読者には、学者、報道・メディア、官僚の方々もいらっしゃるでしょう。ぜひ、声を寄せてほしいです。私としても、家計調査について引き続き動向の確認を続けたいと考えます。

（初出　2020年1月29日　原稿の時制や数値、肩書は原稿執筆時のものです）

第14講を振り返る

簡単にエンゲル係数を下げる方法があります。合法的に、エンゲル係数が高いと思われる世帯の割合を減らせば良いのです。これは不正ではありません。調整です。本来であればツッコミを入れる野党やマスコミの存在が不可欠ですが、話題が地味なのでしょうか。

筆者自身は、食事の低価格化が進み、固定費である必要性がなくなった現代において、エンゲル係数は貧困を測る指標の1つに過ぎないと考えています。むしろ、エンゲル係数が低い＝貧困化が下げ止まっているとする傾向には警鐘を鳴らしたいとすら考えます。

第4章

この統計はこのままでいいのか

技術は日進月歩で進化し、日々の暮らしは劇的に変化しています。それによる社会の質的な変化を公的統計が漏らさずカバーすることは難しいことです。

なぜなら、公的統計に「柔軟性」はないからです。もし柔軟性があると、過去と現在を同じ基準で比較できないからです。同じ時点を計測したら異なる結果が生まれては困ります。したがって、解釈の揺れがない「堅牢性」こそ公的統計の特徴なのです。一方で、進化し続ける暮らしを5年前や10年前の手法のままで計測し続けることが正しいのか、という疑問もあります。

統計はこうした「矛盾」を内包しながらも、整合性が取れるように絶妙なバランスを保っています。まるで１０００年以上の歴史がありながら今も新しい伊勢神宮のようです。ちなみに、こうした取り組みは、労働統計やＧＤＰの動きから分かる通り、日本だけでなく世界で行われています。

「データは数え方次第（手法次第）である」

この言葉は、もう少し知られてもよい格言だと考えます。本来、真っ先に確認するべきは結果ではなく、どのようにしてデータを数えたかという手法であり、データを整形するプロセスです。データと現実との間に矛盾が生じているなら、数え方・手法・プロセスを疑う必要があります。

「データは正しいけど、正しくありません」。全ては数え方次第、とも言えます。

「統計手法はこのままでいいのか」と考えることは、「堅牢」であるはずの公的統計に対する疑義ではなく、さらに良くすることで、いまだにあるデータと現実との差分を少しでも埋めようとする統計家たちの努力の掛け声であると筆者は考えるのです。

第15講

綻びが見え始め、生活の質が分からない「ＧＤＰ」の代替はある？

この講のポイントはデータの数え方です。当たり前のように使われている統計が、実は計算式がブラックボックスになっていて、同じ答えを再現できない……と聞くと、どのように感じるでしょうか。実際に、そういう統計は多くあります。完全で完璧な統計はないとは言えども、もう少し「改良」の機運は高まって良いと思います。

２０１９年11月20日に、安倍首相は内閣総理大臣として通算在職日数の最長記録を更新しました。それまでは、明治から大正期にかけて活躍した桂太郎（２８８６日）が最長でした。約１００年の時を経てようやく記録が更新されたのですから、議院内閣制がいかに長期政権を築きにくいかをうかがわせます。

12年12月26日に発足した第２次安倍内閣以降、皆さんは何が印象に残っているでしょうか。「桜を見る会」「日報隠蔽」など様々浮かぶでしょうが、私は「アベノミクス」です。13年の新語・流行語大賞のトップテンに入賞したほどです。

本当に不思議なもので「なんだか経済が良くなりそうだ」と感じたのを覚えていますし、12年ごろと比べて現在の景気が良くなっていると答える人は、多いのではないでしょうか。

さて、データサイエンティストとしては「景気が良いって、どうやって測るのだろう？　どう証明したら

▼ 2018年名目GDP（USドル）国別ランキング

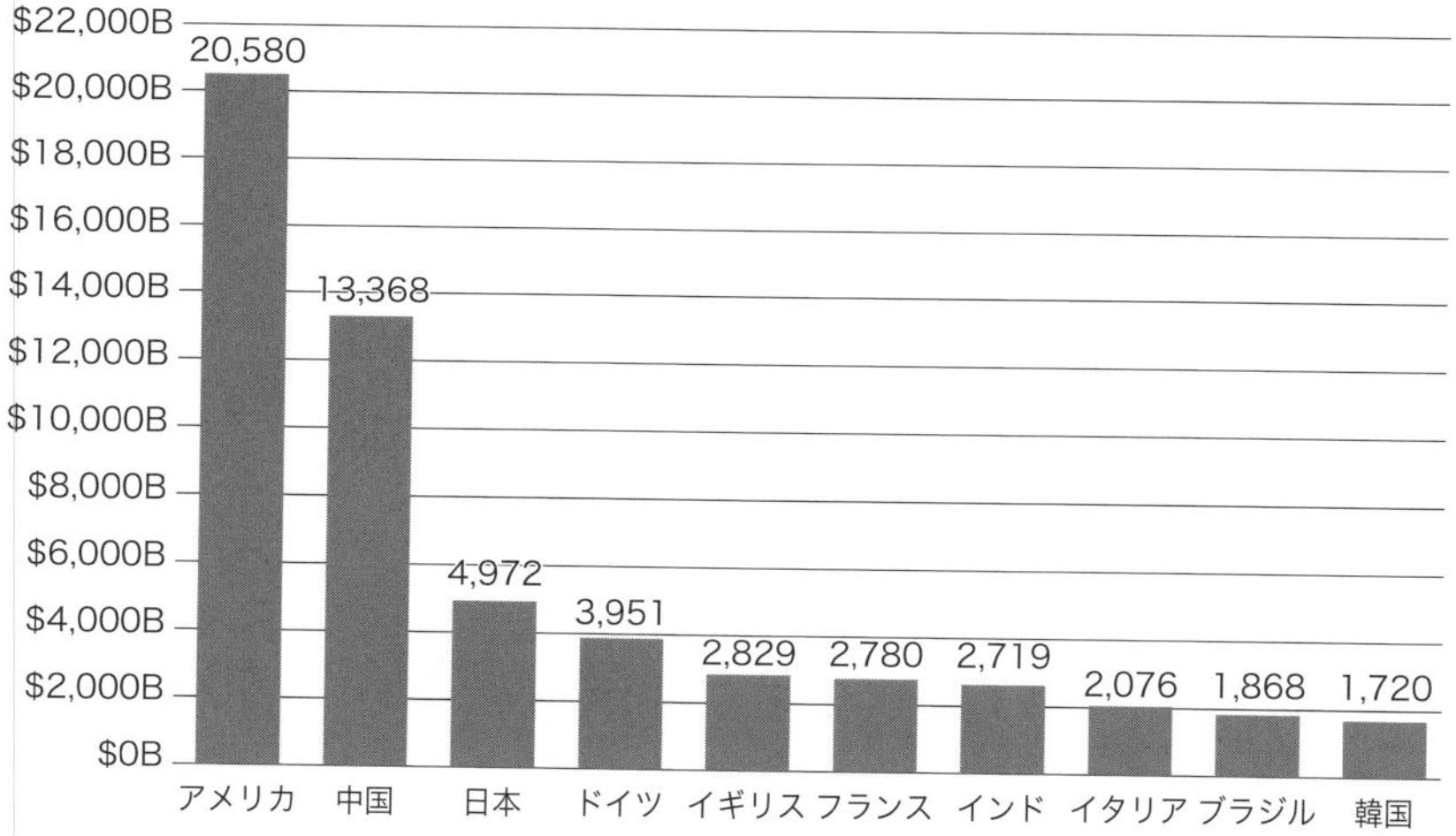

出典：IMF「World Economic Outlook Databases」より作成

よいだろう？」と悩みます。株価でしょうか？　円相場でしょうか？　有効求人倍率でしょうか？　消費者物価指数でしょうか？

様々考えられるでしょうが、最適だと思われている指標の１つがＧＤＰ（国内総生産）です。

ＧＤＰとは、国内で生み出されたモノやサービスの付加価値の総額を意味しています。ＧＤＰの出し方は全世界でほぼ共通しており、国連が統一基準として「国民経済計算」すなわち「ＳＮＡ（System of National Accounts）」というマニュアルを設けています。国の経済規模を比較するために、世界中で使われている指標と言ってもいいでしょう。

ちなみに、日本の年次ＧＤＰ実額（18年度）は名目548・4兆円、実質533・7兆円、世界中の国々と比べても米国、中国に次ぐ第３位だとされています。しかし、本当にＧＤＰで国の経済が分かるのでしょうか？

意外と歴史の浅いＧＤＰが抱える問題とは

ＧＤＰの歴史は古いようで新しく、１９３０年代にＧＮＰ（国民総生産）として生まれます。フランクリン・ルーズベルト政権下で、不況に関する正確な情報を得るため、全米経済研究所に勤めるサイモン・クズネッツが開発しました。彼は後の71年にノーベル経済学賞を受賞します。42年には米国初のＧＮＰ統計が発表され、運用が始まります。47年にはヨーロッパ経済復興のために立案されたマーシャル・プランの援助金額をより効率的に配分するために、国連が中心となって経済測定の基準が作られることになりました。これが53年に登場したＳＮＡです。

ＧＤＰはＧＮＰ時代も含めて、まだ約70年の歴史しかありません。それ以前の経済規模はこの時点から遡って作成されたものであり、計測の仕方が決まっているため、時間を遡るほど「データがないからよく分からない」という結果になります。

加えて、ＧＤＰは堅固で完全なる指標とは言えず、誕生当初から様々な弱点を指摘されています。

１つ目は「ＧＤＰはどこまで経済の実態を捕捉できているか」。ＧＤＰは全ての経済活動を正確に一つ一つ計測しているわけではありません。内閣府「国民経済計算の作成方法」によると、様々な統計を活用して推計を求めていることが分かります。別に、個人や企業のあらゆる経済活動を集計したわけではないのです。

つまり、この範囲を計測しますと決めたのがＳＮＡであり、その結果がＧＤＰです。ＳＮＡが定めた範囲外については、たとえどんな経済活動があったとしても計測されないのです。そうした「割り切り」が、ど

▼ **GDP 推計に使われる主な基礎統計**

項目	推計に用いる主な基礎統計
産出	工業統計、商業統計【経産省】サービス産業動向調査、科学技術研究統計、住宅・土地統計【総務省】建設総合統計、自動車輸送統計【国土交通省】、作物統計、木材統計【農林水産省】各種有価証券報告書
中間投入	産業連関表【総務省他10府省庁】工業統計、特定サービス産業実態統計【経産省】、各種有価証券報告書
雇用者報酬	国勢統計、労働力統計、就業構造基本統計【総務省】毎月勤務統計、賃金構造基本統計【厚労省】
間接税等	国の決算書【財務省】地方財政統計【総務省】
固定資本減耗	産業連関表【総務省他10府省庁】、工業統計、商業統計【経産省】科学技術研究統計【総務省】、建設総合統計【国交省】、各種有価証券報告書、民間企業投資・除却調査【内閣府】
営業余剰・混合所得	個人企業経済統計【総務省】、法人企業統計【財務省】

出典：内閣府経済社会総合研究所「国民経済計算の概要」

のようなデメリットを招くでしょうか。２０１０年11月にガーナで起きた例が参考になります。

このとき、ＳＮＡを「１９６８年基準ＳＮＡ」から「１９９３年基準ＳＮＡ」にバージョンアップしたところ、ガーナのＧＤＰはいきなり60％増となりました。アーカイブになりますが、Ghana Statistical Serviceが２０１０年11月３日に公表した「New Series of the Gross Domestic Product（GDP）Estimates」では、内訳が紹介されています。ほとんどの年で、ＡＧＲＩＣＵＬＴＵＲＥ（第１次産業）、ＩＮＤＵＳＴＲＹ（第２次産業）、ＳＥＲＶＩＣＥＳ（第３次産業）のいずれも旧計測より新計測が伸びています。特に伸びているのはＳＥＲＶＩＣＥＳです。

西アフリカで、政治・経済的に優等生とされてきたガーナでの事件だったため、アフリカの統計品質が想定以上に低いのではないかという議論が起き、多方面から注目を集めました。

もっとも、程度の差こそあれ、先進国でも基準が変われば、アウトプットされる数字は変わってきます。例えば、最近勃興してきたＵｂｅｒやＡｉｒｂｎｂなどのシェアリング・エコノ

▼「1993年基準SNA」に変えたらガーナのGDPは60%増となった

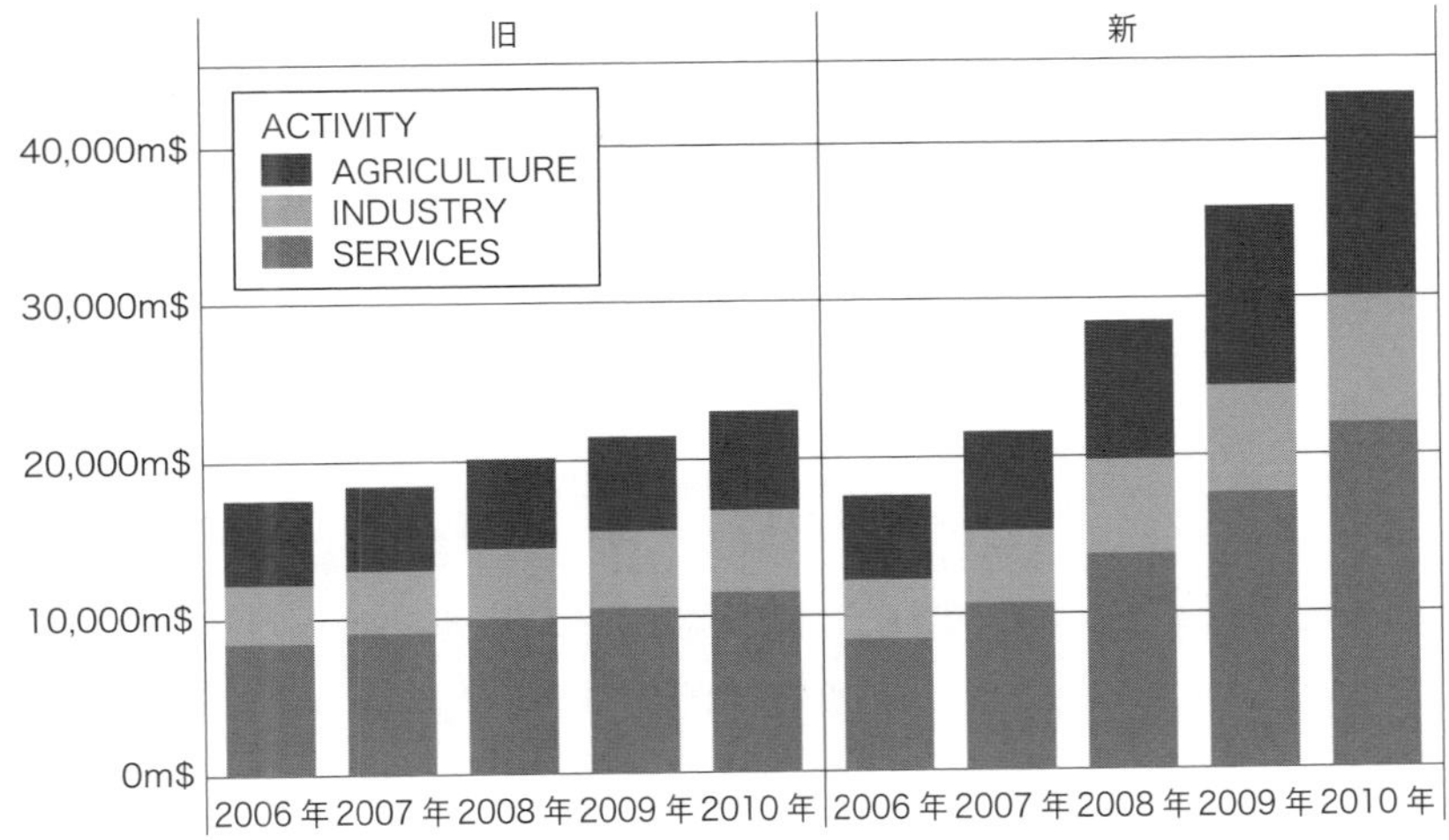

出典：New Series of the Gross Domestic Product (GDP) Estimates

ミーはＧＤＰの対象となっているでしょうか。残念ながら、現時点ではＧＤＰに反映されていないようです。日本経済新聞には、20年度から、まずは民泊分を反映するという報道がありました（「個人シェア経済をＧＤＰに算入」）。

計測の対象とならない活動は、どれだけ経済を動かしたとしても、ＧＤＰ上は「経済上何もなかった」ことになります。メルカリなどのＣ２Ｃサービス、デジタルエコノミー領域にはこうした測り漏れが無数にあるのではないでしょうか。

国民経済計算の作成に携わる人たちも危機感を持っています。内閣府経済社会総合研究所が発行している「季刊　国民経済計算」の平成30年度第2号では「シェアリング・エコノミーのＧＤＰ統計への捕捉」と題した特集が組まれています。しかし、まずサービスが始まり、金が動き、ある程度の規模に成長してから計測するという流れは変わらないでしょう。もちろん、ＧＤＰを算出する元となる統計作業にミスがあれば、Ｇ

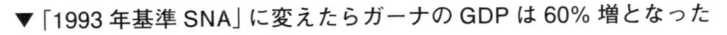

ＤＰそのものに影響を及ぼす可能性があります。

18年12月に発覚した、厚生労働省の「毎月勤労統計」不正調査問題により、ＧＤＰに使われる雇用者報酬の再推計が必要となり、平成29年度国民経済計算年次推計を修正・再提出する事態となりました。厚生労働省いわく「04～11年の資料の一部を廃棄したためデータの再集計が難しい」（日本経済新聞）そうで、そうなるとこの期間におけるＧＤＰの正確さに疑念を持たれて、景気判断や経済学の研究に悪い影響が出てきそうです。

誰も検証できない「数字」の正確さ

２つ目は「正確性担保問題」です。

19年12月９日に、ＧＤＰの「２０１９年７～９月期（２次速報）」が内閣府から発表されました。７～９月期の前期比成長率は「名目０・６％、実質０・４％」となりました。年率換算で１・８％増（実質）と、11月に発表された速報値年率０・２％から大幅に上方修正されました。しかし、私たちはその数字が正しいのか確認しようがありません。なぜなら計算式が非公開だからです。裏が取れないのです。

もちろん、大まかな計算式は公開されています。ただ、国独自のカスタマイズや年単位での微調整によって、エコノミストは数字の「確からしさ」を判断できないのです。特に日本経済は数％という低成長が続いているので、コンマ何％の違いも無視できません。

中でも日本銀行は以前からＧＤＰの精度に対して不信感を抱いてきました。日本経済新聞が18年11月に

▼日本銀行の試算値では多くの期間で現行値の GDP を上回った

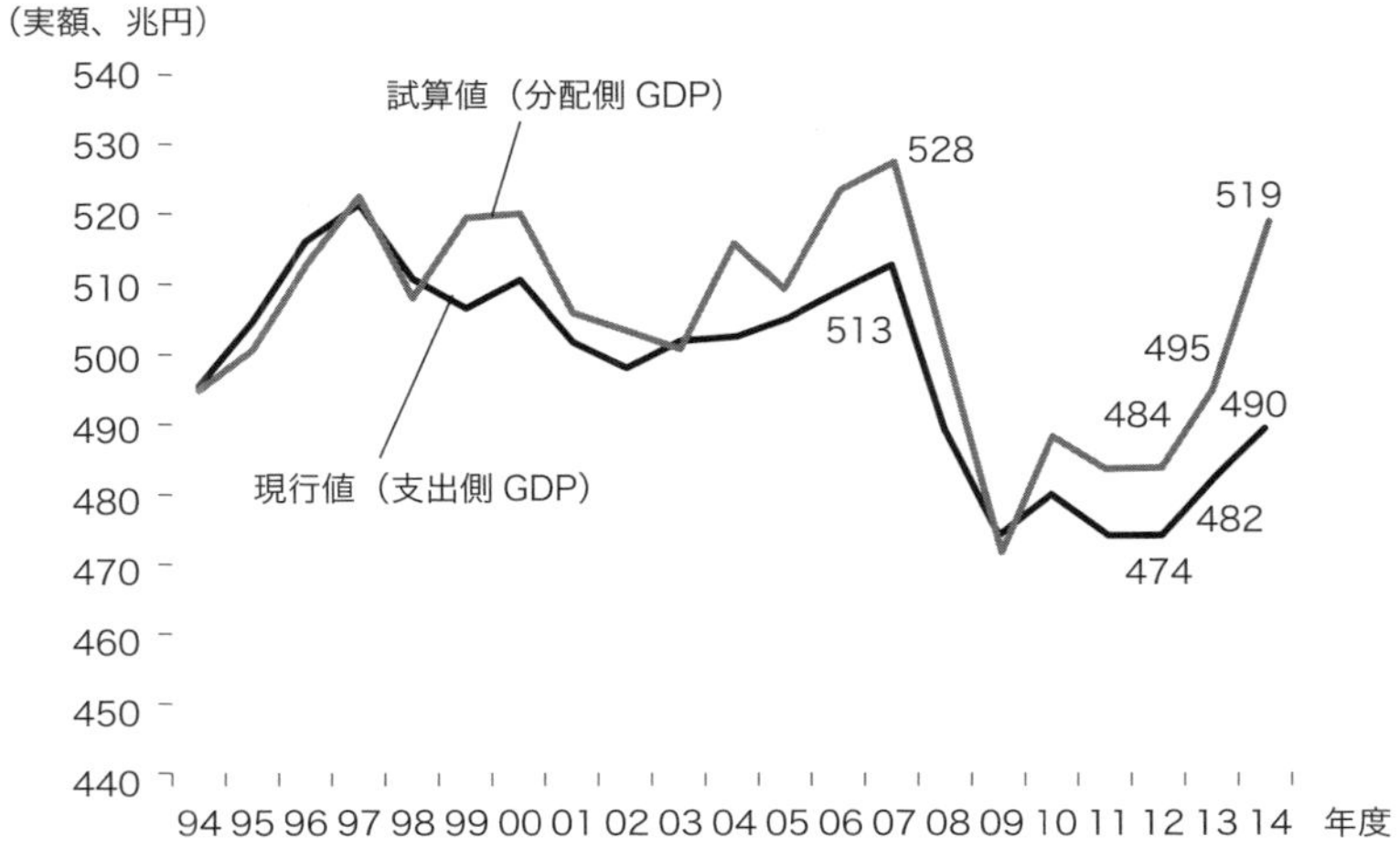

出典：日本銀行「税務データを用いた分配側 GDP の試算」

「政府統計、信頼に揺らぎ　GDPなど日銀が不信感」と報道したように、日銀は個人消費の推計過程のデータを提供するよう強く訴えています。

日銀は16年7月に「税務データを用いた分配側GDPの試算」という論文を発表しています。日銀が試算したGDPと内閣府が発表したGDPが最大で29・5兆円かい離しており、内閣府はGDPを少なく見積もっているのではないかと疑問を投げかけました（上図）。

3つ目が最も重要で、GDPの生みの親であるサイモン・クズネッツも憂慮していたことです。それは「経済の規模しか評価できない」ということです。

電子メールが生まれ、LINEが生まれ、Slackが生まれ、私たちははがきを使わなくなりました。今まで以上に耐久性に優れた商品が生まれ、物をすぐに買い替える必要もなくなってきました。また、無料サービスはGDPとして計上しようがなく、物が買われなければGDPは下がる一方です。

つまり、私たちの生活は質的に豊かになっているのに、ＧＤＰで測ると経済が悪化しているように見えるという矛盾が生じてしまうのです。ＧＤＰの元となるＧＮＰの開発に貢献したクズネッツ自身も「国民の福祉はＧＮＰの尺度からはほとんど推し測ることはできない」と述べ、質的側面の欠落を認めていました。

自動車事故が起きれば病院が稼働してＧＤＰは向上し、テロが起きれば治安部隊が出動し費用が発生するのでＧＤＰは向上する。マイナスの要因による社会的費用も、ＧＤＰの観点から見ればプラスに働くのです。主に生産量を計測する目的から生まれたＧＤＰに替わり、進歩を適切に評価し、豊かさを計測する指標を構築する取り組みが求められています。

「Ｂｅｙｏｎｄ　ＧＤＰ」に決着をつけるのは、どの国か？

ＧＤＰのデメリットは長年語られているのですが、代替案がみつかりません。

07年11月に、欧州委員会、欧州議会、ローマクラブ、ＯＥＣＤ（経済協力開発機構）、ＷＷＦ（世界自然保護基金）によって、ＧＤＰのその先の指標について考える「Ｂｅｙｏｎｄ　ＧＤＰ（ＧＤＰを超えて）」の国際会議がベルギーで開催され、世界から６５０人が参加しました。しかし「ＧＤＰを超えた尺度の必要性を訴えるという政治的合意が」できただけで、具体的に何をどうするかは足並みがそろいません。

「Ｂｅｙｏｎｄ　ＧＤＰ」の具体的な取り組みとしては、ＯＥＣＤの「Better Life Index」や英国の「Measuring National Well-being」、そしてフランスの「Mismeasuring Our Lives」などが有名です。

ＯＥＣＤの「Better Life Index」では、住宅、収入、仕事、コミュニティー、教育、環境、市民参加、健

▼ OECD「Better Life Index」のホームページ

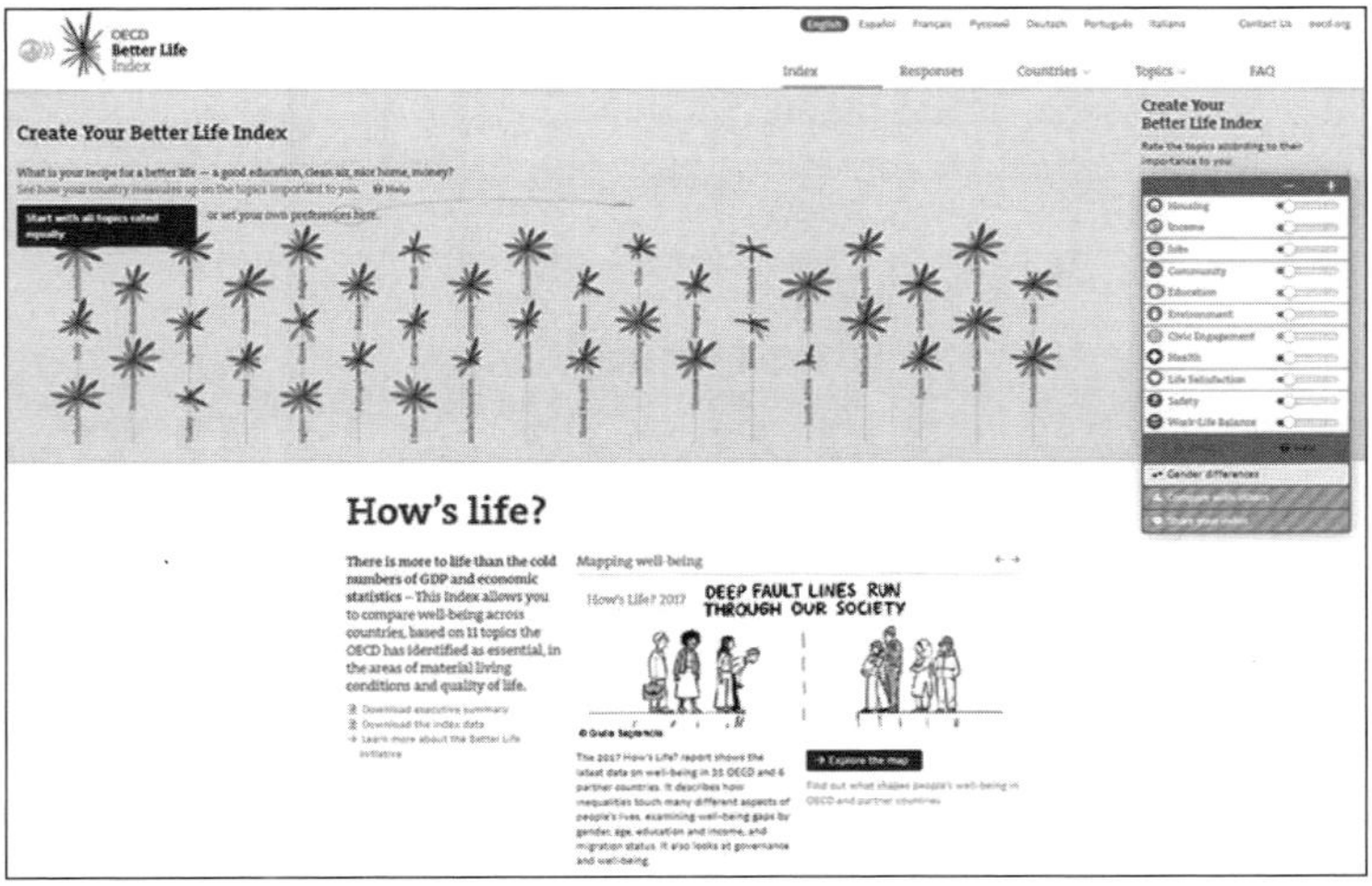

11の指標の重み付けを変えて、各国を比較できる

康、生活の満足、安全、ワーク・ライフ・バランスといった11個の指標が設けられています。各指標のウエイト付けを自分で操作して（ホームページの画面右側のバーを左右に動かして）、横並びでOECD諸国を比較できます。

しかし、いずれも複数指標の組み合わせたもので、GDPのような単一指標で、かつすぐに引用できるような使いやすさはありません。これでは当然ながら実用に耐えません。

そもそも、データ分析の現場で「あなたの好きな尺度で、データを抽出してください」なんて報告はありません。「あなたが納得できる数字を選んでください」と言っているに等しいからです。

GDPは指標として経済の一側面しか表せない。しかし代替指標も浮かばない。新指標の開発は必要だが、イマイチ盛り上がらない……こうした状況が何十年と続いています。GDP第1位の米国にとって、自分たちの優位を示す指標の代替案をわざわざ作る意味はありません。ＧＤＰ世界第1位を狙ってまい進中の中国も同じような理由で非協力的です。

ＧＤＰは社会福祉を測る指標としては不適切かもしれませんが、経済を測る指標が不要というわけではありません。指標としてはボロボロだけど、ＧＤＰをなくすわけにもいかない。そのような状況にあるのです。

もしもＧＤＰ第３位の日本が、ＯＥＣＤや英国、フランスと連携して「ＧＤＰに代わる経済指標」や「社会福祉を測る指標」の開発に成功すれば、世界から注目を集めるでしょう。もっとも、20年までに名目ＧＤＰ６００兆円を目指す政府・与党には難しいかもしれません。ぜひ野党の皆さんにまずは「Ｂｅｙｏｎｄ　ＧＤＰ」に興味を持っていただければと思います。

（初出　２０１９年12月18日　原稿の時制や数値、肩書は原稿執筆時のものです）

第15講を振り返る

「ＧＤＰ」が経済成長を測るのに最適ではないと多くの人が気付いているのに、取って代わる新たな指標が見つかっていません。それは、様々なデメリットがありながらも、なんだかんだで優れた指標だからです。最適ではないが、かなり適していると言えるということでしょうか。複数の指標を並べるより、単一の指標の方が比較もしやすい。規模も量も可視化される。そうしたメリットは無視できません。

「ＧＤＰ」を唯一絶対の指標と考えるより、経済成長を計測するための数多くある指標の1つと考えた方が、振り回されずに済むと考えてもよいかもしれません。

第16講

世界で始まった新〝失業率〟統計。日本は貢献できるか

この講のポイントは、統計を巡る世界の潮流です。日本で実施されている統計の一部は、主に国連が取りまとめ役となって、世界各国でも同じように実施されています（計測方法やルールは違うかもしれません）。各統計に対する世界各国の取り扱い方を見ておけば、どのような問題を解決しようとしているかが分かります。

椋鳥と　人に呼ばるる　寒さかな（小林一茶）

冬になると奥羽や信濃から来る出稼ぎ者を、江戸っ子は「やかましい田舎者の集団」という意味合いで「椋鳥《むくどり》」と揶揄《やゆ》していたそうです。15歳（数え年）で信濃を後にした小林一茶も、その一人でした。寒い冬に、のこのこと出稼ぎに来た田舎者への蔑みに対する、一茶の心境がうかがえます。

当時は江戸に多くの労働者が奉公に出ていました。しかし不況になると真っ先に職を失い、住居も失う者が少なくなかったようです。これが現代なら、政府が「失業者対策」として様々な支援をしていたでしょう。

ところで、「失業者」とは具体的に誰を指すのか、明確な条件があるのをご存じでしょうか。総務省統計局「労働力調査　用語の解説」によると、「仕事がなくて少しも仕事をしなかった」「仕事があればすぐ就く

▼月別完全失業率推移（1973年～2019年、季節調整後）

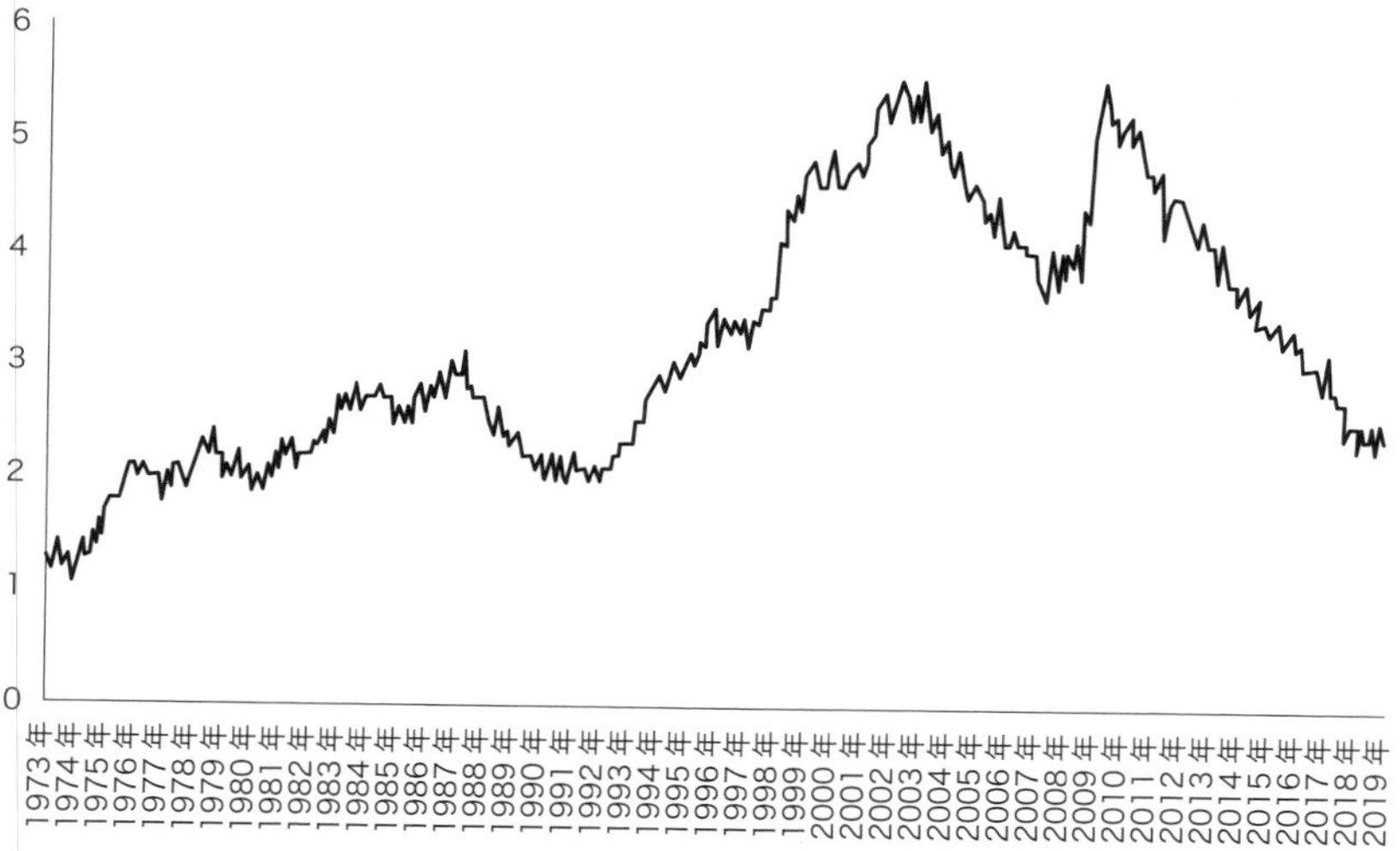

出典：総務省統計局「労働力調査」

ことができる」「仕事を探す活動や事業を始める準備をしていた」という３条件を満たす者が「失業者」だと決まっています。

したがって、景気が悪くなり仕事が見つかりにくくなったからと就職活動をやめると、無職でありながら「失業者」として計上されない、という変な状況が生まれます。

しかしながら、失業者を厳密に定義するのは、経済状況の良しあしを測り、政策にいかす指標だからこそ。為政者が失業者数（率）に気を配るのは重要です。安倍首相は２０１９年３月25日の参議院予算委員会で、次のように述べています。

…失業率につきましても完全雇用に近い状況となっているということであるわけでございまして、そういう意味におきましては、言わば仕事がある、働きたい人は仕事があるという状況はつくっていると、こう思います（略）。

確かに、過去にさかのぼって失業率の推移を見てみると（183ページ）、ここ2年ほどは2％強を横ばいで推移しています。18年におけるOECD平均の失業率が5・3％ですから、かなり低いと分かります。

……しかし、それでもう問題はないのでしょうか？

世界は「就業・失業統計」のあり方を率直に反省している

13年10月にILO（国際労働機関）がジュネーブで開催した第19回国際労働統計家会議で、就業・失業統計が労働の世界を表現しきれていない、生活の水準や安寧に対する影響に光を当てていないという反省が率直に語られました。

日本の労働環境に目を向けるとブラック企業問題、過労死問題、外国人労働者不当労働問題、残業代未払い問題、非正規労働者雇い止め問題……あげればキリがありません。こうした問題にどうすれば数字で光を当て、かつ改善できるかが世界の話題の「中心」となっています。

失業率が低いのは良いことです。しかし、それだけで事足れりと満足してよいのでしょうか。安倍首相は「働きたい人は仕事がある」と胸を張りますが、働き口の確保だけを優先してしまうと、ブラック企業問題を許しかねません。誰かが「ブラック企業で働くぐらいなら失業した方がよい」と言うべきだし、失業率と合わせてブラック企業の摘発件数や過労死人数を統計指標としてより強く発信すべきだと私は思います。

ちなみに「失業率が下がると犯罪発生率が低下する」と主張する人たちがいます。この説は、犯罪白書にも何度か登場しているので、広く浸透しているかもしれません。

しかし大阪大学・大竹文雄教授らの論文では、「失業率の上昇よりも貧困率の上昇が犯罪発生率を高める影響が大きい」ことを実証分析で明らかにしています。この結果を読む限り、必ずしも「失業率と犯罪発生率の関係性」が密接とは言い切れず、実際はもう少しデータによる検証が必要だと考えます。

世界で始まった「未活用労働」の指標化

第19回国際労働統計家会議では、前述した反省を踏まえ、就業・失業統計をより充実させるために「未活用労働」という指標が新たに定義され、より包括的に労働力を計測しようという試みが世界各地で始まりました。次ページの図がその新たな計測範囲です。

要は「就業者の中に隠れている〝働き足りない者〟」と「非労働力の中に隠れている〝すぐではないが近いうちに働きたい者〟や〝本当は働きたい者〟」に光を当てようという試みです。

「労働力調査」の平成30年平均の結果に、未活用労働指標の計測結果が公表されました。日本の他に、同じように比較可能な国々の結果が並びます。

日本は他の国と比べて失業者（B）だけでなく、追加就労希望就業者（A）や潜在労働力（C）の割合においても低い結果となりました。日本は労働力供給の余力が諸外国に比べて小さいという見方ができそうです。

▼未活用労働の概念

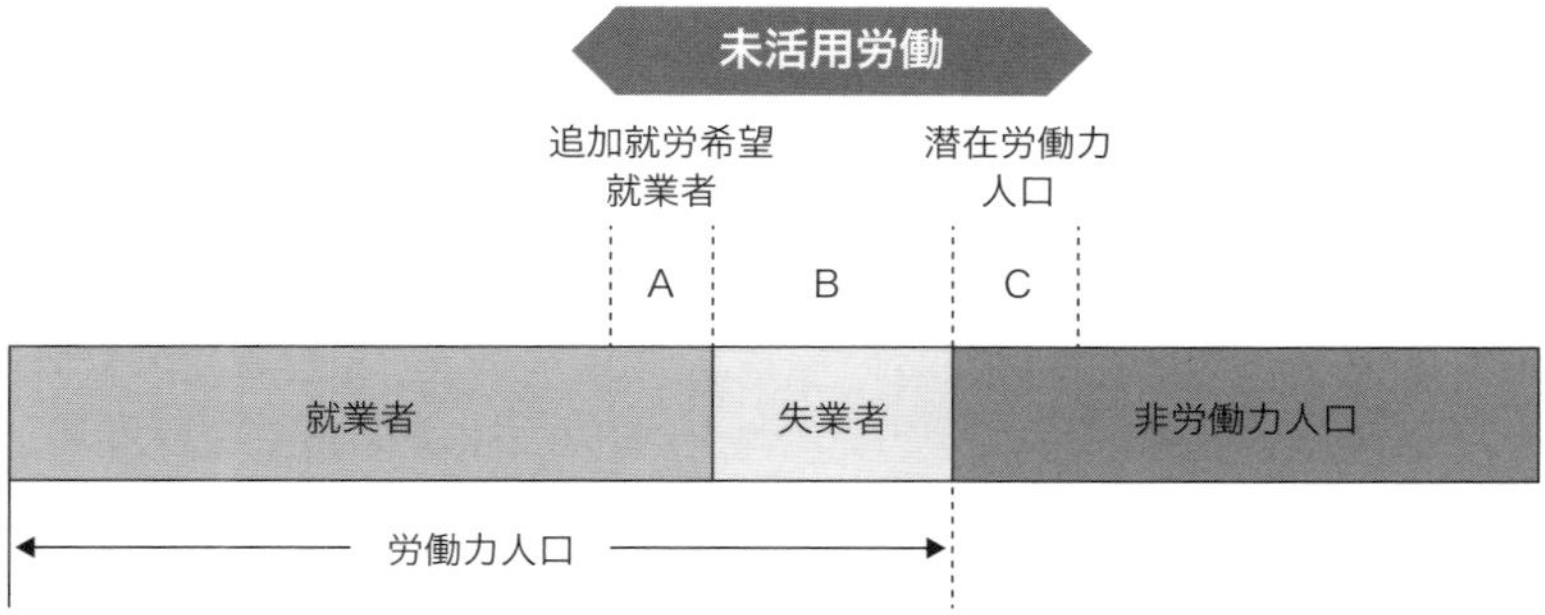

A…短時間就業者の中で追加的な就業を希望し実際それが可能な者
C…今すぐではなく2週間以内に就業できる者と、1カ月以内に求職活動は行っていないがすぐ就業できる者の合算

▼主要国の未活用労働指標内訳

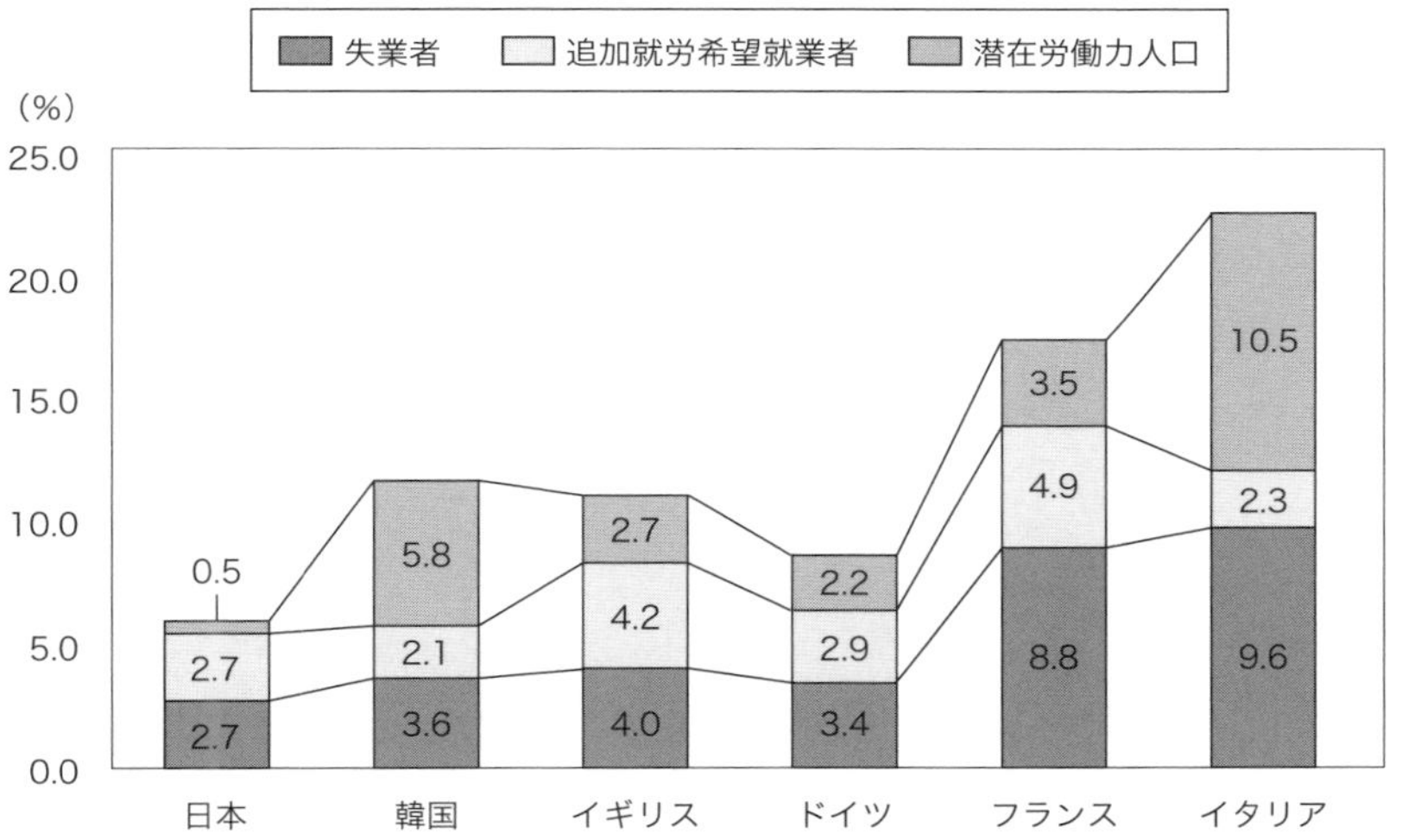

出典：上下ともに総務省統計局「労働力調査（詳細集計）平成30年(2018年)平均（速報）」

▼男女の労働力率の国際比較

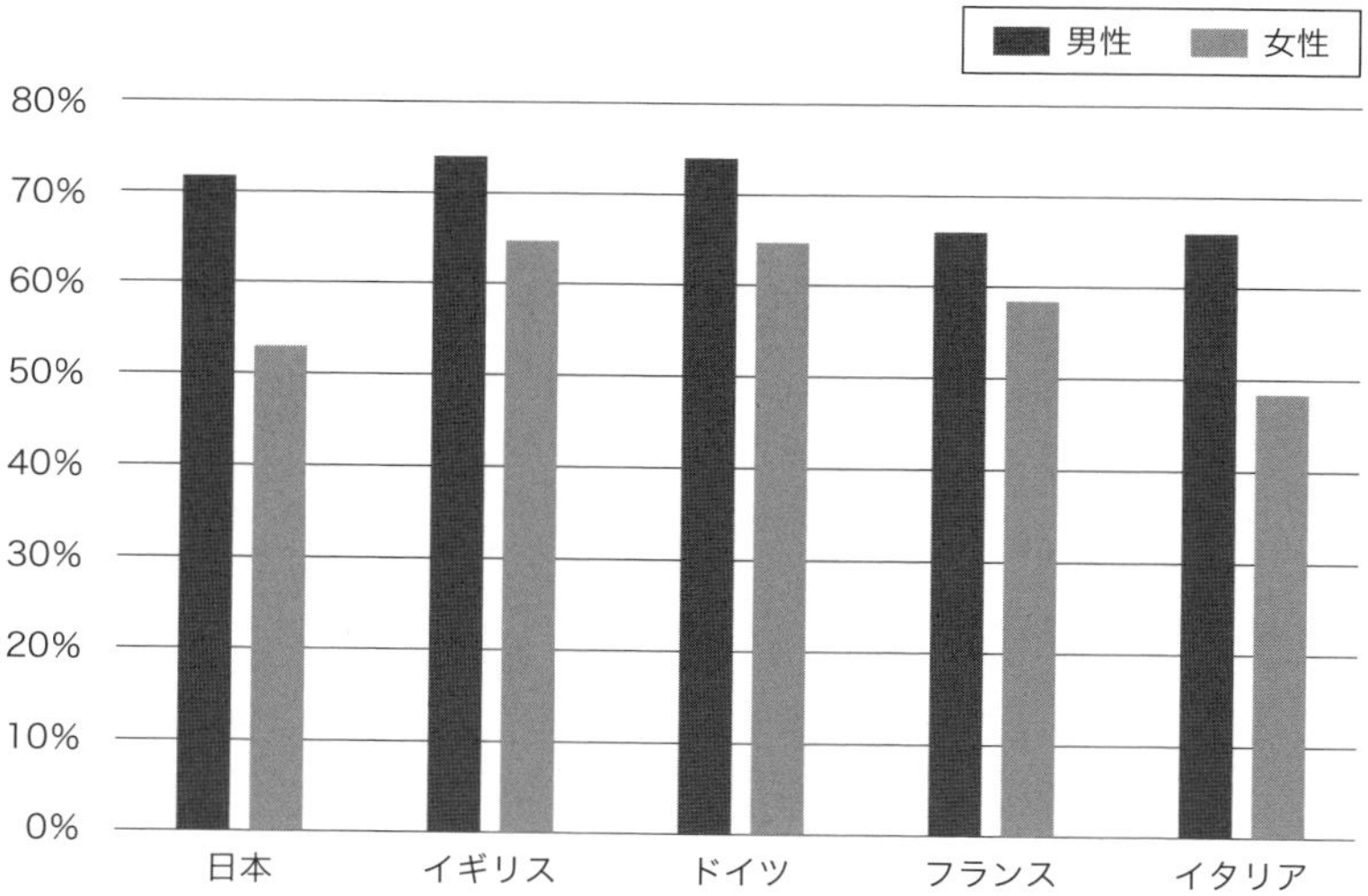

出典：総務省統計局「未活用労働指標の国際比較」

既存の指標からは見えない日本の「M字カーブ」問題

ただし、さらに見方を変えると、日本特有の問題が垣間見えてきます。

それは、日本の労働力率の相対的な低さです。総務省統計局「未活用労働指標の国際比較」を元に男女別の労働力率を計算してみると、女性の労働力率は他諸国と比べて低いことが分かります（上図）。

理由は２つあります。１つは55歳以上の労働力率の低さ、もう１つは25〜54歳の「〃すぐに就業できないけど就業を希望〃している非労働力人口」の多さです。

女性の年代別労働力率は30代を底にM字カーブを描いており、出産、育児、介護を理由に就業を中断する女性が多くいると推測されます（次ページグラフ参照）。平成30年労働力調査によれば約93万人にもなるようです。さらに「育児・介護が当たり前で、働くなんて考えもしなかったけど、環境が整えば働いてもい

▼主要国における女性の年齢階級別労働力率

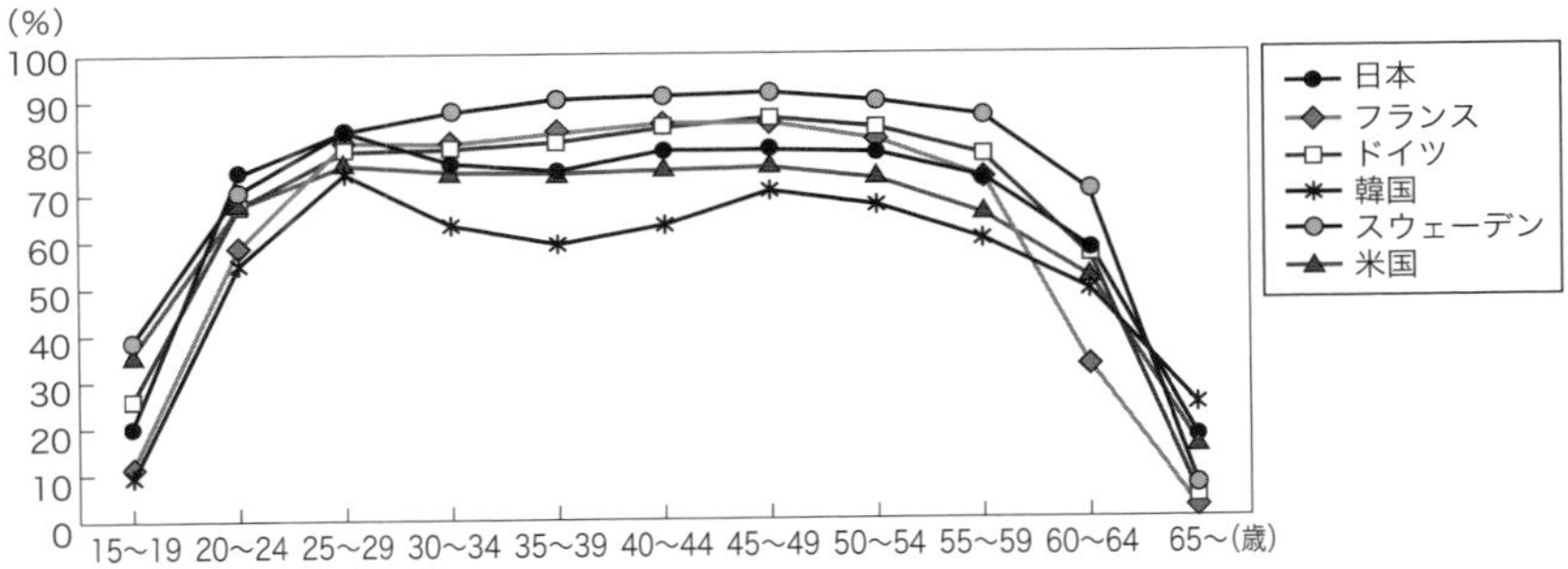

(備考)

1. 日本は総務省「労働力調査(基本集計)」(平成30年)、その他の国はILO"ILOSTAT"より作成。フランス、ドイツ、スウェーデン及び米国は平成30(2018)年、韓国は平成29(2017)年の値。
2. 労働力率は、「労働力人口(就業者＋完全失業者)」／「15歳以上人口」×100。
3. 米国の15～19歳の値は、16～19歳の値

出典：男女共同参画白書令和元年版

いかな」と考える人たちは、もっと多いはずです。

ちなみに「平成29年就業構造基本調査」によると、介護をして、就業していない人口は約281万人になります。また平成24年10月以降の5年間に介護離職した人は約50万人いて、再び職に就かず、就業も希望していない人たちは20万人程度。就業を希望する人は15万人いますが、20万人の中にも助けを借りられれば再就職したいと思っている人がいるかもしれません。

既存の指標だけで満足してしまうことなく、意図を持って指標を作らなければ、光が当たらない存在が一定数いることは分からないままになってしまいます。

M字カーブの問題については、就業・失業統計を開発しているILOも、そこまで手が回らないのでしょう。ならば同じくM字カーブを描く韓国と協力して、独自に「出産、育児、介護を理由にやむなく就業を中断せざるを得ない労働者（1カ月以内に求職活動は行っていないし、すぐには就業できないが就業意欲はある者）」の指標を開発してもよいのではないでしょうか。

最も効果的な失業率対策は、失業者を減らすことです。しかし、求職活動の環境が厳しくて仕事を探す活動をやめてしまったり、仕事に就きたくても今すぐには仕事に就けない状態に追い込まれていたりしている人が増えると、統計上の「失業者」は減るのです。

「失業率は低い」で済まさず、日本独自の問題がないかを考え、必要な統計を開発することも大事です。他の国ではやっていないから、という理由で考えることを止めずに、見えなかった人たちに光を当てる。それも統計の仕事だと私は思います。

（初出　２０１９年８月14日　原稿の時制や数値、肩書は原稿執筆時のものです）

第16講 を振り返る

失業問題には「働き口があるだけマシだろ」「仕事を選んでいる場合か」といった批判が付いて回ります。こうした批判を真に受けている限り、人を使い捨てにするブラック企業は永遠になくなりません。会社と労働者は対等な関係でなくてはなりません。労働者には会社を選ぶ権利があります。

新型コロナウイルスの影響で、不況の影は日に日に強くなっています。就業・失業統計が、労働市場をより正確に照らさない限り、歪んだ数字が幅をきかせます。それはマズいよねと、統計のあり方を正すことができるのは政治家の数少ない役割の1つだと考えます。

第17講

統計的視点で読み解く新型コロナデータの危うさ

多くのデータは機械を使って自動的に計測できるものもありますが、手計算によるものも数多くあります。ただし、精度は「機械」と同じと考えてはいけません。数え漏れ、集計漏れなどミスは付き物です。ましてや、AさんBさんCさんがリレー形式でデータを伝達していたなら、データは悲惨なことになります。

2020年4月7日に出された緊急事態宣言は、5月4日に5月末までに延長されました。対象は全都道府県ですが、13の特定警戒都道府県は引き続き極力8割の接触機会の削減に向け、これまでと同様の取り組みが必要、とされました。安倍晋三首相は、それ以外の県については、「感染拡大の防止」「社会経済活動の維持」の両立に配慮した取り組みが必要だと、第33回新型コロナウイルス感染症対策本部で説明しました。緊急事態宣言は、新たに新型コロナウイルスに感染する人を減らすためのものです。不要不急の外出を減らせば、人と接する機会も減り、その分だけ感染するリスクは下がります。

「新型コロナウイルス感染症対策」という内閣官房のホームページでは、人の動きの変化が毎日更新されました。全国の繁華街、観光地、都道府県境をまたいだ往訪は、前年あるいは感染拡大前と比べて40～80％も減少しています。

▼国内における新型コロナウイルス感染者数の推移

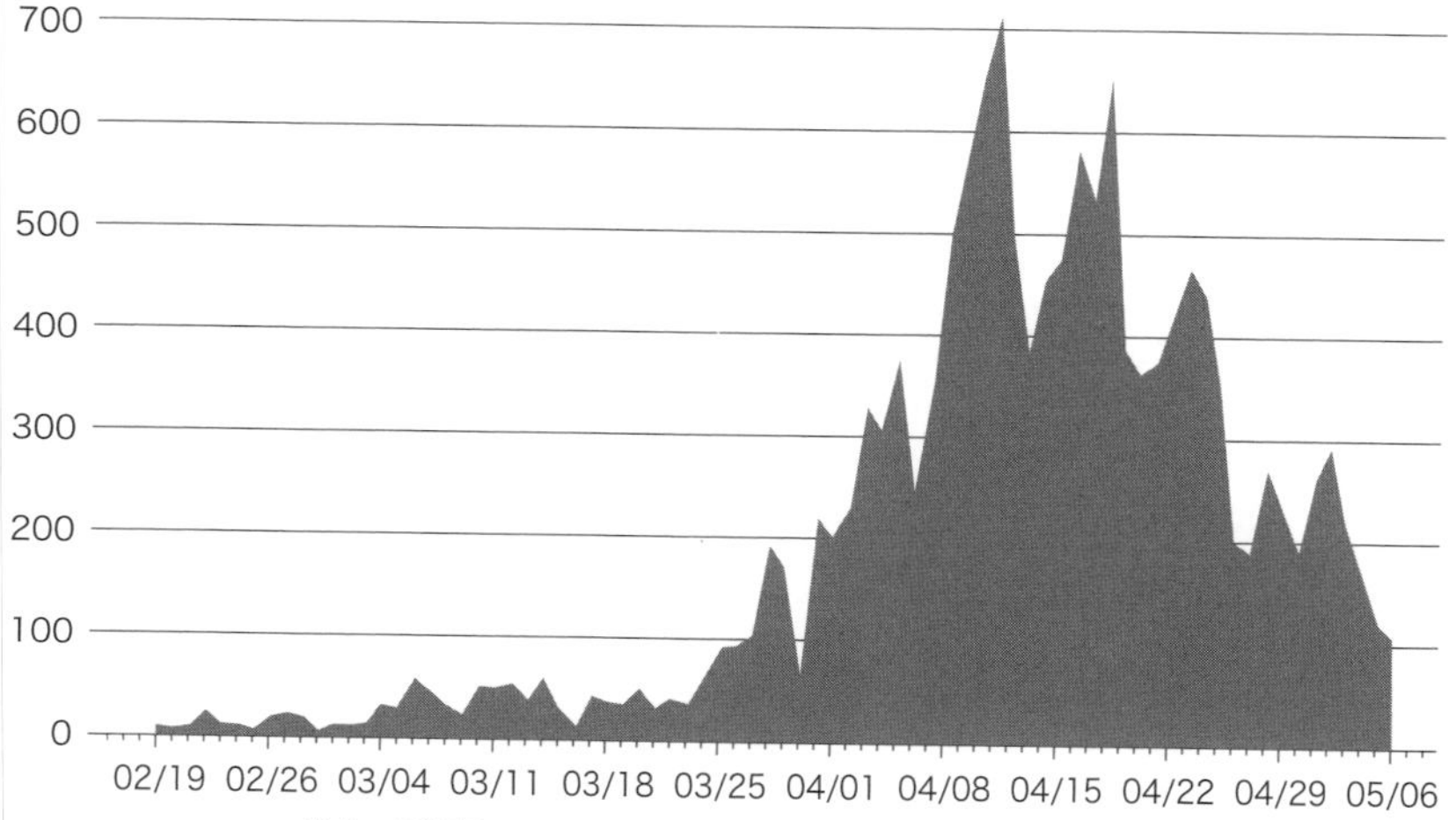

出典：「新型コロナウイルスに関連した患者等の発生について」（厚生労働省）

では、こうした自粛の効果は、どの程度数字として表れたのでしょうか。

厚生労働省の時系列データで分かる「感染者数」

厚生労働省が毎日発表している「新型コロナウイルスに関連した患者等の発生について」というリポートを基に、２月19日以降のその日発表された新たな国内感染者数を折れ線グラフにしました（上図）。ただし厚生労働省の発表にあるように、チャーター便帰国者事例、空港検疫事例、クルーズ船「ダイヤモンド・プリンセス号」の感染者を除いています。

４月11日公表分の７１４人（厚生労働省発表）をピークに、以降は徐々に下降傾向にあります。もちろん、７日に発令された緊急事態宣言が数日で効いたから……ではありません。

20年２月28日にＷＨＯで発表された、中国で起きた新型コロナウイルスに関する事象をまとめた「Report of

the WHO-China Joint Mission on Coronavirus Disease 2019（COVID-19）」によると、感染してから兆候・症状が表れるまで「mean incubation period 5-6 days, range 1-14 days（平均潜伏期間5〜6日、1〜14日の範囲）」と明記されています。

さらに、いざ兆候・症状が表れてから、ＰＣＲ検査を行い、陽性の結果が報告されるまで、平均8日程度を要しているといわれています（新型コロナウイルス感染症対策専門家会議20年3月19日より）。

つまり、その日発表された新たな国内感染者は、およそ2週間前の新規感染状況を反映しています。したがって、緊急事態宣言直後降に感染者の報告数が減ったのは、単なる「偶然」です。

実際、最初に緊急事態宣言の対象となった7都府県に絞って、毎日発表されている新たな国内感染者の県別内訳を見てみると、東京都や大阪府は11日以降も減っていませんし、県によってその傾向はマチマチです。

また、全体の推移を見つつ、層別（都道府県別）にも見なければ「特定の施設でクラスターが発生した」のか「全体的に増えている」のか区別できません。例えば、3月28日は全体で見て１９４人の報告が上がっていますが、うち千葉県が64人を占めています。これは障がい福祉施設でクラスターが発生したからです（千葉県報道資料より）。

「休校していた学校の再開」は歴史に残る〝ナッジ〟となった

グラフを見る限り、4月11日に感染者数が一気に増えたのではなく、それから1週間前の4月3〜5日前後から増加の傾向が加速しています。いったい何があったのでしょうか？

▼国内感染者の県別推移

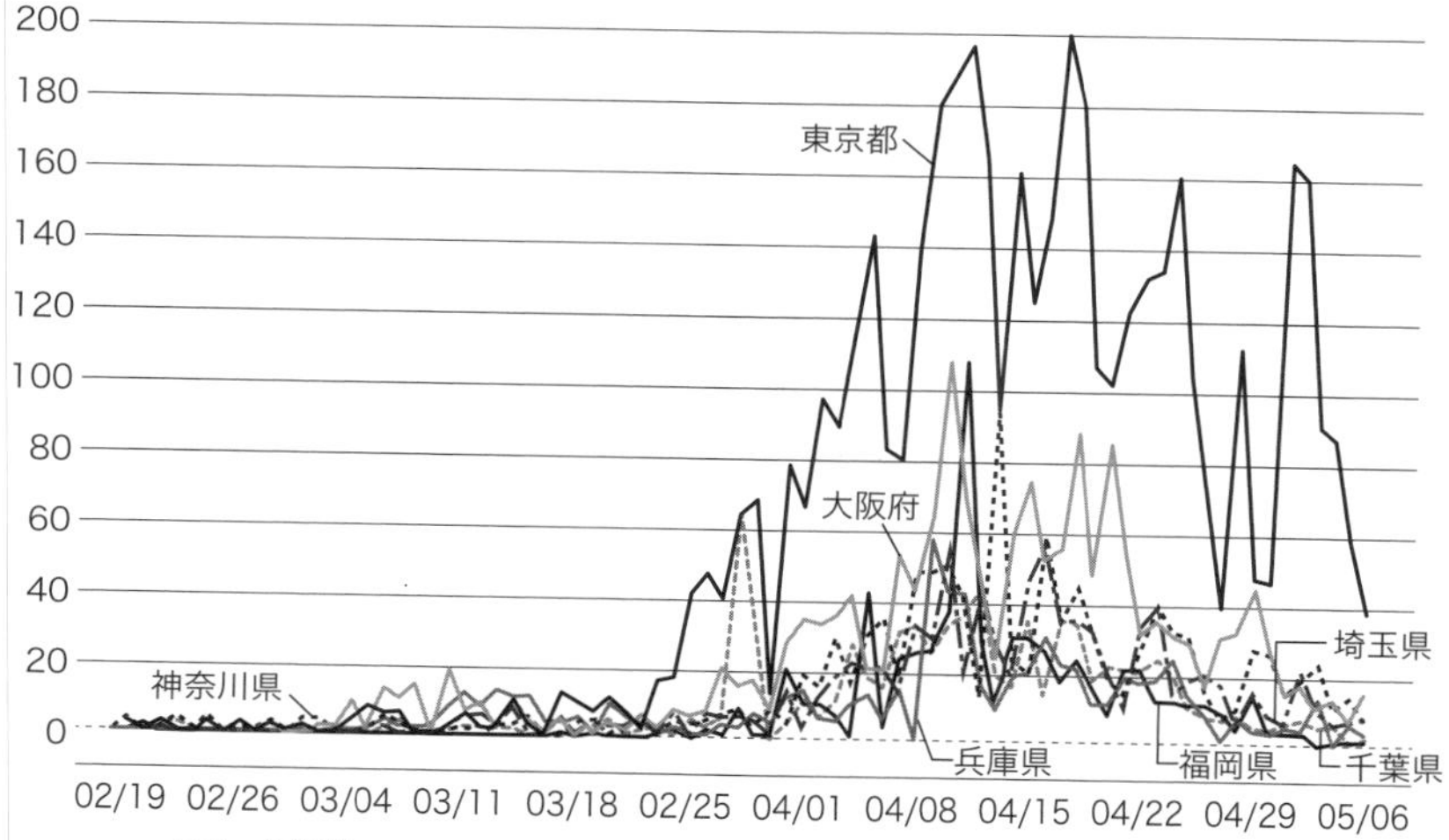

出典：「新型コロナウイルスに関連した患者等の発生について」（厚生労働省）より作成

▼国内感染者の推移（東京都、大阪府）

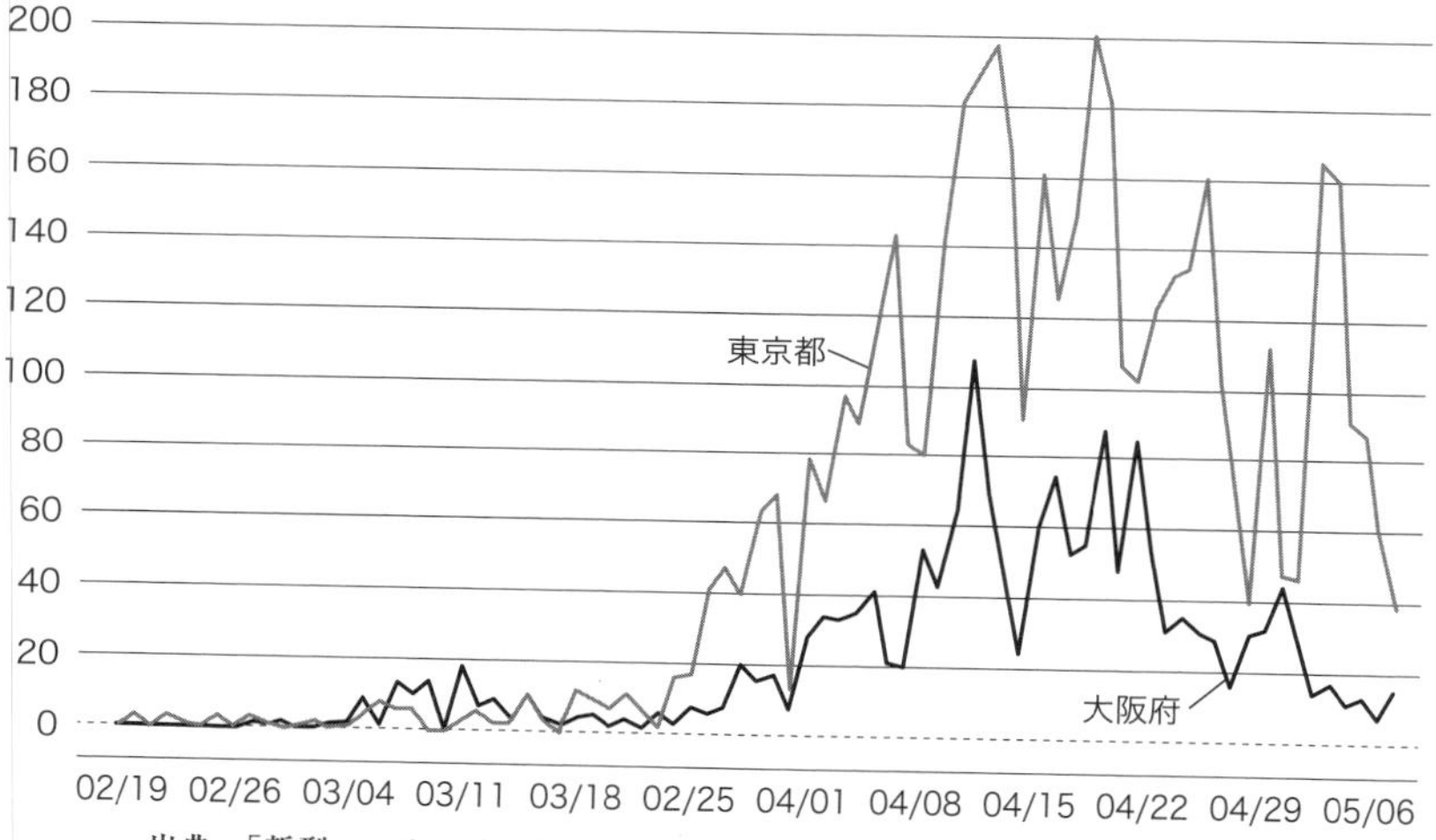

出典：「新型コロナウイルスに関連した患者等の発生について」（厚生労働省）より作成

4月3～5日の約2週間前は3月20～22日、ちょうど世間は春分の日を含めた3連休でした。連休初日の20日、新型コロナウイルス感染症対策本部で安倍首相は「新学期を迎える学校の再開に向けて、具体的な方針を、できる限り早急に文部科学省において取りまとめてください」と述べ、全国一斉の臨時休校の要請を延長しない方針を明らかにしました。

その結果、これまで休校を強いてきた学校が再開されるぐらいなんだから、もう大丈夫なんじゃないかと感じ取った多くの国民が、自粛を破り一斉に外へ出たのが21～22日です。実際に私も近所の大型スーパーへ足を運び、あまりの混雑ぶりに危険を感じて、自宅へ引き返しました。読者の皆さんも似たような経験をされていないでしょうか？

行動経済学の分野で「ナッジ」と呼ばれる言葉があります。「ヒジで軽く突く」という意味で、強制やインセンティブに頼らず、人々の思考のクセを利用して選択肢を提示する手法です。

今回に関して言えば、学校再開のメッセージと、政府の「国内の感染状況については、爆発的な感染拡大には進んでおらず、引き続き持ちこたえている」（3月20日、第21回新型コロナウイルス感染症対策本部）といったポジティブなメッセージのみを受け取り、「自分は感染しないだろう」とする〝楽観主義バイアス〟に拍車が掛かったのではないかと推察します。

あのとき、学校再開のメッセージを伝えなければ……。そう言いたくなる気持ちもあるでしょうが、3月20日の時点で4月以降に感染者数が急増するとは思っていなかったわけで（予想した人もいたでしょうが）、今になって何を言っても「後出しじゃんけん」になります。ただ1点言えるのは、この発見を踏まえて、政府が発信するメッセージや伝え方については、プロフェッショナルの参加が求められるのではないかということです。

厚生労働省の発表する数字はどこまで信じてよいのか？

さて、ここまで厚生労働省が発表する数字を「正」として扱ってきましたが、その内訳を一つ一つ調べていくと、かなり「変だ」と気づきました。

例えば、感染者の中には1度は陰性と確認されたものの、再び陽性となった人がいます。大阪府で1月29日に1例目の患者として報告された方は、のちの2月26日に再び陽性となったと大阪府のホームページ上で報告されています。

少し余談になりますが、大阪府の場合、当初から感染者に一意な番号を割り振り、監督してきたようです。人数が多かろうと少なかろうと、顔が見える状態で一人一人を監督する姿勢は素晴らしく、「数字で判断できる」のは大阪府など「ちゃんと数字を計測していた自治体に限る」と感じています。

話を戻します。大阪府と違い、厚生労働省の資料では再陽性となった同一人物との記載はなく（1月29日、2月26日）、「その日発表された新たな国内感染者」は実質的に「延べ人数」です。もっとも、4月2日発表の厚生労働省の報道資料には、重複計上を取り除いた事例が記載されており、延べ人数ではなく、実数にしたいとの考えにあることが分かりますが、それがどの程度できているかは精査が必要だと感じています。

他にも、先ほどの7都府県別の感染者数推移（厚生労働省調べ）によると、4月11日に福岡県で感染者108例となっていますが、一方で福岡県ホームページの感染症情報では、4月11日は43例しか報告がありません。

また、4月10日に大阪府で感染者108例と報告がありますが、大阪府ホームページの感染者情報では、4月10日は80例しか報告がありません。

前述の通り、兆候・症状が表れてから、PCR検査を行い、陽性の結果が報告されるまで、平均8日程度要するとされていますが、さらに保健所→都道府県→国と報告が上がるまで時間のタイムラグが生じているようです。

ちなみに、厚生労働省が発表する報道資料には「自治体の公表資料の内容が当省の公表基準に合致しない場合には、当省の公表基準に合わせて公表することとしている」と記載されています。つまり、自治体が速報として感染者を発表しても、厚生労働省の公表基準に満たなければ、いるはずの感染者は「いない」ということになるようです。

となると、私たちが毎日のようにチェックしている厚生労働省の数字は、いったい何なのでしょうか。「各自治体から報告が上がった日」ですらないのです。何の数字を見て、政治家や専門家の方々は意思決定を下しているのでしょうか？　私は感染症問題の専門家ではないので分からないのですが、現場と意思決定をする場とで数字がブレていても、意思決定に悪影響を与えないのでしょうか。

一番重要な死者数が、なかなか「見えない」

厚生労働省の発表で一番気になっていたのは、都道府県別の死者数が「見えない」状態にあったことです。総数は発表されるのですが、都道府県単位については一部を除いて「詳細確認中」とされ、そのため、日に日に地方と国の発表する数字にかい離が出ていたのです。

例えば大阪府では、厚生労働省が発表するデータと、大阪府が発表するデータで次ページのような差異が発生していました。それは東京も同様です。

国の集計が遅れているためと思われますが、実際には、後日に突合（とつごう、数字やデータを突き合わせて調べること）作業を終えて正しい時系列データを再集計できているはずです。しかし現状は、再集計した時系列データを新たに公表せずに、突合できた時点で、死者数をその日に追加するだけの状態が続いていました。これでは過去の正しい都道府県別時系列データがどう変化してきたのか分かりません。

特に、４月21日公表分ではその日の全国死者数17人に突合作業の結果確定した死者数74人を足し上げて発表しました。この結果、前日比プラス91人、累計２７７人死亡となり、がく然としました。公表前日に74人の方が亡くなられたわけではなく、今まで突合作業中だったため計上していなかった数字を、いきなり「えいや」で計上しただけなのです。

新型コロナウイルスによる死亡者の突合に時間がかかっているのは、筆者は「人手不足」「システム化の遅れ」が原因だと考えています。ＰＣＲ実施機関と自治体とのやりとり、自治体から国への報告はＦＡＸで行われていると聞いて、さすがに慄然としました。

そうした問題のある数字が、世界保健機関（ＷＨＯ）の４月22日の統計に「Total new deaths（新規死亡者数）」として91人分がそのまま掲載されました（１９９ページ）。繰り返しますが、実際に前日に亡くなられたのは17人で、厚生労働省がある意味で「隠し持っていた74人」をこのタイミングで公表したにすぎな

▼厚生労働省と大阪府の累積死者数のズレ

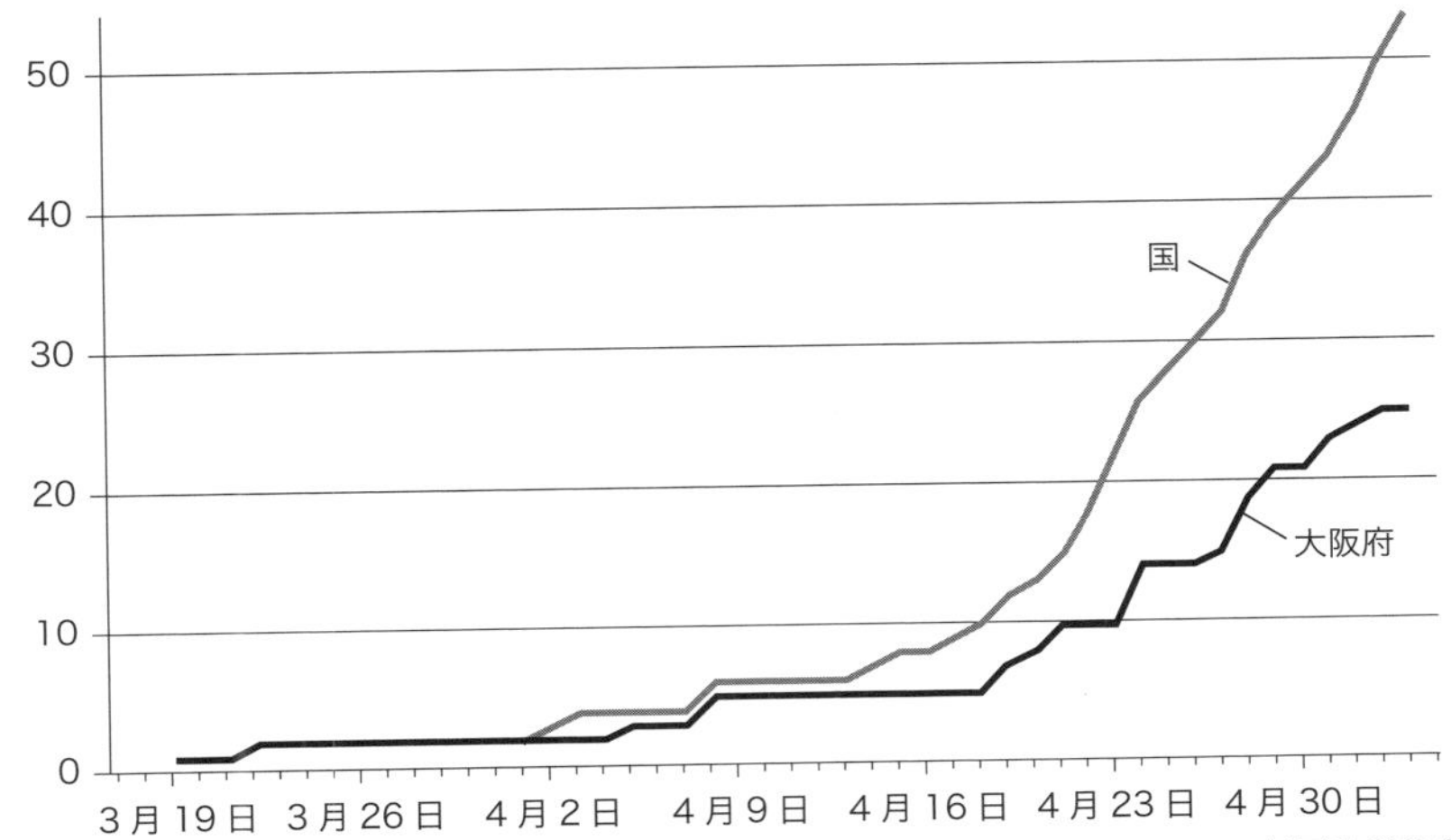

出典：大阪府報道発表資料、「新型コロナウイルスに関連した患者等の発生について」(厚生労働省)

▼厚生労働省と東京都の累積死者数のズレ

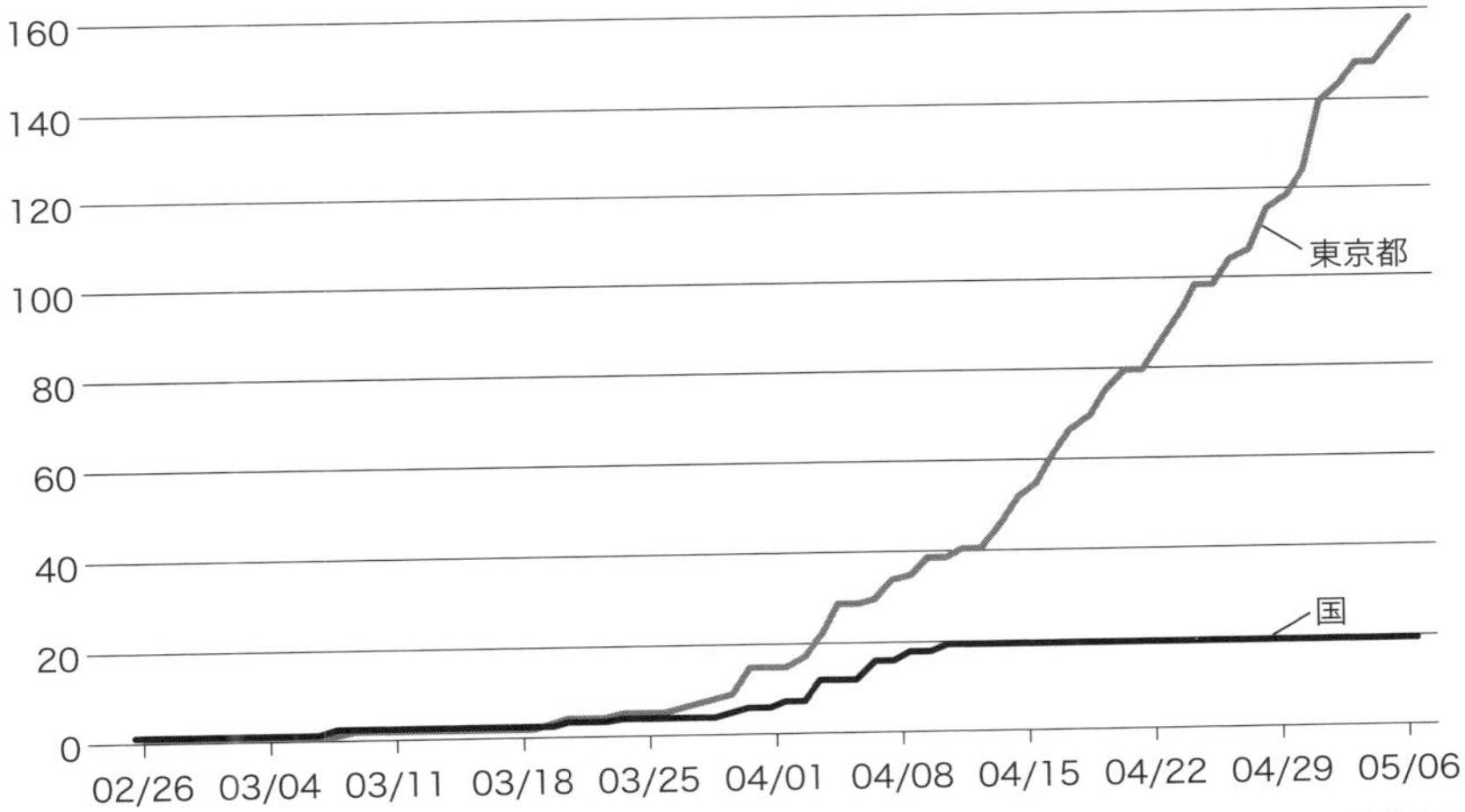

出典：東京都報道発表資料、「新型コロナウイルスに関連した患者等の発生について」(厚生労働省)

▼実態と違う数字がＷＨＯの統計にそのまま載っている

Reporting Country/Territory/Area	Total confirmed cases	Total confirmed new cases	Totla deaths	Total new deaths	Transmission classification	Days since last reported case
Western Pacific Region						
China	84287	37	4642	0	Clusters of cases	0
Japan	11496	378	277	91	Clusters of cases	0
Republic or Korea	10694	11	238	1	Clusters of cases	0
Singapore	9125	1111	11	0	Clusters of cases	0

出典：WHO 統計「Coronavirus disease (COVID-2019) situation reports」

いのに、です。実態と違う数字が、全世界に「正しい数字」として報告されている現状は、さすがにちょっとまずいのではないか……と感じずにはいられません。

もっとも、英国が４月29日には、「新型コロナウイルスに感染して病院以外で死亡した人数」を一気に計上して前日比４４００人を記録し、世界を驚かせました。そう言えば武漢でも、病院外での死亡例を含めて４月17日に死者数を追加で１２９０人報告しています。そういう意味では、他の国も同様なのかもしれませんが……。

さすがに厚生労働省もこの状態はまずいと気づいたようで、５月９日から、都道府県からの報告をまとめるのではなく、都道府県がホームページで公表する情報を集計する方法に改めました。「各都道府県の検査陽性者の状況（空港検疫、チャーター便案件を除く国内事例）」という文書名で公開されています。

まだまだ数字は覆る可能性がある

もう１つ気になるのは、国立感染症研究所の「21大都市インフルエンザ・肺炎死亡報告」のデータです。これによると、東京だけ20

▼3月（第8週）以降しきい値を超えて死者数が増えている

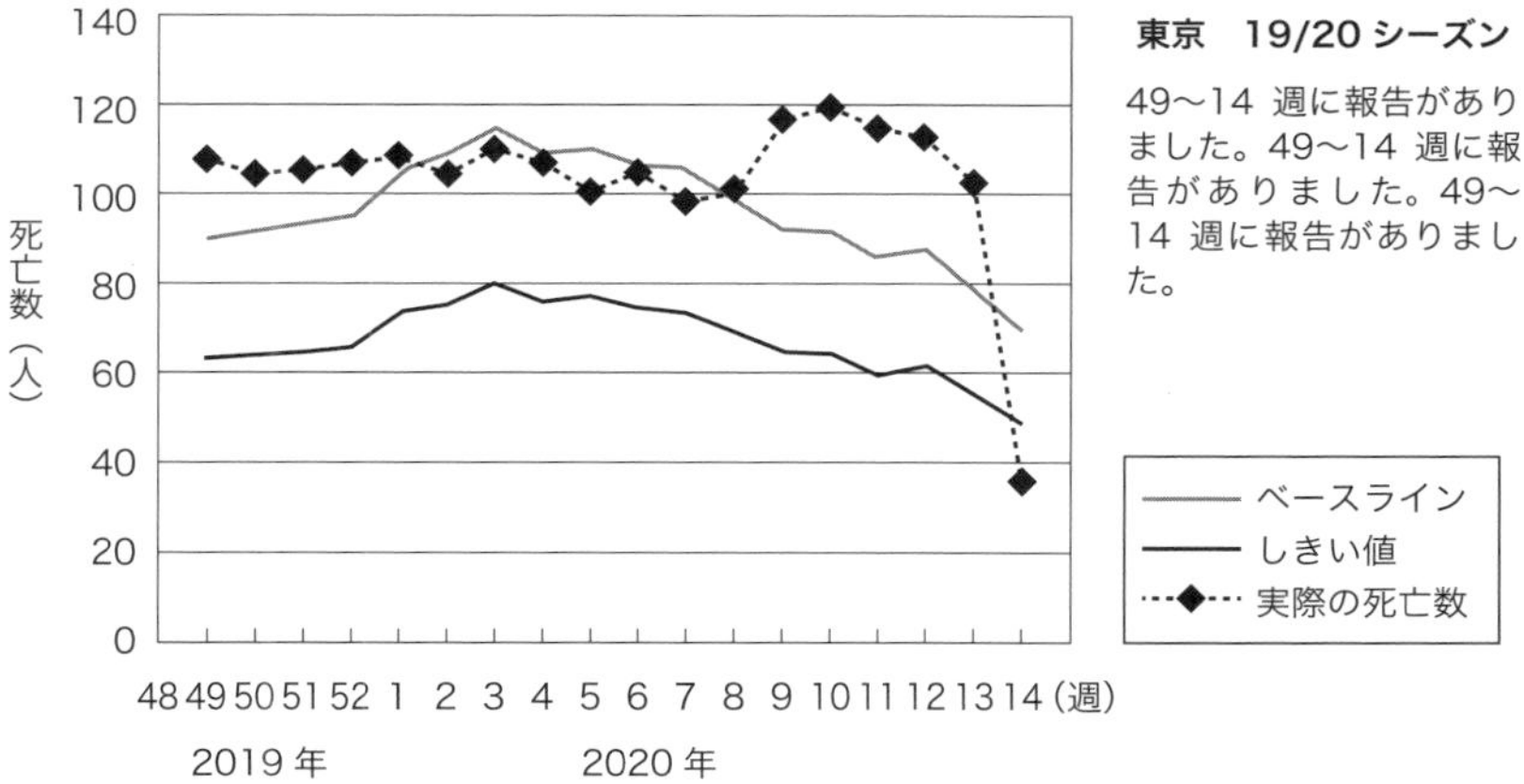

出典：「21大都市インフルエンザ・肺炎死亡報告」（国立感染症研究所）

年の第8週以降ごろから、インフルエンザの流行により予想される死亡者数の上限（しきい値）を大きく超えていると分かりました。この中にも、新型コロナウイルスによる死亡者が紛れ込んでいる可能性があります。これ以外にも、英国や武漢の例のように、病院で亡くなっている方の中に実は新型コロナ感染者がいた……という例が出てくる可能性もあり、まだまだ数字は覆る……という前提で考えた方が良さそうです。

18年12月に厚生労働省所管の「毎月勤労統計」で不正が発覚（第12講参照）した際に、しっかりと統計に関する予算を拡充しておけば良かったのにとも思いますが、後の祭りです。現場も混乱している、その余波で国も混乱している、連携はアナログだからタイムラグも発生して、混乱に拍車を掛けます。まさか令和にもなってインターネットではなくFAXを使うというのはないだろう、と思います。

5月11日には東京都が「111人分の報告漏れ」「35人分の重複計上」があったと発表して大きな話題となりました。「端末に入力したものを改めて手で書き写して報告するオペレーション」（読売新聞）が負荷を高める一因だったそうです。何のために元ヤフー社長の宮坂学さんが東京都副知事になったんだ、と本当にガッカリします。

この状態がさらに数カ月続けば、「日本が発表する数字は信頼できない」と言われかねないので、あわてて厚生労働省も都道府県の情報を待つのではなく、自ら情報を取りにいく方法に変えました。それにしても国を動かす官僚が、我々と同じようにホームページを見てチェックするのはさすがに情けないというか、その作業をシステム化して他にやるべきことやってよ……と感じます。

いつか本気出す。いつか改革する。いつかちゃんとやる。いつかいつかと先延ばしにしていたら、その「いつか」がまさに訪れてしまったようです。

（初出　２０２０年５月13日　原稿の時制や数値、肩書は原稿執筆時のものです）

第17講　を振り返る

新型コロナウイルスに関する「数字」については、筆者は一貫して「これは統計ではない」と考えてきました。データの計測方法や定義が自治体によってバラバラで不正確なので、こうしたデータを元に分析しても意味のある答えが得られると思えなかったからです。５月に書いた内容を、2020年12月時点で振り返ると、ドタバタ劇も多少は落ち着きを取り戻しました。ただし、国、自治体、メディアで感染者数は未だに一致していません。感染が収束するまでこの状態は続くでしょう。

第5章

データジャーナリズムのススメ

データドリブンに事実を解釈することで、新たな事実や今まで見えなかった事実に出会うことがあります。筆者はそれを「データジャーナリズム」の本質ではないかと考えます。

現場に行っているわけでもなく、関係者に取材をしているわけでもないように見えるので、既存のジャーナリストからすれば、何を偉そうに……と思われるかもしれません。確かに卓上で数字を眺めて矛盾を発見し追及する様は、直接現場に向かわない安楽椅子探偵のようです。

しかし、本来のデータジャーナリズムには、データを計測するために現場へ向かい、足を酷使して駆けずり回る一面もあります。はっきり言えば肉体勝負です。さらに、各所に散らばったデータを数えやすいよう整形し、プログラムを作成する一面もあります。こちらは頭脳勝負です。どちらにせよ、真実に迫るための取材活動にほかなりません。

取材している人の方がすごい、偉いといったマウンティング的な比較は意味がないのです。むしろ、現役のジャーナリストこそが「データ」を使えるようになれば、ジャーナリストとしての強みを高められるはずです。

「データ分析」といっても、その大半が事実解釈や意味解釈です。数字で表現されてこそ伝わる事実があります。集約すれば傾向が見えてきて、時間軸を加えればさらに詳細な傾向が見えてきます。特別なプログラミング能力は必要ありませんし、何ならプログラミングは誰かに頼めばよいのです。

既に世界では「データジャーナリズム」の先進事例がいくつも生まれています。特にアジア圏では韓国が先進的です。日本が、データジャーナリズムでその名を世界にとどろかせる日は訪れるでしょうか……？

第18講

乱用される国会の「質問主意書」と不誠実な「答弁書」 ツケは国民に

この講のポイントは、データをまったくの0からそろえる過程と、データによる証明です。データを使って分析したくても、手元にデータがなければ計測から始めなければいけません。どうやって計測すれば良いの？ どうやって分析すれば良いの？ 多くのメディア関係者はそこで手が止まってしまうと聞きました。まずは「隗より始めよ」ということで、自ら挑戦したのが本講です。

国連の気候行動サミットのため、2019年9月にニューヨークを訪問した小泉進次郎環境大臣が「気候変動のような大きな問題は楽しく、クールで、セクシーに取り組むべきです」と発言したところ、主に日本国内で論議を呼びました。

発言の是非はともかくとして、小泉環境大臣のセクシー発言を受けて、19年10月4日に立憲民主党の熊谷裕人参議院議員が以下の質問主意書を提出したのは皆さんご存じでしょうか。

少なくとも直近五年間において、国務大臣の公式な記者会見のみならず、そのまま報道することを前提としたいわゆるオンの会見で、国務大臣が「セクシー」という単語を用いて日本政府の政策を評価もしくは形容した事例はないと承知しているが、政府の見解如何。

第２００回国会質問第六号質問主意書より抜粋

国会法第74条の規定により、国会議員は政府の見解を質す、あるいは情報提供を求める質問ができます。この質問文を「質問主意書」と呼びます。

議員が質問をしたいとき、まず衆参議長に対して質問主意書を提出します。衆参議長から承認を受けた質問主意書は、内閣に送られます。内閣は（土日含めて）7日以内に、答弁書によって回答しなければいけません。さらに全ての質問主意書への答弁書は、閣議決定する義務を負っています。質問主意書とは、それぐらい重要な書類なのです。

さらに細かいプロセスはＮＨＫが「霞が関の嫌われ者〝質問主意書〟って何？」と題して取材してウェブに掲載しているので、よろしければご覧ください。

会議（本会議、委員会など）の場での質疑時間が不足しがちな少数政党や無所属の議員は、質問主意書で国会審議を補っている側面もあり、質問主意書は政治手段として有用だと評価されています。

さて、熊谷裕人参院議員の質問主意書に対して、内閣は以下の回答を示しました。

お尋ねの「公式な記者会見」及び「オンの会見」については、その具体的に意味するところが必ずしも明らかではないため、網羅的にお答えすることは困難であるが、関係省庁において調査を行った範囲では、直近五年間において国務大臣が「セクシー」という単語を用いて政府の政策を評価又は形容した事例は見当たらない。

——第200回国会内閣参質二〇〇第六号答弁書より抜粋

私のような一般人からすると、聞く方も、答える方も「何をやってんの」と突っ込まざるを得ないやり取りです。国民の税金を使って何をやっているでしょうか。

質問主意書の乱発は長らく問題視されています。関係省庁との協議、内閣法制局による審査など膨大な負担を必要とする割に、7日以内の閣議決定という短い時間制限がかけられています。その結果として「答弁品質の低下」「恒常的な残業の発生」が指摘されています。これはブラック企業と同じ構図です。

一方、その陰でおざなりな答弁書も目立ちます。特に第2次安倍政権になって、そのような傾向が顕著に見られると批判する政治家・マスコミの方もおられます。例えば以下の初鹿明博衆議院議員の質問主意書と回答となる答弁書を読んでください。

一　来年度の概算要求において「桜を見る会」の予算額を前年度の三倍の額で要求したのはいかなる理由からでしょうか。

二　過去五年、参加者数が増加している一方で、会場等設営業務、飲食物提供業務のどちらについても、参加者一人当たりの単価が増加していますが、この金額が妥当であったか検証すべきだと考えますが見解を伺います。

第２００回国会質問第七号質問主意書より抜粋

―内閣府としては、「桜を見る会」の令和二年度概算要求において、テロ対策の強化や混雑緩和のための措置などの近年に講じた改善点を反映させるなど、実態に合わせた経費を計上したところである。――

第２００回国会内閣衆質二〇〇第七号答弁書より抜粋

実態に合わせた経費としながらも、なぜ昨年の３倍になるのかについて真摯に答えていません。『北の国から』じゃありませんが、思わず「誠意って何かね？」と問いたくなります。

そこで今回は、質問主意書の「可視化」に挑戦してみます。

プログラムを組んで質問主意書関連のデータを収集

過去提出された質問主意書は、全て衆参議院ホームページにて確認できます。

そこで、昭和22年（１９４７年）の第1回国会から、令和元年（２０１９年）の第２００回国会まで、衆参両方を対象に質問主意書に関する全てのデータを取得しようと考えました。

といっても、手動でコピー&ペーストしていると膨大な時間がかかります。そこで、機械の力を借りることにしました。具体的には「R（アール）」と「Python（パイソン）」というプログラミング言語を使って、「WEBスクレイピング」と呼ばれるWEB上のデータを抽出・収集する手法でデータを収集しました。

プログラミングのコードは掲載しませんが、全体で150行程度です。まとまった時間が必要だったので19年〜20年の年末年始にゴリゴリとプログラミングしました。久しぶりだったので書き方を忘れてしまい、完成まで半日程度かかりました。現役エンジニアなら1時間も要しないでしょう。

ただし、参議院と衆議院でホームページの作りが全く異なり、かつ文中に文字化けしたテキストが含まれていたため、データ収集から成形までに3日程度かかりました。「こんなところで独自性を発揮しないでよ！」と思わず叫びました。ちなみに、圧倒的に実装しやすかったのは参議院です。

「質問主意書」の可視化に挑む

まずは衆参ごとに、各国会で質問主意書に対して、何件の答弁書が回答されたかを可視化してみましょう。まれに質問主意書を提出した後に撤回される場合もありますが、基本的には「質問主意書の数」＝「答弁書の数」と考えてよいでしょう。

衆参共に、第1回国会後からしばらくは活発に質問主意書が提出されていたようですが、その後次第に少なくなっています。55年体制になっても、1993年に非自民系連立の細川政権が誕生しても、事実上は休眠状態だったといっても過言ではありません（212ページのグラフ参照）。

それが急に活発になり始めるのは、衆議院では第１５１回国会（森喜朗内閣から小泉純一郎内閣に代わった。２００1年1月31日～同年6月29日）から、参議院では第１６８回国会（安倍晋三内閣から福田康夫内閣に代わった。07年9月10日～08年1月15日）からです。

件数の最大は、衆議院では第１７１回国会（麻生内閣。09年1月5日～同年7月21日に解散）で６７５本、参議院では第１８９回国会（安倍内閣。15年1月26日～同年9月27日）で４０３本を数えます。

閣議は原則週2回です。28週にわたった第１７１回国会では1回の閣議につき（衆院６７５本＋参院２４９本）割る（28週×２回）＝平均16・５回の質問主意書に対する答弁書に花押されている計算になります。こりゃ、質問される側も、大変です。

誰が「質問主意書」を多く提出しているのか？

続いて、質問主意書の提出回数が多い人をランキング形式で表示します（２１４ページ）。

圧倒的に突出しているのが、鈴木宗男衆議院議員の２１４０回でした。その内訳を見てみましょう。なお、２１４ページの下の表に示した期間の前後に質問主意書は出されていません。第１７１回国会は６７５本中４５２本（約67％）が、鈴木宗男さんが提出していたものでした。

05年の衆院選で新党大地の代表として当選して以降、10年に失職するまでの約5年間、ひたすら質問主意書を提出し続けていました。09年9月には民主党の統一会派に参加して事実上の与党になっていますが、手綱を緩めず１７４回国会には２００本も提出しているのは、是非はおくとして、すごい回数です。

▼衆議院第 1 回国会～第 200 回国会までの質問主意書に対する答弁書の件数

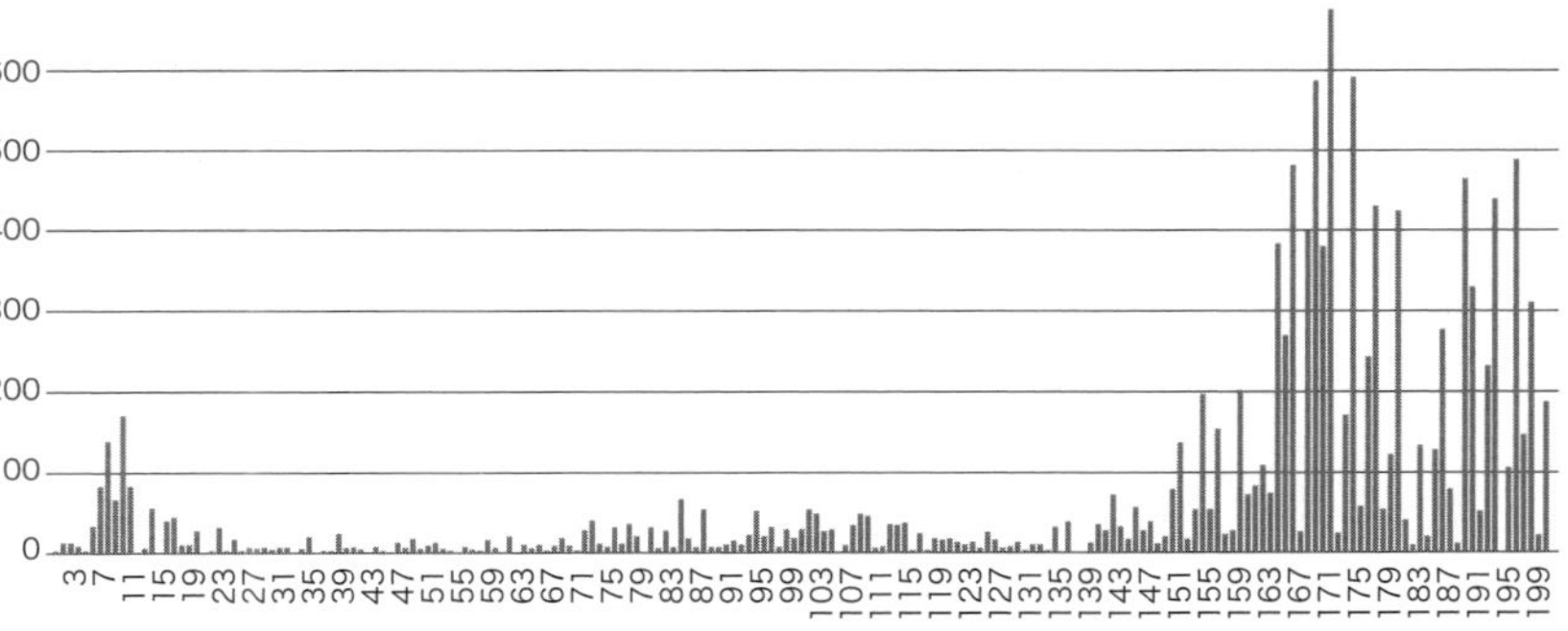

▼参議院第 1 回国会～第 200 回国会までの質問主意書に対する答弁書の件数

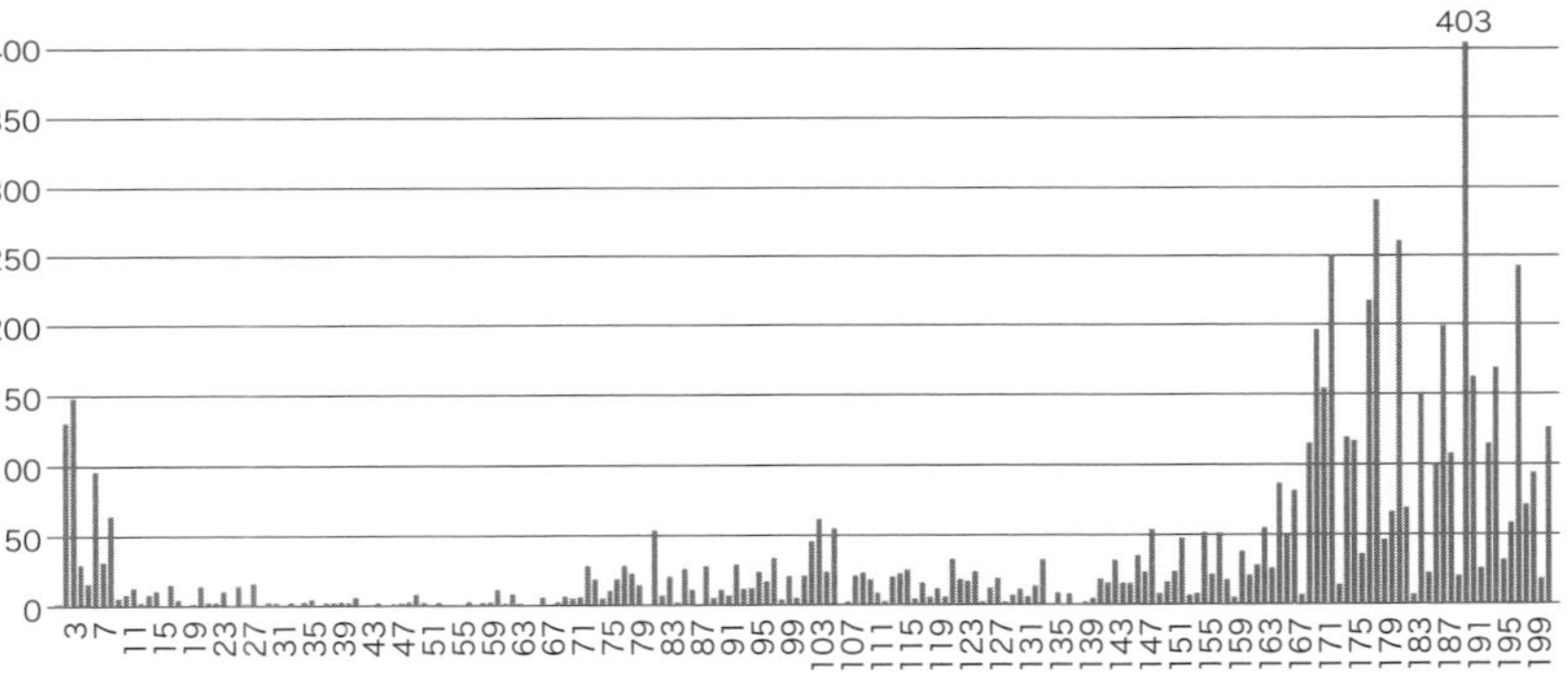

いつから「不誠実」な答弁書が登場したのか？

ここ数年の答弁書を何本か抜粋して読んでいると「ご指摘の○○の意味が必ずしも明らかではない」「お答えすることはできない」という回答が目立ちます。安倍政権のおごりだと評する方もおられます。

いつ頃から、このような不誠実な回答が登場するようになったのでしょうか。質問主意書の制度が始まった当初からでしょうか。

そこで、答弁書に対してテキストマイニングを行い「明らかではないが」「仮定の質問で」「お答えすることはできない」「お答えすることは困難で」「お答えすることは差し控え」「政府としてお答えする立場にない」といった「不誠実」回答文が、全体のどれくらいを占めるのか調べました。

衆議院も参議院も、質問主意書が始まった当初は不誠実回答文が一切登場しません。現代の官僚であれば「仮定の質問では答えられない」とむげに扱うような質問主意書にも、丁寧に回答しています。

不誠実回答文のうち「○○の意味が必ずしも明らかではないが」が最も早く登場します。第１０１回（中曽根内閣。１９８３年12月26日〜84年８月８日）です。

「憲法で禁止されている事柄」の意味が必ずしも明らかではないが、国又はその機関の活動についての御質問であるとすれば、国又はその機関は憲法に違反することは許されないのであるから、憲法の各規定に違反する行為はすべてこれに当たる。

▼衆議院第 1 回国会～第 200 回国会まで質問主意書提出が多い国会議員上位 20 名

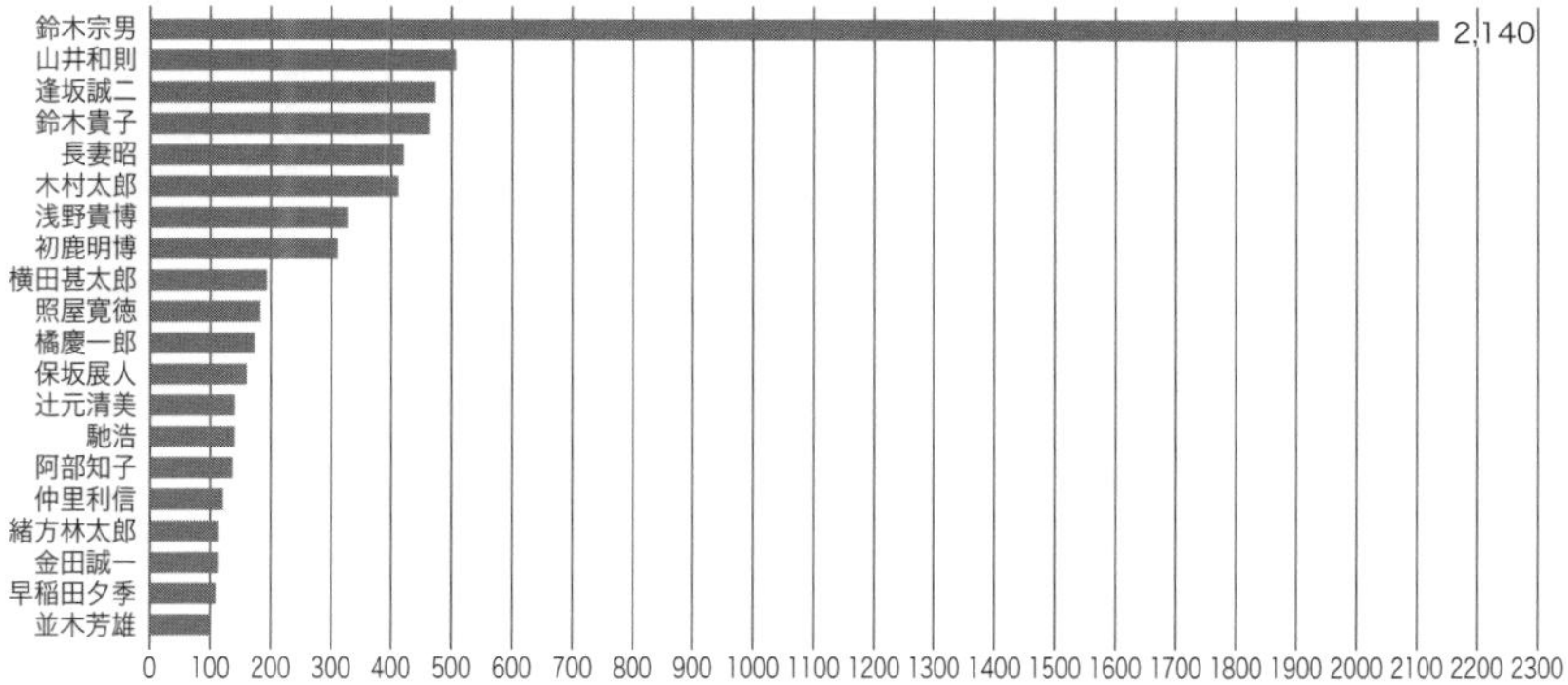

▼参議院第 1 回国会～第 200 回国会まで質問主意書提出が多い国会議員上位 20 名

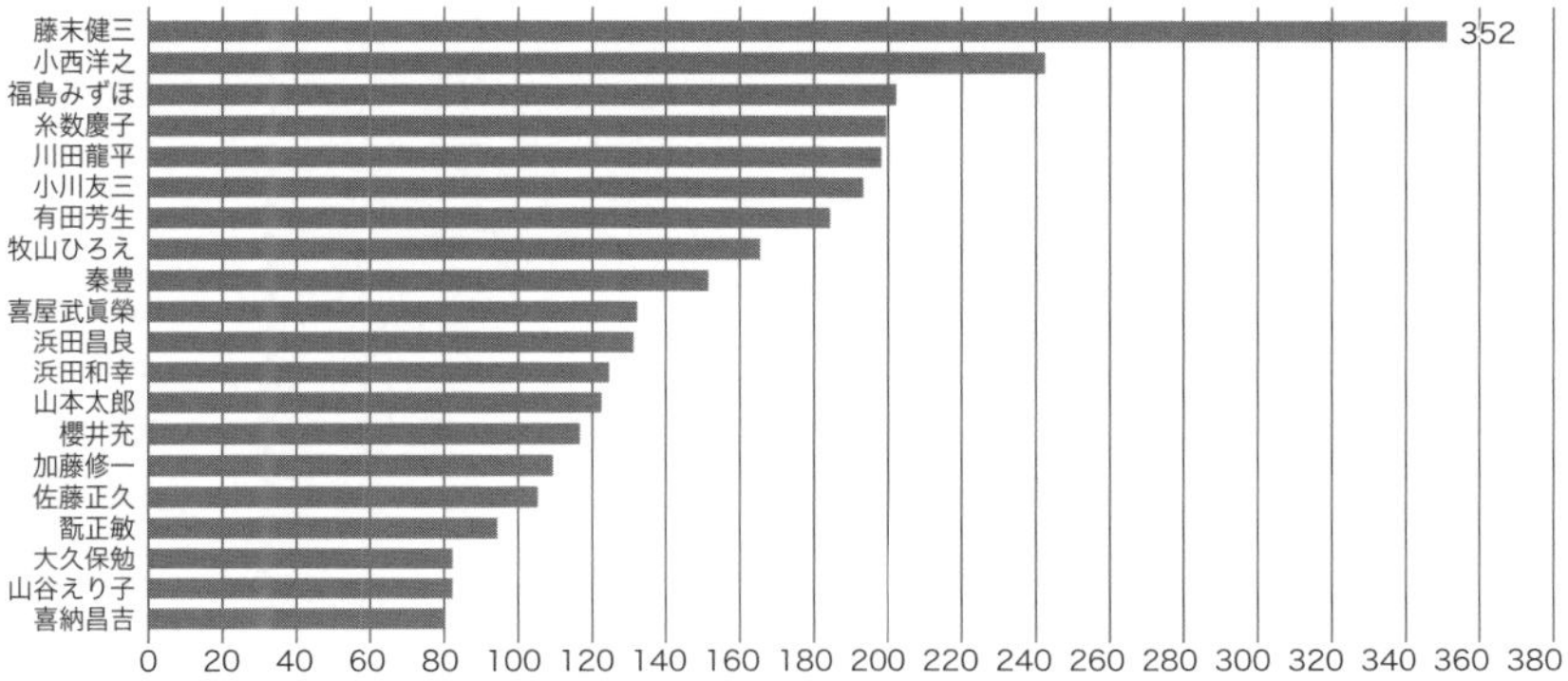

▼鈴木宗男衆議院議員が出した質問主意書の数

国会	件数
163	28
164	227
165	156
166	309
167	5
168	213
169	285

国会	件数
170	183
171	452
172	22
173	45
174	200
175	15

▼衆議院第1回国会～第200回国会までの答弁書に対して特定の一文が登場する割合

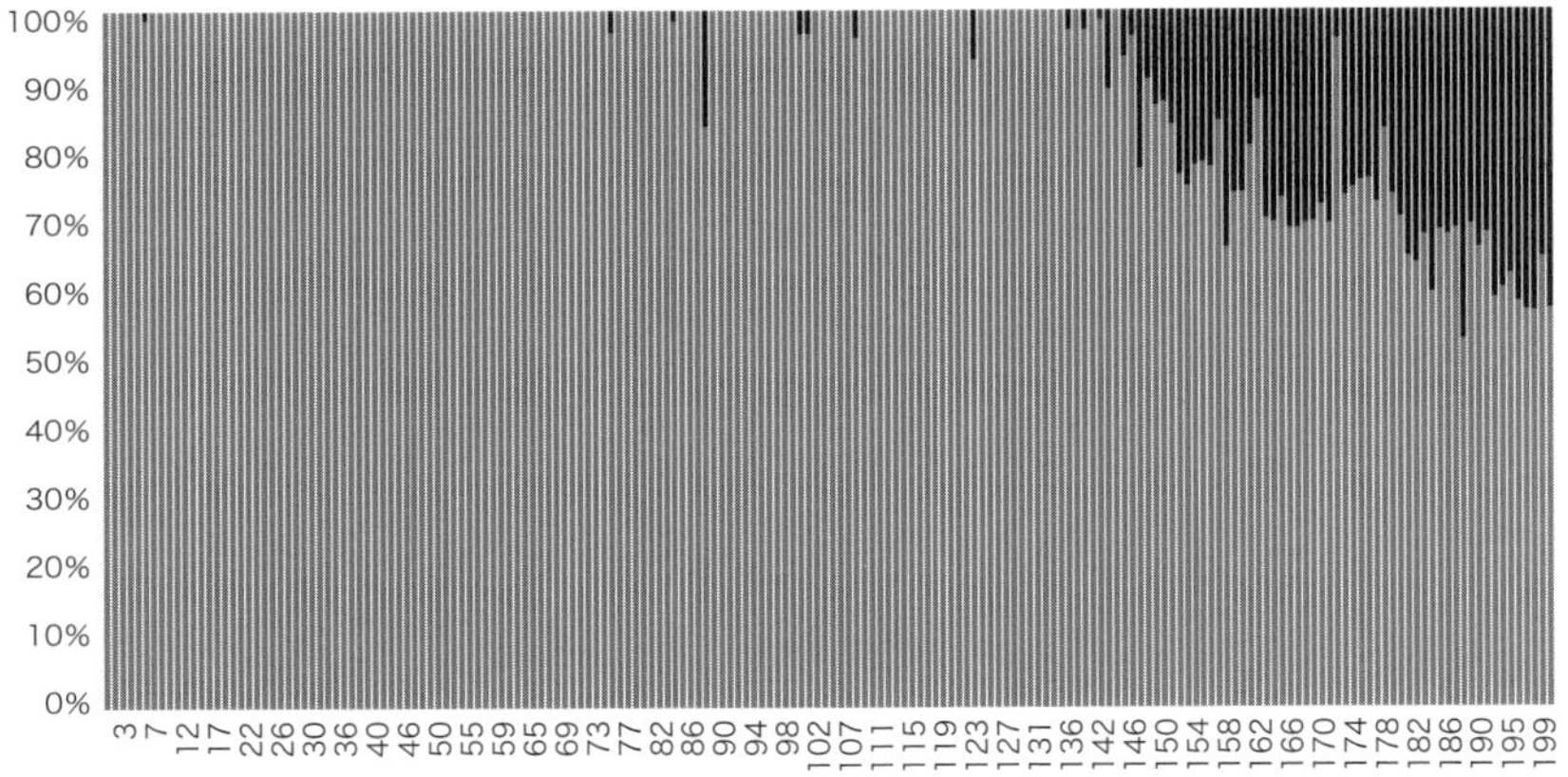

不誠実回答は濃い色で示した
※1本の答弁書に「仮定の質問で」「お答えすることは差し控え」などいずれかの不誠実回答文が登場すれば1としてカウント

▼参議院第1回国会～第200回国会までの答弁書に対して特定の一文が登場する割合

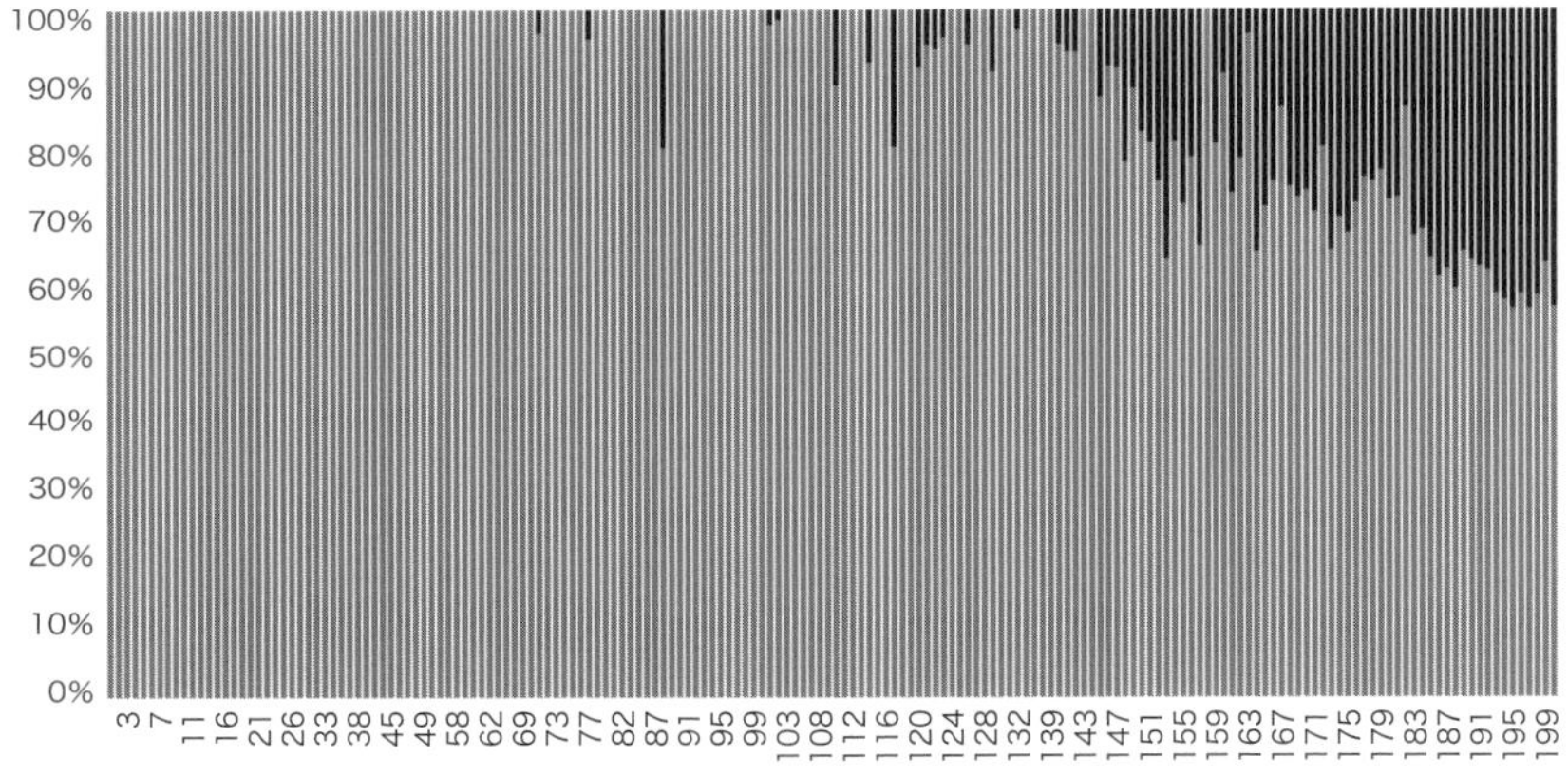

不誠実回答は濃い色で示した
※1本の答弁書に「仮定の質問で」「お答えすることは差し控え」などいずれかの不誠実回答文が登場すれば1としてカウント

―第101回国会内閣衆質一〇一第二二号答弁書より抜粋

使い勝手の良さに気付いたのか以降ポツポツと登場するのですが、常用され始めたのは第145回国会（小渕内閣。99年1月19日～同年8月13日）からです。

以降、政権が交代しても、その傾向は途絶えていません。与党が自由民主党から民主党に替わっても同様です。小泉内閣から安倍内閣（第2次）までの、質問主意書に対する不誠実答弁が含まれる割合は左ページの表のようになりました。質問主意書が増え始めた小泉内閣からの数字を出してみました。

確かに第2次安倍内閣は比率が高いですが、とはいえそれ以外の政権も特別低いともいえません。不誠実なのは、安倍政権ではなく官僚なのでしょう。また、安倍政権に文句を言うなら、自身が政府・与党だったときになぜ変えなかったのかと批判されても仕方がないでしょう。

質問主意書のルールを変えるべきだ

木で鼻をくくったような答弁が続く理由として「質問主意書の件数が多いから官僚の負担となり、十分に回答できないから」と説明する人も多いようですが、不誠実答弁の始まりと質問主意書が増加した時期には6～8年ほどのタイムラグがあります。その説をうのみにはできません。

とはいえ、このまま放置もできません。現状は「木を隠すなら森の中」みたいなものです。不誠実な答弁群には、質問主意書が意味不明だから答えられないものだけでなく、内閣や官僚が真正面から答えたくない

▼歴代内閣における質問主意書に対する「不誠実答弁」

内閣	衆議院	参議院
小泉内閣	24.76%	24.24%
安倍内閣（第1次）	29.98%	26.09%
福田内閣	30.66%	26.95%
麻生内閣	29.90%	28.47%
鳩山内閣	25.29%	32.77%
菅内閣	26.37%	26.73%
野田内閣	28.70%	26.88%
安倍内閣（第2次）	37.93%	38.66%

内容のものが紛れ込んでいます。質問主意書によって得られる「国民の利益」が台無しです。

まず質問主意書のルールを、もう少し柔軟にしませんか。まずは（1）なぜ7日以内でなければならないのか、（2）質問の回答にかかるコストは無尽蔵でよいのか、（3）主意書自体の品質確認は不要でいいのか、について国会で議論すべきだと考えます。

特に（2）と（3）は重要です。

質問主意書をいっぱい出している＝スゴイ、仕事をしていると思われがちですが、大勢の官僚の涙と血税を犠牲にしてまで追うべき「量」とは何でしょうか。この20年の歴史が「量はこなせる」と証明しています。見るべきは「量」ではなく「質」です。

権力を監視するメディアが、質問主意書という名の下に行われている「権力の乱用」にもっと注意を払うべきです。国会が終わる度に役人に無記名のアンケートを行い、「痛いところを突いてきた質問主意書を提出した政治家ランキング」「全く無意味な質問主意書を提出した政治家ランキング」を作るのはどうでしょう。野党の働きぶりをチェックするのもメディアの仕事ではないでしょうか。

また、不誠実回答文に対しては議長の職権をもって「再提出」とする制度を検討してもよいのではないでしょうか。衆参議長は不偏不党であり、与野党の立場を超えて、憲政の良心に従い「さすがに不誠実ではないか」と突き返すぐらいの権力を有するはずです。

衆参議長は、当選回数の多い議員が就く重職です。理屈上、就任は議院における選出によるもので、内閣による指名ではありません。首相ににらまれるのが怖いから「再提出」が言えないのなら、ブラック企業の〝名ばかり管理職〟と何が違うのでしょう。このまま官僚も内閣も政治家も得をせず痛み分け、国民だけが損をしている構図から抜け出し、いい意味での緊張関係が築ける日が本当に来てほしいものです。

（初出　2020年2月12日　原稿の時制や数値、肩書は原稿執筆時のものです）

第18講 を振り返る

本来、こうした分析はテレビや新聞など「ジャーナリスト」と言われる人たちの本分です。データサイエンスはあくまで手段です。隠されていること、知られていないことを幅広く世の中に伝えるのが「ジャーナリズム」なら、もう少し手段の拡張に励んで欲しいと思います。

既に欧米では、データサイエンスを取り入れた分析報道が始まっています。韓国ではデータサイエンティストと記者が協業して「見えなかった不正」を暴き出した事例も出ました。データを使った報道がさらに一般化することを願うばかりです。

第19講

「連続勤務147日」は安倍首相の体調不良を引き起こしたのか？

この講のポイントは、事実の裏付けです。政治家にしろ官僚にしろマスコミにしろ「それは○○だ」と説き伏せようとする人たちは多いですが、それが必ずしも事実とは限りません。数字を使って表現されたなら「それって本当？」と疑ってみる必要があります。裏付けなき発言が、あたかも事実のように広まってしまえば「言いっ放しこそ正義」となってしまいます。

2020年8月28日、健康問題を理由に安倍晋三首相が辞意を表明しました。6月の検診で持病の潰瘍性大腸炎の再発の兆候が確認され、8月上旬には再発が確認されたことがキッカケだと辞意表明の会見で語りました。

長期にわたる政権運営に対する謝意を表するとともに、まずは治療、療養に専念していただければと考えています。任期満了や選挙、スキャンダルではなく、自分の体調による退任はさぞじくじたる思いがあるでしょう。

急激な体調悪化をもたらした理由について様々な臆測が飛び交っています。時期的には「新型コロナウイルス対応」をめぐる過労があったのではないかと推察します。麻生太郎副総理は、慶應義塾大学病院で検査を受けた安倍首相の体調について、次のように述べました。

問）今日のテレビ会議のことではないんですが、国民の関心事なので１つ伺いたいんですけれども、総理が日帰りで検診をされました。このところの総理の体調をめぐっては、例えば甘利さんなど与党の中からも気遣う声が出ています。大臣はおとといも私邸で１時間ほどお会いになっておられると思いますが、現在の総理の体調についてどのようにご覧になっておられるか。

答）何日休んでいないんだっけ。

問）１４７日とかと。

答）１４７日間休まず連続働いたら普通だったらおかしくなるんじゃないの、体調としては。当たり前のことなんだと思いますから、休まれる必要があるということは申し上げたということで、ちゃんと自分で、健康管理も自分の仕事の１つですから、休んだからけしからんとか言われたからって関係ないじゃん。自分で体調管理しなきゃしようがないんだから、だからそういうようなことだと思いますけどね。

麻生副総理記者会見の概要（令和2年8月17日）

麻生副総理は、安倍首相の健康問題を「連続勤務日数147日」を引き合いに出して説明しました。確かに、首相動静を読む限り、安倍首相は新型コロナウイルス感染拡大の対応に追われて1月26日から6月20日まで147日間連続で働いていたという事実があります。それが体調悪化の引き金になった可能性はあるかもしれません。

147日間連続勤務で体調が〝普通だったらおかしくなる〟とするならば、周り（特に麻生副総理）が連続勤務を放置したのは問題ではないでしょうか。これだけ連続勤務をしているなら、「休んだからけしからん」なんて言う人はいないはずです。私はむしろ「休ませなかったのはけしからん」と言いたくなります。

連続勤務に目が行きがちですが、その後の休みはどうだったのでしょう。6月21日の休暇で連続勤務は途切れましたが、その後、6月の休みは28日の1日のみでした。安倍首相は7月中旬ごろから体調に異変を生じたと会見で語りましたが、その7月は19日、23日、25日、26日の4日、そして8月は2日、10日、16日、17日、18日、22日、23日の7日と休みが増えています。体調不良を反映してのことだと思われます。もっとも、それとて一般人に比べれば、休みが多いとはいえない程度のものではありますが……。

本来、体調は万全であることが望ましいとはいえ、持病があるから首相になれないなんてことはありません。昔、脳出血による後遺症をもった鳩山一郎が首相に就任した例もあります。今後、何らかのハンディキャップを背負った政治家が首相に就任する可能性だってあるでしょう。とはいえ、首相の体調管理は見過ごしてはいけない重要課題のように思えます。

そこで、麻生副総理が言及された〝普通だったらおかしくなる〟147日間連続勤務は具体的にはどれくらい負荷が大きかったのかについて、量的な検証を試みました。

2019年の勤務時間は？

安倍首相の20年1～6月がどの程度激務だったかを量的に検証するために、まず19年1月～6月の首相動静を調べてみました。データについてはNHK政治マガジン「総理、きのう何してた？」を参照しています。

私邸や公邸発の時間を「仕事の始まり」、私邸公邸着時間を「仕事の終わり」と定義して、その間の時間を計算しました。官邸に到着するまでの移動時間が数分から数十分ほどあり、その間にレクチャーを受けているかもしれません。官邸を出て料亭で政治家や財界人と会食をしている間も、経済や雇用の話をしたり、場合によってはその場を籠脱けして重要な人と会っていたりしているかもしれません。よって家を出てから、家に戻るまでを「勤務時間」としました。

「移動時間は仕事じゃない」「食事をしているだけでも仕事になるのか」という批判もあるかもしれませんが、それも総理大臣の仕事だと筆者は思っています。また、「家に帰ってテレワークしている可能性だってあるだろ」というツッコミもあるでしょうが、記録上は「誰にも会っていない」となっているので、ご容赦いただければと思います。

さて、19年1月～6月の「仕事の始まり」から「仕事の終わり」までを棒グラフで表現してみました（次ページ上図）。「仕事の始まり」はおおよそ7～8時、「仕事の終わり」はおおよそ21～22時と分かります。19年3月1日だけ翌午前2時50分まで棒が伸びていますが、国会対応によるものです。ところどころにある隙間が終日の休日、灰色で塗りつぶされた期間は海外歴訪を意味しています。ゴールデンウイークの後半

▼ 2019 年 1 ～ 6 月における安倍首相の勤務状況

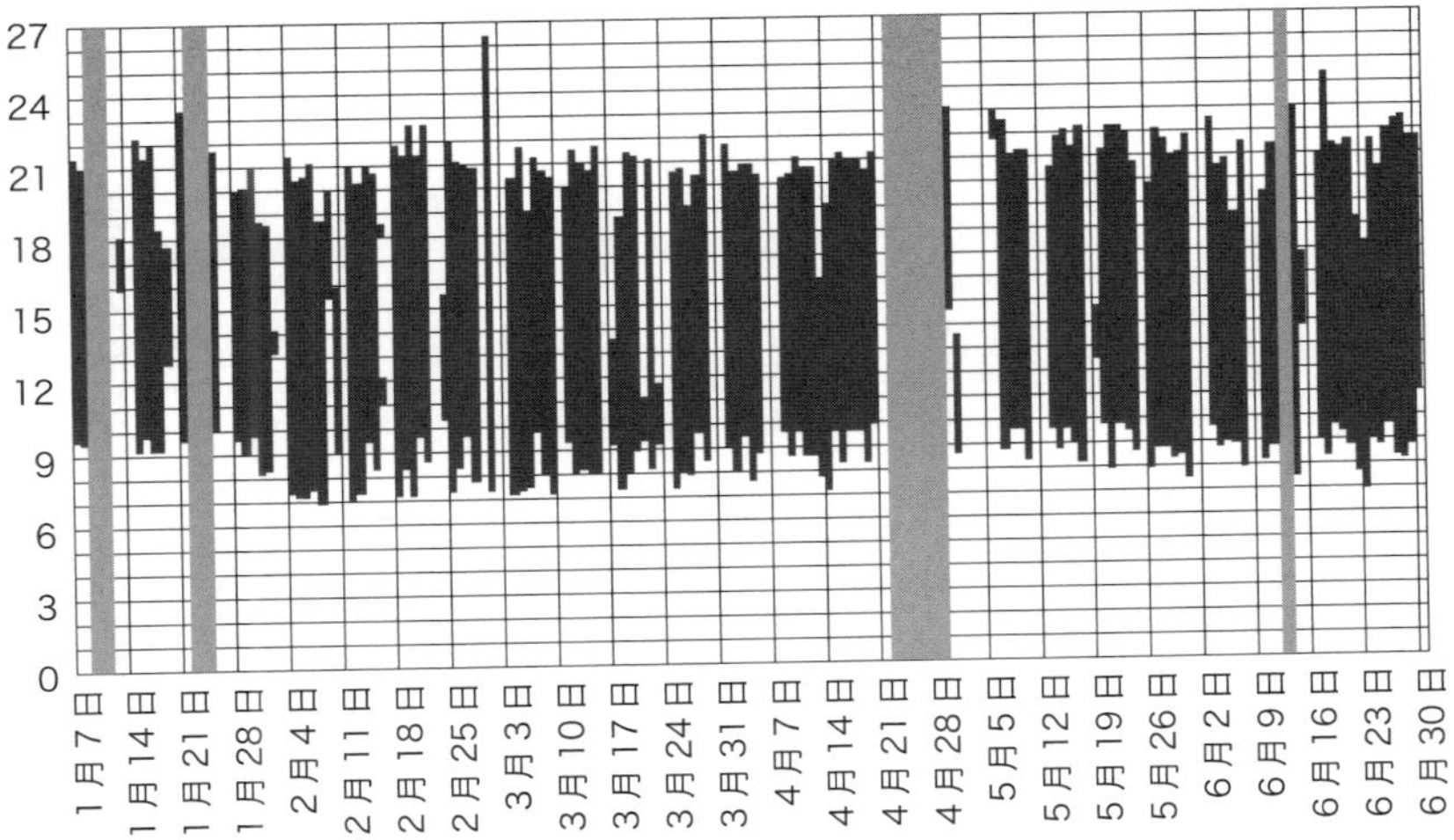

横軸は日、縦軸は時刻。海外歴訪時は対象外としたため、その期間は灰色で塗りつぶしした

▼ 2019 年 1 ～ 6 月における安倍首相の勤務時間

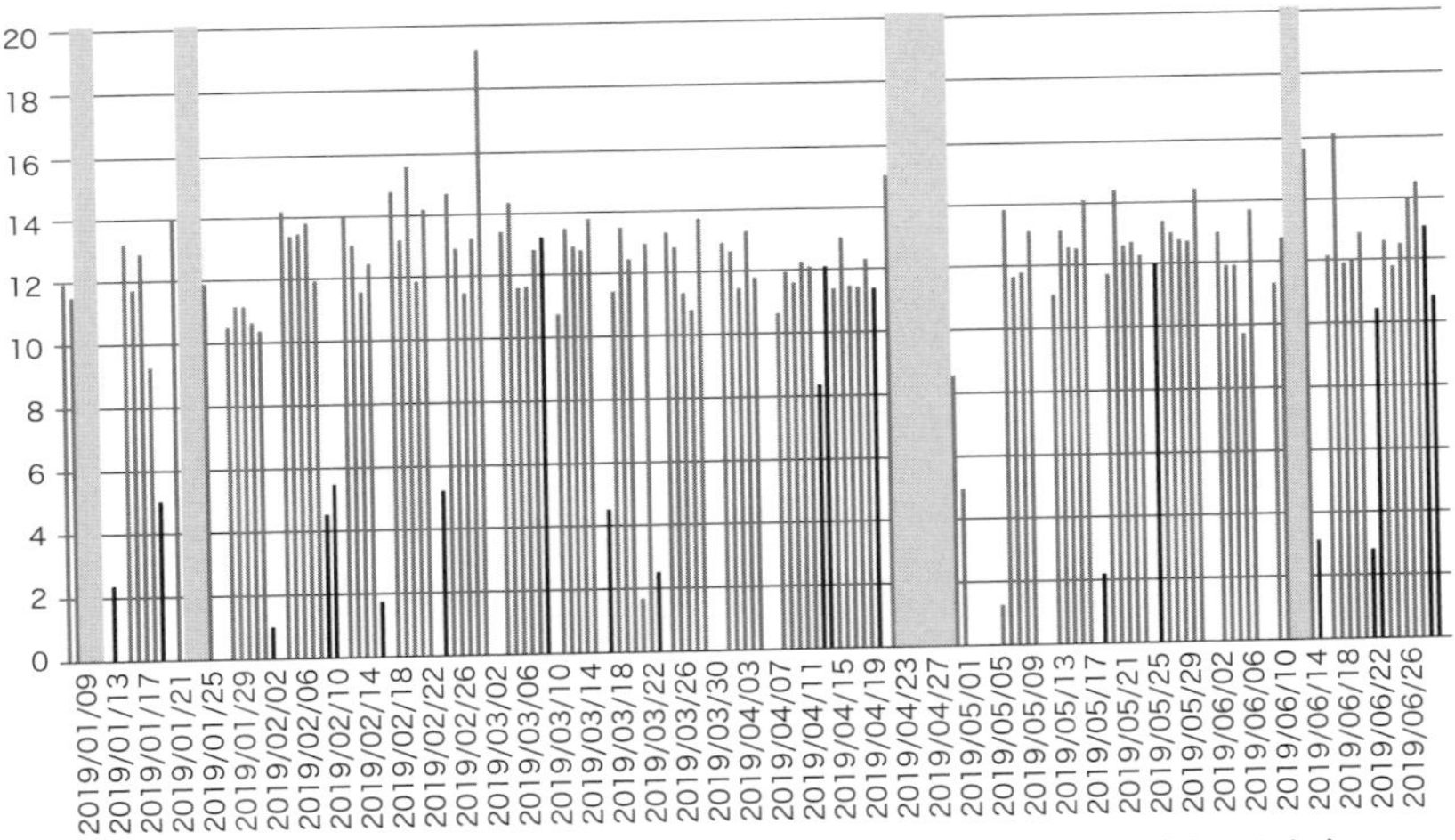

横軸は日、縦軸は時間。海外歴訪時は対象外としたため、その期間は灰色で塗りつぶした

▼2019年1～6月の安倍首相の勤務時間

平日平均勤務時間	約12時間42分	104日
休祝日平均勤務時間	約6時間12分	24日
総勤務時間	約1470時間	128日
休日		32日
外国訪問		15日

は、しっかり休んでいるなぁ、という印象です。

見方を変えて、今度は勤務時間を棒グラフで表現してみます。土日勤務は濃い色で表現しました。19年は3月9日と4月14日に終日東北を訪れたり、6月28日から30日にかけて、G20大阪サミットのホストとして活躍したりして、忙しい日を過ごしています。19年1～6月の勤務時間は上の表のように集計できました。

2020年の勤務時間は？

19年の勤務時間を踏まえて、20年がいかに激務だったかを見てみましょう。まずは、同じように「仕事の始まり」から「仕事の終わり」までを棒グラフで表現してみました（次ページ）。

「仕事の始まり」はおおよそ9～10時、「仕事の終わり」はおおよそ19～20時と分かります。「仕事の終わり」が早まったのは、政治家や財界人との会食がほぼなくなったからです。緊急事態宣言発令下で会食をしていたら、さすがにバッシングを浴びるでしょう。もっとも、賭けマージャンをしていた高級官僚もいたようですが。

また、棒線が全くの切れ目なく6月20日まで続いていると分かります。日曜日の16時台に官邸で30分から1時間ほどの短い勤務をしている日がありますが、これは菅義偉官房長官、加藤勝信厚労大臣らが中心になって開いている定例の新型コロナ

▼ 2020年1～6月における安倍首相の勤務状況

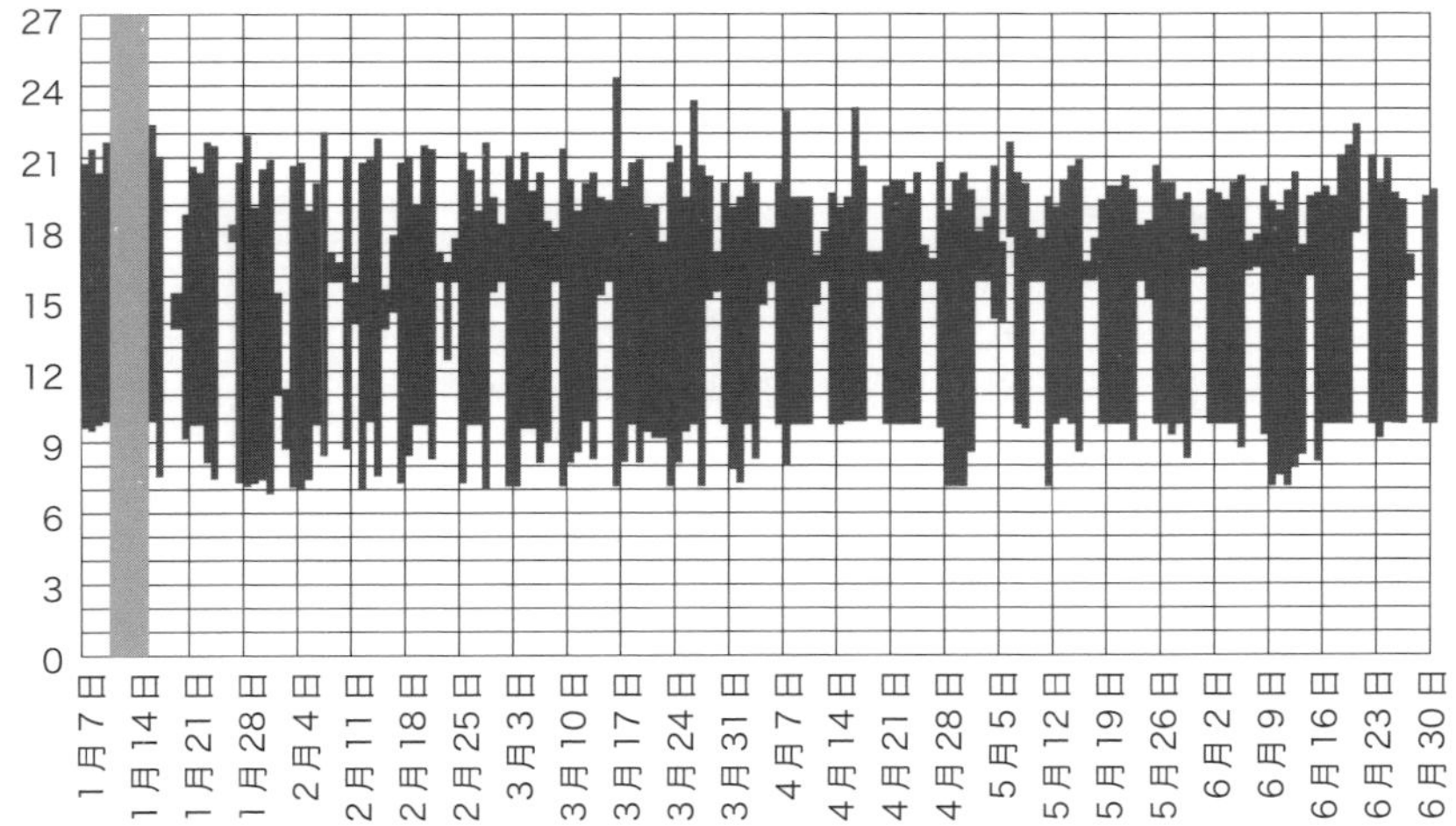

横軸は日、縦軸は時刻。海外歴訪時は対象外としたため、その期間は灰色で塗りつぶしした

ウイルスに関する会議です。

こちらも勤務時間を棒グラフで表現してみます。土日は濃い色で表現しました。19年と違って、休日勤務が目立ちます。20年1～6月の結果は左ページ下の表のように集計できました。19年と20年では、安倍首相が置かれている環境も重圧も違うのでその負荷は一概に比較できませんが、休日は前年に比べて29日減り、休祝日の勤務は27日も増えました。

総勤務時間は20年1～6月の6カ月間で38時間ほど多くなっています。ただ、月6時間ほど増えた程度なので、大幅増とはいえないでしょう。一方、20年の勤務日数は大きく増えています。外国訪問を含めて19年の143日に比べ、30日増の173日となりました。ただし、平日の平均勤務時間は1時間14分、休祝日の平均勤務時間は2時間56分とそれぞれ減っています。

つまり日数だけを注視すれば20年の方が激務ですが、その内訳である1日当たりの時間は20年の方がやや少なかったということになります。いずれにせよ、

▼ 2020 年 1 ～ 6 月における安倍首相の勤務時間

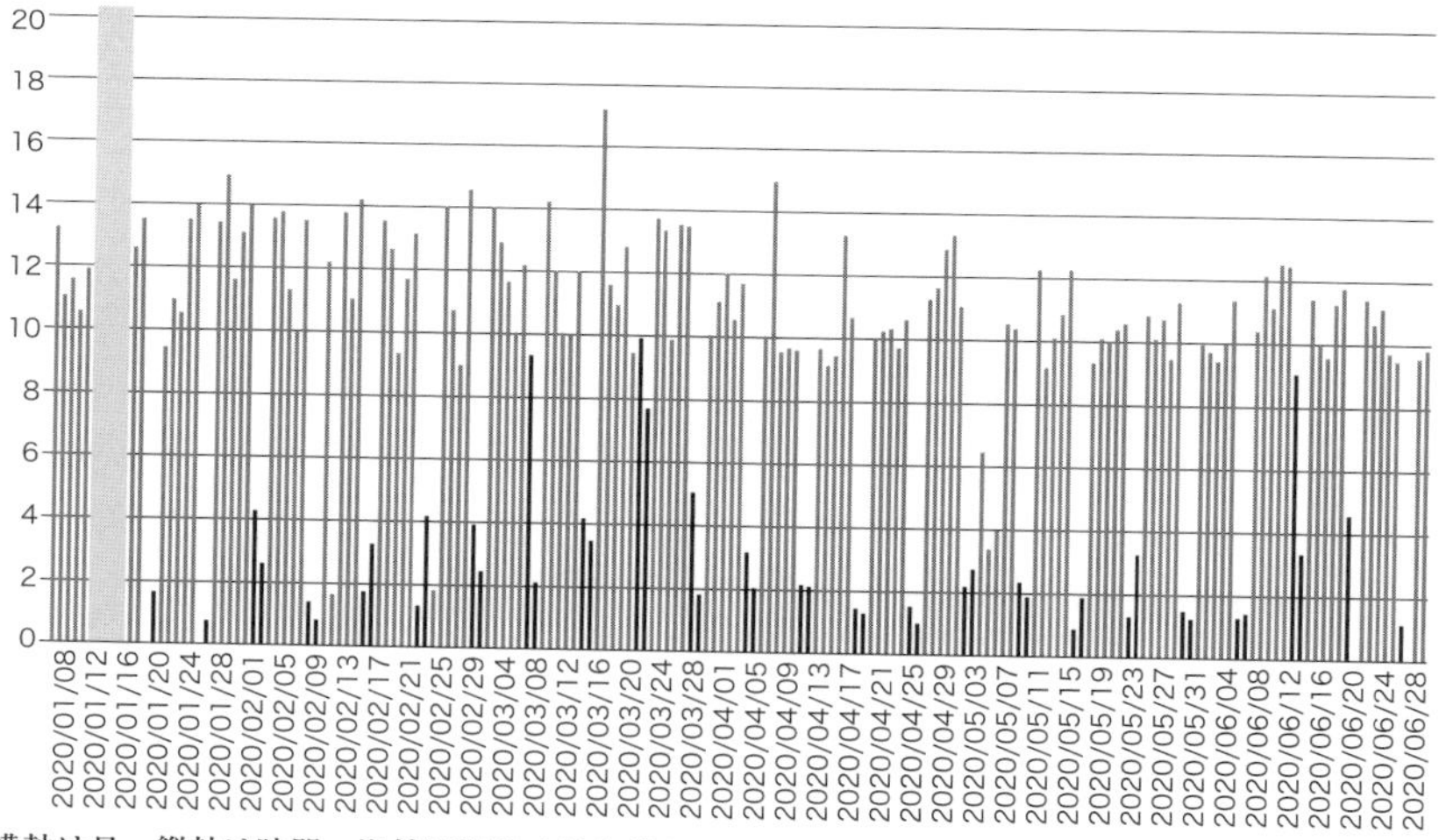

横軸は日、縦軸は時間。海外歴訪時は対象外としたため、その期間は灰色で塗りつぶした

▼ 2019 年 1 ～ 6 月の安倍首相の勤務時間

平日平均勤務時間	約12時間42分	104日
休祝日平均勤務時間	約6時間12分	24日
総勤務時間	約1470時間	128日
休日		32日
外国訪問		15日

▼ 2020 年 1 ～ 6 月の安倍首相の勤務時間

平日平均勤務時間	約11時間28分	117日
休祝日平均勤務時間	約3時間16分	51日
総勤務時間	約1508時間	168日
休日		3日
外国訪問		5日

激務ではあるでしょう。また、今年は新型コロナウイルスという経験のない事案もあり、押しつぶされるような重圧が安倍首相にかかったのかもしれません。長年の疲労が蓄積されて、19年は大丈夫だったけれど、20年になって限界に達したのかもしれません。日数による規制か、時間による規制か、いずれにせよ今回の安倍首相の辞任表明のような事態を起こさないために何ができるかを考えなければいけないでしょう。

様々な顔を見せる事実のあぶり出しが重要

「〝普通だったらおかしくなる〟147日間連続勤務」というオピニオンの混ざった解像度の低い表現ではなく、日数単位、時間単位で細かく見ることによって、首相の勤務状況をより明らかにできました。また、様々な捉え方もできると分かりました。例えば、勤務時間だけ見れば、19年も20年も大きく変わらないことも明らかになりました。ただし、それをもとにどう判断するかはまた、別の問題です。勤務の「時間」「(連続ではない)日数」など他の視点から意見を述べる人がいてもよいはずです。

連続日数の内訳なんてどうでもいいじゃないか、松本も暇だな、と思われるかもしれません。しかし私にとって、物事を知る上で「事実」をどう分析するかはとても重要な要素だと確信しています。なぜなら、事実は分析次第で様々な側面を見せるからです。人は事実をもとに、意見を述べます。しかし、事実の捉え方が乱暴だと、意見も乱暴なものになる可能性があります。

本書の趣旨に、「〝事実〟は本当にうのみにしてよいのか?」というものがあります。もし自分の意見に合わせて都合よく事実を解釈する人がいたら、どうなるでしょう。誰かが「事実の見方が単一的だ」「解釈にゆがみがある」と指摘しなければ「誰かにとって都合のよい事実」だけが残るかもしれません。簡単にうのみにしてよい事実などないのです。

麻生副総理は、安倍首相の体調不良問題に対して、連続勤務日数という「都合のよい事実」を使って見解を述べたのでしょう。しかし、勤務時間や勤務日数そのものの多寡、そして、1時間程度のミーティングを休日に実施することが本当に必要だったのかなど、別の〝事実〟をもっと多面的に深掘りするのも大事です。そうしたスタンスでキチンと〝事実〟を分析するメディアがいなくて、どうするというのでしょうか。

事実を多面的に見ていく。それがメディアの役割の1つだと考えています。

（初出　２０２０年9月2日　原稿の時制や数値、肩書は原稿執筆時のものです）

第19講を振り返る

安倍晋三元首相も体調が回復したのか、メディア露出が少しだけ増えつつあるようです。潰瘍性大腸炎が回復傾向にあるのはよかったと思います。一方で、だとしたら1カ月ほど入院して、首相代理を立てればよかったのにとも思います。責任の取り方は人それぞれですが……。

最後の「内閣支持率」は旅の大団円を飾るかのように、一気に爆上げしました。ご祝儀もあったでしょう。改めて、日本人はなんてセンチメンタルなのだろう、と思いました。結局、首相を働かせ過ぎることの問題は解決されないままとなっています。

第20講

山手線のトイレを数えて「SDGs」について考えた

この講のポイントは、現場に落ちている数字を確認する心構えです。現場に行かずとも、会議室で数字を数えられるなら、それにこしたことはありません。しかし、実際には現場を見なければ理解できないこともあります。少なくともデータを触る人なら、数字に違和感を少しでも抱いたらすぐに現場へ駆けつけるぐらいのフットワークの軽さを持ちたいものです。

２０１９年11月５日、参議院国土交通委員会で初の質疑に挑んだ木村英子議員（れいわ新選組）が、車いす用トイレに十分な広さを確保するよう建築設計標準の見直しを求め、赤羽一嘉大臣もそれに応えるという一幕がありました。日本経済新聞も「トイレの面積基準見直しへ　れいわ議員が初質問で要望」と題して報道しました。

国会の議事録を読めば分かりますが、眞鍋純住宅局長の無難な答弁の後、わざわざ赤羽大臣が答弁に立ち「国交省の建築設計基準については（略）しっかり見直すように指示したいと思います」と述べ、一歩前進に至ったのです。

理にかなった要求に対して、大臣が事務方に「指示したい」と明言する。これこそ政治主導のあるべき姿なのではないかと胸に染み入りました。

▼国土交通省が制作した多機能トイレの利用方法についての啓発ポスター

ところで木村議員の質疑で、私自身も初めて知った指摘がありました。とても重要だと感じたので、以下引用します。

昔は、公共施設とか駅に一般トイレしかなかったために、車椅子のマークの付いた障害者用トイレが造られていました。車椅子用トイレと言われた時代は、一般の方が利用することはほとんどありませんでした。しかし、その後、車椅子トイレにいろいろな機能を追加していったことで多機能トイレと呼ばれるようになり、多くの方が使えるようになった結果、一般のトイレを利用できない車椅子の人が使えなくて困ってしまっているという状況が生まれています。

調べてみると、国土交通省も同じ危機感を抱いているようで「一般トイレを利用できる方が、多機能トイレを長時間利用することは控えましょう！」と題した啓発ポスターを作成しています（上図）。健常者が「広いから」

という理由で使ったり、中には多機能トイレ内で服を着替えたりする人もいるようです。驚きました。

駅の多機能トイレの実態を足で調べて可視化してみた

多機能トイレしか使えない人たちとは、車いす利用者、オストメイト（人工肛門や人工ぼうこうの保有者）、ベビーカー利用者、介助が必要な方などと大勢います。平成29年度「福祉行政報告例」によると、身体障害者手帳交付台帳登載数は約511万人で、うち肢体不自由は約270万人、オストメイトは約21万人です。おむつが必要な0～2歳児は約290万人（総務省統計局人口推計2018年10月1日現在）です。およそ約600万人ほどの人が該当するのです。

しかしながら、東京都福祉保健局「平成28年度『都民の生活実態と意識』」によると、車いす使用者などの人たちは各種施設や設備の利用状況について、約3人に1人が「適正に利用されていない」と答えています（次ページ）。そういう状況に、少なからず遭遇しているのでしょう。

木村議員も取り上げたトイレ問題は「人権」にも関係する大事な話です。老人介護でも、排せつ介助への配慮を間違えると「尊厳を傷つける」と言われます。個人的な話ですが、以前、私は電車で移動中に我慢できず人前でウンコを漏らした経験があります。あの時ほどの惨めさ、恥ずかしさ、人間をやめたくなるつらさは、二度と味わいたくありません。排せつにまつわる問題は、重いのです。

電車で移動中に駆け込めるトイレは、特に少ないですよね。駅舎の個室トイレ（大便器）は使用中のことも多く、汚くてくさい事もままあります。どこかの商業施設に向かおうにも、駅からは遠い……なんて話は

▼各種施設や設備の利用状況に対する都民の意識

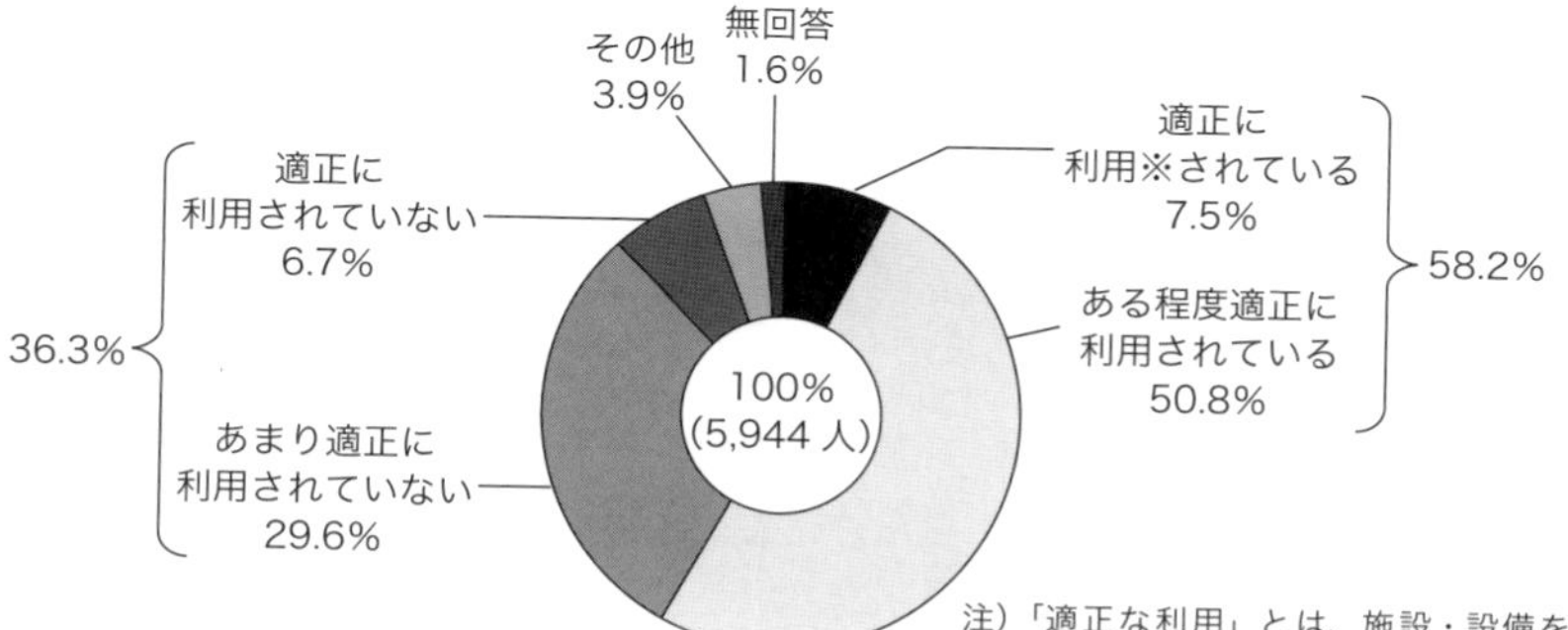

注）「適正な利用」とは、施設・設備を必要としている人が利用したい時に利用できる状態にあることをいう。
例えば、通常の駐車スペースで乗り降りできる人が幅の広い駐車スペースに駐車しているために、車いす利用者等が駐車できない状態は、適正な利用とはいわない。

出典：東京都福祉保健局「平成28年度『都民の生活実態と意識』」

よくあります。

ましてや車いすで移動されている方が駅で使えるトイレは１つか２つ。おなかを壊した時に、誰かが服を着替えたいという理由で多機能トイレを使っていたとしたら……。

私は、やるせない気分でいっぱいです。

そこで今回は、駅舎の多機能トイレ・個室トイレの「可視化」に挑戦することにしました。

トイレの個数はどうやって決まるのか？

駅に設置される多機能トイレや個室トイレの数は、何を根拠に決まるのでしょうか。企業の気分でしょうか、駅舎の面積でしょうか。

実は、空気調和・衛生工学会規格の給排水衛生設備規準（SHASE－S206）で建物の種類別に計算方法が記載されています。学校や劇場など人数がほぼ決まっているか、百貨店や美術館など不特定多数が利用するかで、大便器・小便器・洗面器の数の求め方は異なります。

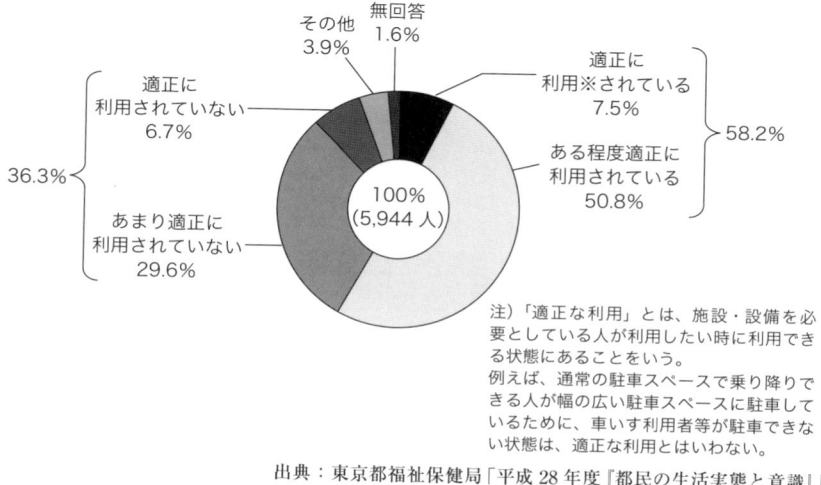

例えば、パブリック向け商品を紹介するＴＯＴＯのウェブサイト内のカタログでは、建築用途・人数・稼働日数・使用回数などから、基準に基づいた便器や洗面器の数を示しています（左ページ）。

数少ない駅舎トイレ研究の論文である仲川ゆりさん（広島大学・当時）の「駅舎内におけるトイレの利用要因と器具使用解析に基づく適正器具数に関する研究」によると、ＪＲ東日本の場合、ＳＨＡＳＥ－Ｓ２０６を参照しつつ、１９５９年に上原孝雄さん・斎藤忠雄さんによって発表された論文「通勤電車駅旅客便所の設置個数」（鉄道技術研究報告）を基にして設置しているようです。実際には約60年たって色々アップデートされているでしょうが、社内資料なので確認しようがありません。

各駅舎の多機能トイレ・個室トイレを「可視化」するにあたって、当初はＪＲ東日本のウェブサイトをチェックして都市部にある全駅を網羅する予定でした。しかし、多くの駅で20年の東京オリンピック・パラリンピックに合わせて駅舎を改修中ということもあって、その内容がウェブサイトに反映されていないと分かりました。これでは「数字見て現場見ず」になってしまいます。実態を表せなければ意味がありません。

そこで、最も人口の多い都心をグルグル回る山手線29駅を対象に、多機能トイレと男性用の個室トイレがいくつ設けられているかを、寒空の１９年12月14日、朝から1日かけて調べてきました。駅舎内の移動を想定したため、駅のすぐ外や新幹線ホームは対象外としています。

ちなみに山手線の各駅巡りは、おトクな「都区内パス」を購入して調査しています。通常の初乗り切符で同じ駅を複数回通過するとキセル扱いになるようですので、ご注意ください。

▼便器や洗面器の設置数の計算方法

建築用途 **オフィス**

人数		
	男性	150人（内勤者100人、外勤者50人）
	女性	150人（内勤者100人、外勤者50人）

滞在時間		
	内勤者	8時間/日
	外勤者	4時間/日

年間稼働日	265日

建築用途		大便器	小便器	洗面器
	男子トイレ	6	9	6
	女子トイレ	9	―	9

※（公社）空気調和・衛生工学会規格「給排水衛生設備基準・同解説 SHASE-S206-2009」レベル1設定による。

使用回数（回/人）		内勤者			外勤者		
		大	小	洗面	大	小	洗面
	男性	0.5	3	3.5	0.25	1.5	1.75
	女性	0.5	2.6	3.1	0.25	1.3	1.55

建築用途 **商業施設**

建築用途		
	男性	5,000人
	女性	8,000人

トイレ使用人数	来店人数の20%

年間稼働日	365日

器具数		大便器	小便器	洗面器
	男子トイレ	12	12	9
	女子トイレ	21	―	15

※（公社）空気調和・衛生工学会規格「給排水衛生設備基準・同解説 SHASE-S206-2009」レベル1設定による。

使用回数（回/人）		大	小	洗面
	男性	0.14	0.86	1
	女性	0.16	0.84	1

TOTOのWebサイトで公開されているカタログに例が示されている

▼山手線29駅に設置された多機能トイレの数

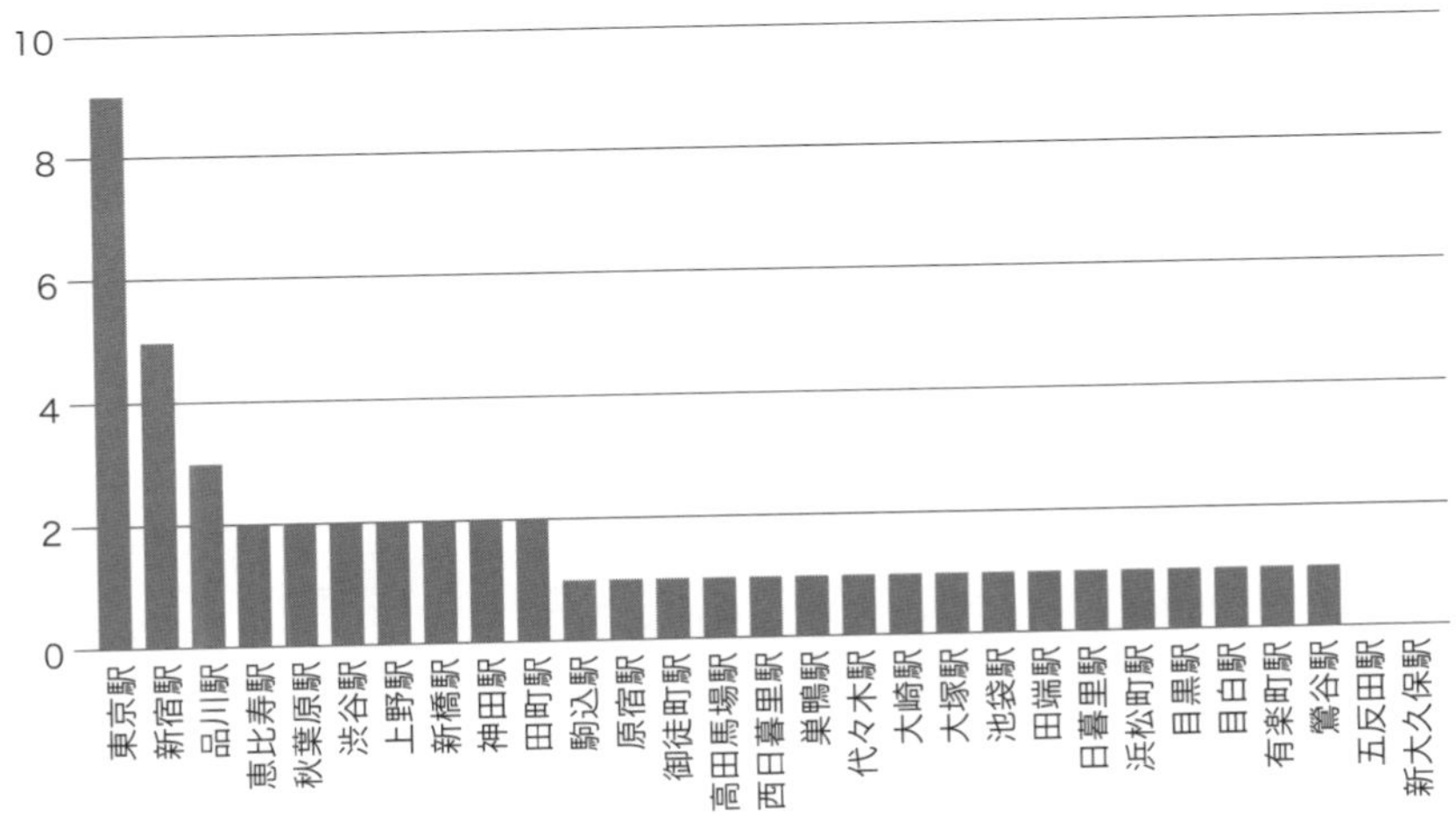

調査時点で五反田駅と新大久保駅ではゼロだった

山手線29駅探索で気づいた「多機能トイレ」のない駅

29駅に設置された多機能トイレの数は上のようになりました。

29駅中、多機能トイレは27駅に設置されていますが、うち17駅は1つずつしかありませんでした。五反田駅は20年6月までトイレを改装中のため、多機能トイレが使えません。また新大久保駅は改装中ではなく、そもそもありません。

令和を迎えたこのご時世に、多機能トイレがない駅が都心を走る山手線にあるとは思っていなくて、非常に驚きました。特に五反田駅は、もともと多機能トイレがあったにもかかわらず、一般向けのトイレの改装に合わせて多機能トイレを閉鎖しています。

車いすの利用者を含め、多機能トイレを必要とする人たちが、五反田駅や新大久保駅でおなかを壊したらどうするんでしょうか。駅の外でしろ、私たちは知り

▼多機能トイレの数と乗車人員の散布図

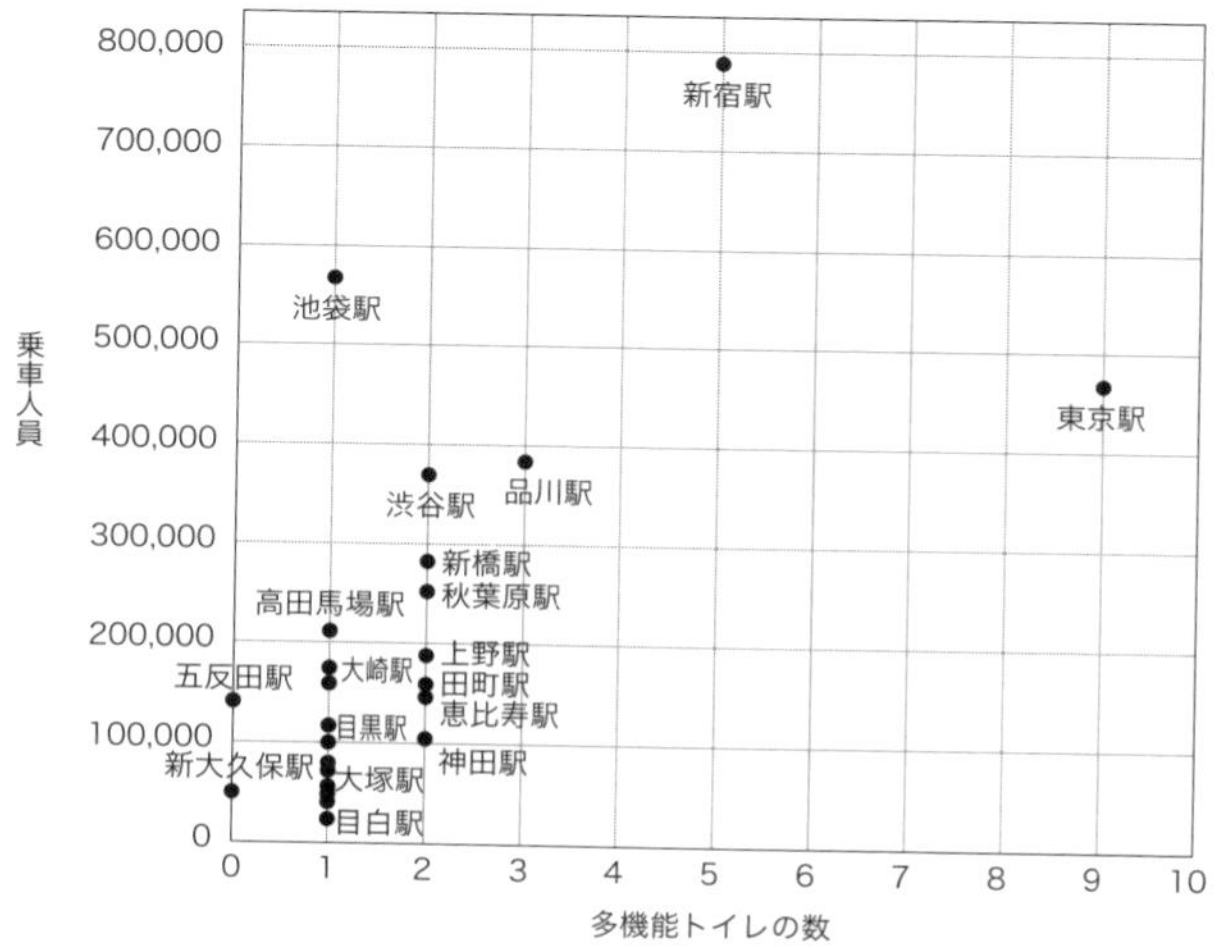

池袋駅は乗車人員が多いのにもかかわらず１つしか多機能トイレがない

ませんってことでしょうか。

もう1つ驚いたのは、1日平均乗車数が極めて多い池袋駅に、多機能トイレが1つしかないのです。ＪＲ東日本が公開する「各駅の乗車人員」によると、池袋駅は新宿駅に次いで56万６９９４人を数えます。降車人員、さらに山手線、湘南新宿ライン、埼京線それぞれの乗り換えを加味したら、1日で延べ１２０万人が行き交う巨大ターミナル駅と想定されます。それなのに1つだったとは……。

ちなみに、各駅の多機能トイレの数に対して、どれくらいの乗車人員がいるのでしょうか。散布図で表現してみました。

神田駅、恵比寿駅、田町駅など、乗車人員は他の駅に比べてそれほど多くないのに多機能トイレが２つある駅がある一方、池袋駅、高田馬場駅、大崎駅は１つのみです。

トイレは各駅の改札口近くに設けられる傾向にあります。改札が少なければトイレも少なく、多機能トイレの数も少なくなります。高田馬場駅は早稲田口と戸山口の改札しかないのが影響していそうです。とはいえ、改札口が2つあるのにトイレが片方にしかない目黒駅、両方の改札にトイレがあるのに多機能トイレは1つしかない浜松町駅という例もあります。

一般向けトイレには無理をすれば、車いすで使えるところもあるようですが、五反田駅、目黒駅、原宿駅、渋谷駅、高田馬場駅、駒込駅、東京駅、新橋駅の一部のトイレは入り口に段差があるので、そもそも入ることすらできません。

五反田駅は今、一番、車いす利用者に優しくない駅と言えるでしょう。

それに、段差は高齢者にも優しくありません。駒込駅トイレを調査中、高齢男性が段差につまずき、目の前で派手に転んだ現場に遭遇しました。たった数センチかもしれませんが、足腰が悪い高齢者からすれば数センチ〝も〟あるのがおかしいのです。

ちなみに29駅の探索中、混雑するトイレを尻目に多機能トイレを利用する乗客に出会いました。ふくよかな女性、ベビーカーを引いた女性、男子高校生、初老の男性でした。全員が多機能トイレを必要としていたと信じたいですが、ベビーカーを引いた女性以外は外見だけでは判断できませんでした。しかし、声をかけても不審がられるだけでしょう。利用者のモラルに委ねることの難しさを感じました。

駅によって全く異なる「男性用個室」の数

次に、各駅の男性用個室トイレ（大便器）1つあたりに対して、JR東日本が公開している「各駅の乗車

▼男子用の個室トイレの数と乗車人員の散布図

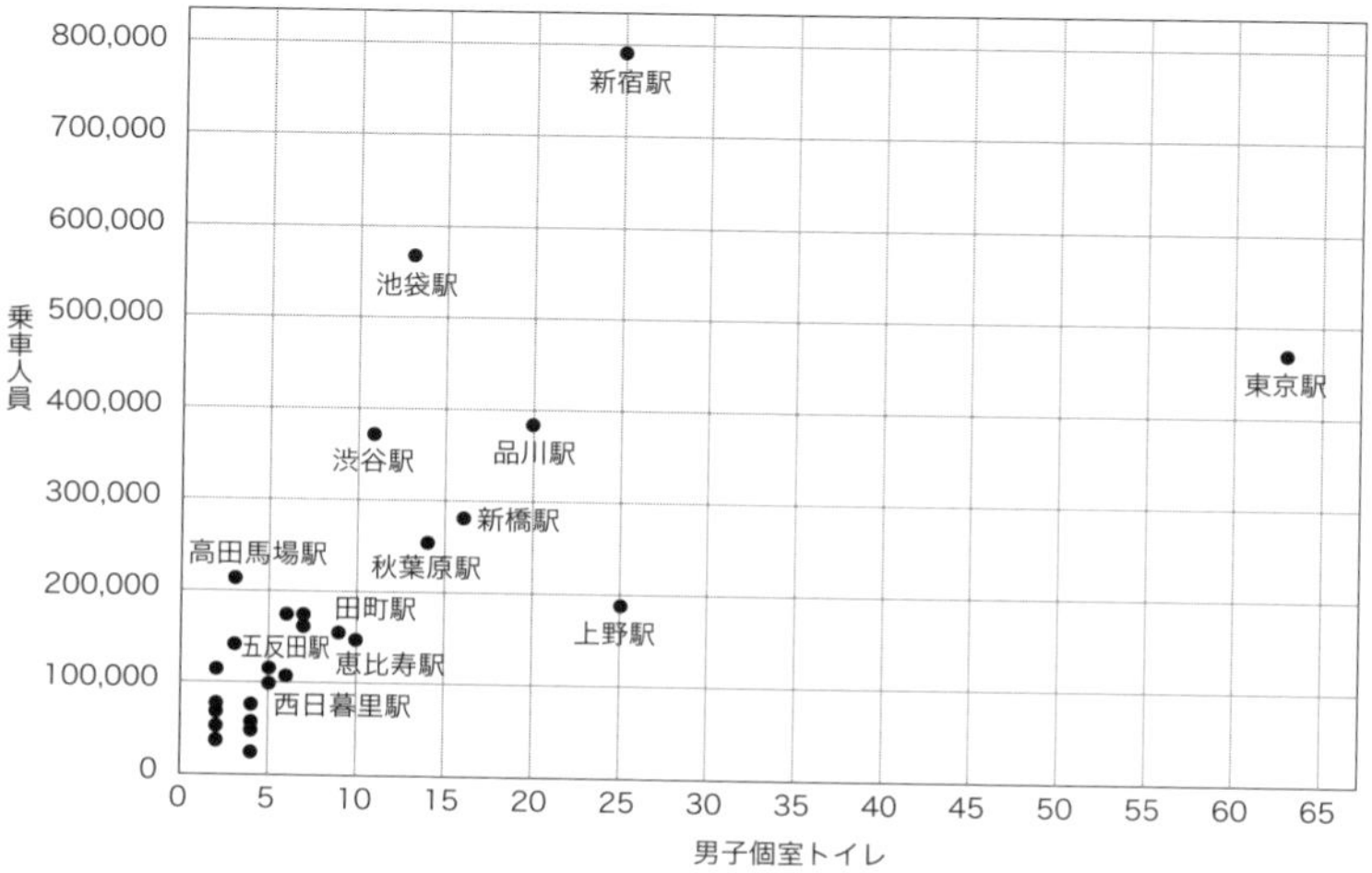

一般向けの男性用個室トイレの数は東京駅が圧倒的に多い

人員」がどれほどになるかを図を使って見てみましょう。29駅中、トイレは72カ所設置され、２８０の男性用個室トイレがあることが分かりました。散布図で表現します。

「多機能トイレの数と乗車人員の散布図」とほぼ同じような形になりました。

乗車人員に対して、男性用個室トイレの数が圧倒的に多いのは東京駅です。理由として、１つ目は改札口の多さ（改札口近くにトイレが設置されるため）、２つ目は京葉線ホームと横須賀線・総武線（快速）ホームが少し離れた場所にあり、そちらにもトイレを設置しなければならないからだと思われます。

左端が少し見づらいので、個室トイレの数が10以下の駅に絞った散布図を作成しました。次ページの通りです。

多機能トイレ同様に、高田馬場駅が突出して不足していそうです。現在改装中なので、それが終わると１つ２つは増えそうですが。

▼男性用個室トイレの数と乗車人員の散布図（個室トイレの数が10以下の駅に限る）

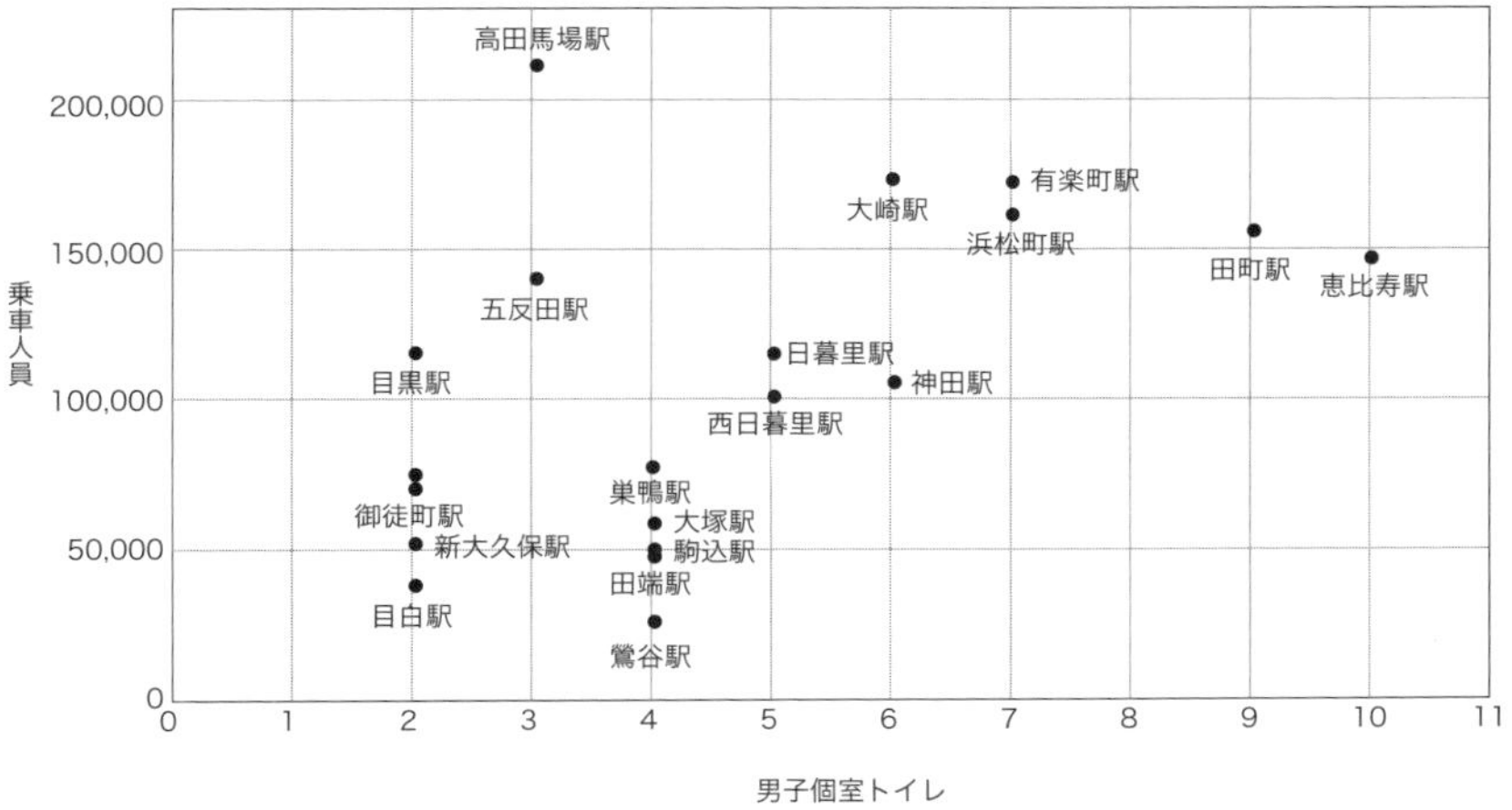

高田馬場駅が突出して不足している

▼男性用個室トイレ1基あたりの乗車人員

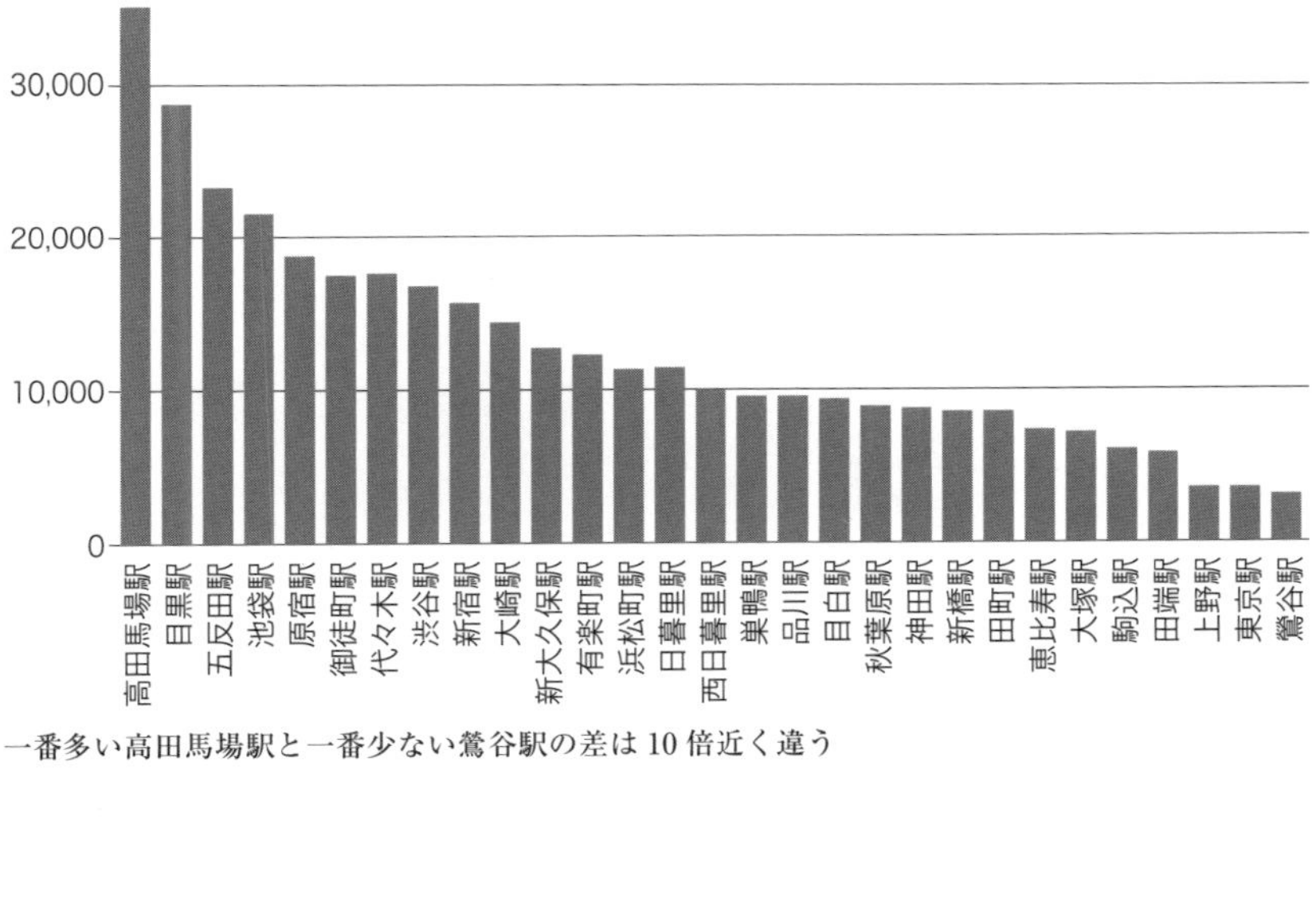

一番多い高田馬場駅と一番少ない鶯谷駅の差は10倍近く違う

ちなみに、乗車人員の半分が男性だと仮定して、各駅に設置された男性用個室トイレ１基あたりの乗車人員を求めてみました。

高田馬場駅が１基あたり約３・５万であるのに対して、鶯谷駅が１基あたり約３０００人、その差は10倍近くあります。高田馬場駅の乗車人員はこの20年間ほぼ横ばいですから、この現状が長年放置され続けて、ようやく今年になって改修されるに至ったわけです。

SDGs目標６を達成しよう！

山手線の29駅を歩いた19年12月14日時点で、五反田駅トイレ、渋谷駅ハチ公トイレ（19年12月15日から利用開始）、新大久保駅トイレ、高田馬場駅トイレ、駒込駅東口トイレ、御徒町北口トイレ、東京駅八重洲北口トイレの７カ所が改装工事中でした。全体の約１割が改装している計算になります。

その理由として、７月から始まる東京オリンピック・パラリンピックがあるのは間違いありません。しかし、そのために五反田駅の多機能トイレを閉鎖し、必要とする人に無理を強いるのは納得できません。

それに、トイレを改修するなら高齢者に強い負担がかかる和式トイレの洋式化も率先してほしいと思っています。大塚駅、巣鴨駅、有楽町駅にはまだ残っているのです。トイレがあっても使えないという理由で外出を控える高齢者は、意外と多くいる印象を持っています。

国連が定めるＳＤＧｓ（持続可能な開発目標）の目標６には「安全な水とトイレを世界中に」と掲げられています。目標６のターゲットの１つである６・２は「２０３０年までに、すべての人々の、適切かつ平等な下水施設・衛生施設へのアクセスを達成し、野外での排せつをなくす。女性及び女児、ならびに脆弱な立場にある人々のニーズに特に注意を払う」と定義されています。

日本においては野外で排せつすることはほぼなくなりましたが、弱い立場にある人々に配慮できた環境を私たちはどこまで提供できているでしょうか。

山手線では20年1月末までSDGsの理解促進とJR東日本グループの取り組み紹介のためにSDGsラッピングトレインが走っています。その費用を、五反田駅や新大久保駅における多機能トイレの設置に使えないものでしょうか。SDGsの告知は、多機能トイレを造るより重要なのでしょうか。

繰り返しますが、トイレ問題は「人権」であり「尊厳」に関わります。ないんだから仕方ないよね、自宅で済ませろよ、と物分かりの良い大人になってはいけません。変なものは変と言わないと、それが当たり前になってしまいます。それを訴えたくて、年明け早々「トイレ」の話とさせていただきました。

（初出　２０２０年1月15日　原稿の時制や数値、肩書は原稿執筆時のものです）

第20講を振り返る

トイレ問題に気付いた最初のきっかけは、当時勤めていた会社の最寄駅である五反田駅の改札口近くのトイレを見て「そういえば、多機能トイレがない」と気付いたことでした。しかしながらJR東日本のウェブサイトには多機能トイレのマークが表示されています。一体どういうことだろうと気になって調査を始めました。

現場に行ってみないと、見えてこない事実があります。「データで報道する」とは、何もプログラミングが必要とは限らないのです。

おわりに

本書を最後まで読んでいただき、ありがとうございました。最後に、本書に込めた2つの「想い」を語らせてください。

データ分析が注目を集めた2010年代でしたが、もっぱらビッグデータを処理するインフラやディープラーニングなどの手法に注目が集まり、何が分かれば良いのかを考察・洞察する観察力や想像力については重視されませんでした。

その結果、重厚なインフラと最先端の手法が整っているのに、そのパワーを使いこなしたデータ分析は行われず、「それって従来の重回帰分析で済む話じゃないですか?」と言いたくなるようなプロジェクトが各地で勃発しました。まさに、宝の持ち腐れです。私は、分析の肝は「考察・洞察」にあると考えています。データがあるだけでは何も結論は出ません。データに対する考察・洞察があってこそ「何かが分かる」のです。考察・洞察のプロセスがなければ、「何かが分かる」どころか、どうやって処理すべきかさえも決まりません。将棋のルールを覚えただけでは、藤井聡太さんには勝てません。どの駒をどう動かせるかは分かっても、盤面の数十手先を想像して、何をすればよいかを決めるには考察・洞察が必要です。

データ分析も同様です。考察・洞察があるからこそ、何が問題で、どのように解くべきかが鮮明になります。考察・洞察が先、インフラや手法はその後です。また、そうしたデータ分析の結果、得られる考察・洞察は単なる個人のオピニオンではありません。数字による裏付けや事実による下支えがあるからこそ、考察・洞察と呼べるのです。そうした想いを本書に込めています。

もう1つの想いは、テレビ局や新聞社、出版社などのジャーナリストと呼ばれる人たちに対する「苛立ち」です。ここに挙げた20本の話題のいくつかは、本来なら私がどうのこうの言う前に、データの裏付けとともにメディアに取り上げられ、注視すべき問題として話題になっていなければなりません。

貧困、ひきこもり、統計不正、食品ロス……大きなメディアに取り上げられ、話題になってこそ世論が動きます。既存のメディアはこうした問題に興味がないのか、数字が読めないのか、どちらなのか教えて欲しいと思うのです。文藝春秋の編集者として活躍された下山進氏が1999年に著した『勝負の分かれ目』に、日本経済新聞社元社長・圓城寺次郎氏の「重武装の記者になれ！」という言葉が記されています。どのような意味合いが込められているのか、とても重要だと思うので以下抜粋します。

（略）ジャーナリストに本当に必要なのは、目の前のことをただ報じることではなく、目の前に起きていることの意味をとらえることだ。その意味を読者に説明すること。そうでなければ、新聞記者は、ただの情報のポーター（運び屋）になり下がってしまう。ジャーナリズムの使命とは、解釈にあるのだ。事実の優れた解釈ができる者が優れたジャーナリストたりうる。そしてそうした資質は、猟犬のようにニュースを追いかけることだけで磨かれるのではない。日々のニュースから時には目を離し、物事を俯瞰して見ること、大きな歴史の視野に立って勉強をすること、そうしたことによって磨かれていく。

データジャーナリズムの観点で言えば、解釈し、時に俯瞰し、データの裏にある何かを探っていく記者であれ、と私は理解しました。データ分析そのものが目的の特別な記事のときだけでなく、一般的な日常の報道でもデータに目を配り、また、必要があれば提示されたデータを疑うことも必要になります。膨大なデータが価値ある「資源」となる時代において、こうした視点や姿勢は万人に必要な「技術」だと思っています。

筆者はしょせん、円卓のデータジャーナリストです。取材能力に長けているわけでもありません。安楽椅子に座って、あれが変、これがおかしいと言っているだけ、とも表現できます。

私はジャーナリズムの力を信じています。取材能力に長け、事実を明らかにするジャーナリストを尊敬しています。マスゴミだと評されようと、事実を明らかにしていく稀有な職業を「ゴミだから無視してよい」などとは思えません。

私の「データの読み方」が万全だとは思っていません。だからこそ「なんでデータが読めないのかな」と苛立つのです。

最後に。本書は日経ビジネス電子版で連載している「データから〝真実〟を読み解くスキル」がベースになっています。連載にあたっては編集部の桜井敏昭さんに叱咤激励を頂きながら、19年6月から連載を続けています。文章構成についても的確なアドバイスをいただきました。本書の執筆にあたっても、手厚くご指導いただきました。厚く御礼を申し上げます。また書籍化にあたっては小野田鶴さん、山崎良兵さんから最良と思えた様々なアドバイスをいただきました。書籍化に至れたのも、お二人のおかげです。

また、本書の基となった連載の締め切り間近は自室にこもって夜遅くまで原稿を書き上げますが、温かく見守ってくれている嫁・のべる（犬）・るぶる（犬）にも感謝を。

令和3年1月　松本健太郎

松本健太郎
まつもと・けんたろう

1984年生まれ。龍谷大学法学部卒業後、データサイエンスの重要性を痛感し、多摩大学大学院で“学び直し”。その後、株式会社デコムなどでデジタルマーケティング、消費者インサイト等の業務に携わり、現在は「テクノロジーで『今起きていること』を明らかにする報道機関」を目指す報道ベンチャー、株式会社JX通信社にてマーケティング全般を担当している。政治、経済、文化など様々なデータをデジタル化し、分析・予測することを得意とし、テレビ、ラジオ、新聞、雑誌にも登場している。著書に『人は悪魔に熱狂する』『データサイエンス「超」入門』(毎日新聞出版)、『なぜ「つい買ってしまう」のか?』『誤解だらけの人工知能』(光文社新書)など。

データから真実を読み解くスキル

2021年2月8日　　初版第1刷発行

著　者　松本健太郎
発行者　伊藤暢人
発　行　日経BP
発　売　日経BPマーケティング
〒105-8308
東京都港区虎ノ門4-3-12

装　丁　ビーワークス(廣谷 汐)
本文デザイン・DTP　クニメディア
校　閲　円水社
編　集　桜井敏昭、小野田鶴
印刷・製本　図書印刷

ISBN978-4-296-10860-2